CARRERAS:
Medicina

CARRERAS:
Medicina

Edición para instructores

Richard A. Curry   University of Nevada, Reno

Jorge Nelson Rojas   University of Nevada, Reno

Emma Sepúlveda Nolan   University of California, Davis

Gerald Petersen   University of Nevada, Reno

ADVISORY COMMITTEE
Pedagogical Advisers
Rodolfo Cortina   University of Wisconsin, Milwaukee
Donna Gustafson   San José State University
Micaela Misiego   Rutgers University, New Brunswick
Yolanda Solé   University of Texas, Austin
Professional Advisers
Stuart Linné, M.D.   Woodland, California
Juan Núñez, M.D.   Reno, Nevada

HOUGHTON MIFFLIN COMPANY   Boston
Dallas   Geneva, Illinois   Hopewell, New Jersey   Palo Alto

Acknowledgements

The authors and publisher would like to thank the many native speakers, medical personnel in clinics and hospitals in this country and abroad, who contributed much useful information or materials which have been employed in *Carreras: Medicina*. They would also like to express their sincere appreciation to the Advisory Committees, to the number of students who commented upon the manuscript as it was being developed, and to the professors who acted as consultants and reviewers during the developmental stage of the program: Anthony T. Sallustio, Pace University; Chad C. Wright, University of Virginia; Anthony Lamb, Purdue University, Calumet; Nitza Lladó-Torres, University of Southern California; George B. Sowa, Rio Hondo Community College. For text credits, special thanks go to *Visión*, México; *Parents*, New York; *Ser Padres*, Madrid; and *The American University*, Washington D.C.

CARRERAS SERIES COMPONENTS

Carreras: Medicina, Student Text and Instructor's Edition

Carreras: Leyes, Student Text and Instructor's Edition

Carreras: Negocios, Student Text and Instructor's Edition

Carreras: Casos en la comunidad, Student Text and Instructor's Edition

Gramática para la comunicación, Student Text

NOTE: *This book is written to provide accurate and authoritative information concerning the covered topics. It is not meant to take the place of professional advice.*

NOTA: *Los contenidos de este libro presentan información correcta y autorizada sobre los temas tratados. Esta información no debiera ser tomada como consejo profesional.*

Printed in the U.S.A.

Student's Edition ISBN 0-395-35512-5

Instructor's Edition ISBN 0-395-36409-4

ABCDEFGHIJ-D-8987654

Índice

Introduction to Instructor's Edition

Carreras: Medicina is one of a five-volume series for the teaching of Spanish for the professions at an intermediate level. Its objectives are to consolidate in a classroom setting the grammar and vocabulary learned in the first year; to provide a solid basis for communication in health-related interactions; and to develop the students' ability to read professional texts. The grammar text for this series, *Gramática para la comunicación*, provides a complete review of Spanish grammar. Other titles in this series are *Carreras: Leyes, Carreras: Negocios,* and *Carreras: Casos en la comunidad.*

This book is divided into ten chapters, each of which begins with two brief dialogs that deal with significant areas of medical concern and continues with a narration that combines and expands the dialogs. Each chapter also contains a vocabulary list, a set of exercises to help the student acquire the vocabulary, and a section of activities. The activities section is divided into oral and written exercises, graded according to their level of difficulty, and organized for group, pair, or individual practice. After every two chapters there is a reading which presents information on a medical area not covered in the dialogs. This reading offers extensive practice for the student, preparing him or her for magazine, journal, or book reading in Spanish.

The Spanish-English and English-Spanish vocabulary contains all the lexical items found within the ten chapters of the text, additional medical vocabulary, and selected dialectical or regional variations of Spanish.

METHODOLOGY

The materials in this series lend themselves to a classroom environment in which communication skills are stressed. Because of the pragmatic nature of the contents of this book, the development of the skills of listening, speaking, reading, and writing is facilitated through language used in a meaningful context, providing minimal steps in the acquisition process. The unknown is learned through the known, and consequently there is a consistent reintroduction of structures from one chapter into the next. The vocabulary exercises provide ample opportunities for recognition and usage, both at the oral and written levels. The activities demand that students take an active role in the learning process by using different cognitive strategies and points of view. The role of the teacher in such an active environment must be that of a mediator or facilitator, providing direction, responding to questions, and helping students work at their own pace. Excessive correction is not recommended. Interlanguage, mimic, and body language should be allowed in order to give students the satisfaction of having communicated as frequently as possible. Translation is not encouraged; however, it should be provided as a scene setter, clarifier, or when a comparison between the two languages is requested by the learners. Students should be given the opportunity to correct their own exercises or those of their classmates in order to allow for identification and analysis of mistakes.

The illustrations in this book serve a pedagogical purpose: to present a stimulus for discussions or debates on cultural issues. Instructors are encouraged to make their students aware of the similarities and differences between the Hispanic and Anglo cultures in order to promote an understanding of the contrasts and comparisons in their behavioral patterns.

Ten "functions" (patterns for socialized expression) are introduced through the stimulus of a line drawing in each activity section. Their purpose is to teach the students a set of patterns focused on expressing a language function. Some of the functions introduced are expressing joy, making requests, greeting others, issuing warnings, presenting excuses, and giving orders.

THE PARTS OF A CHAPTER AND HOW TO USE THEM

Dialogs

Vocabulario Esencial. A brief word list precedes the two dialogs and presents a few basic medical terms exemplified in complete sentences in a medical context. Present these words and phrases by using individual or choral repetition. Go through them quickly, but point out any unusual morphological characteristics such as the vowel changes in a stem-changing verb or the invariable ending in "a," masculine or feminine, in a word such as "el (la) recepcionista." You may wish to create additional example sentences so that students become accustomed to new lexical items within the stream of speech.

Diálogos. The two dialogs introduce common medical situations using language that is lively and natural but also fairly formal, as would be appropriate for usage of professional terminology. The authors believe that only the most common and generalized medical terms should be used in the classroom. An attempt has been made to recreate the speech usually found in a typical medical setting. Many well-known regional variations or common synonyms are given, and several exercises encourage the student to practice variant forms.

Dialogs can be presented by traditional individual and/or choral repetition, by having students take turns reading portions of the dialog aloud, or by having the students divide into pairs or groups and play the roles as they read the parts aloud.

English Translation. Following each dialog is a translation, the purpose of which is to capture the meaning of the Spanish more than to present idiomatic English. The translation is not intended to be used as an exercise, but rather as a scene setter and clarifier, and, if requested by the students, as the basis for a comparative structural analysis.

Preguntas. A number of questions follows each dialog to evaluate comprehension. This activity begins the transition into the more active parts of the chapter. Students may prepare the answer to these questions in writing before class, but once in class they should answer with their books closed and in their own words as much as possible. After the instructor goes through the material in the text, he or she may wish to continue this activity by restating some of the questions and by adding others.

Narration

Narración. A narration written in third person recombines and expands the two dialogs, repeating much of the material from the dialogs but from a different point of view and often using other tenses of the verbs. The expansion adds details not presented in the dialog, often beginning a little earlier or continuing after the end of the scene in the dialog. Repetition of the dialog material reinforces the vocabulary and allows students to see different patterns of the language. One way to present the narration is to have students take turns reading a paragraph aloud. Often the instructor may wish to add explanatory comments, but care should be taken not to interrupt in excess.

Preguntas. A number of comprehension questions follows the narration. These begin by asking for mostly factual information, and then progress to more open-ended questions which permit the student to communicate some of his or her ideas about the topic under discussion. Assign this activity as a written exercise, but take care to include it in the lesson plan as an oral activity as often as possible. The authors suggest that teachers focus most attention on the last few questions where the students are called upon to express their own feelings, ideas, or experiences. You may wish to add questions of your own or ask certain students to direct questions or comments to others.

Notas gramaticales. The authors provide guidance to the teacher who may wish to employ the grammar review text of this series, *Gramática para la comunicación*, in conjunction with the present text. Indications are provided as to the grammatical structures exemplified in each chapter for further reference in the grammar book.

Vocabulary List

Lista de Vocabulario. Drawn from the dialogs and the narration and then enriched with synonyms and related terms, the vocabulary is organized into nouns, verbs, adjectives, adverbs, and other expressions. These divisions help students focus on the grammatical function of the word as well as its meaning. Related words (nouns, adjectives, or verbs) as well as certain selected synonyms are introduced when they are not employed in a later chapter. Present the vocabulary using individual and/or choral repetition. Frequently you may wish to offer model sentences in which you employ these new words. This is not always necessary since the dialogs and narration do offer sufficient context for the new vocabulary. It is often effective to group and point out the related forms of one basic semantic family such as "alimento-alimentar-alimenticio." This is good review as well as good learning technique.

Exercises On Vocabulary Acquisition

The vocabulary drills are always set in a medical context, and progress from those that are somewhat mechanical in a controlled situation to others that are more creative and free. The instructor has the freedom to use the written or oral mode in each of these exercises. The authors consider this group of drills as a means to an end rather than an end in themselves. They may best be employed as preparation for the more open-ended communication activities which follow.

Sentence Completion. Students complete sentences using appropriate forms of words in the *Lista de vocabulario*. In some cases, for example, verb infinitives must be appropriately conjugated, proper agreement must be given, or the correct form of the article must be provided. This exercise may be done with the books open.

Synonyms. The students replace the italicized words in a short paragraph with synonyms they have learned or ones they can look up in the vocabulary list. At certain times, especially in later chapters after the students have acquired a more extensive medical vocabulary, several synonyms may be known. Full credit should be given if the student is able to provide any reasonably correct answer. Another student may be asked to provide a possible second or third correct response. After the first few chapters, several items may call for words or phrases first employed in an earlier chapter, as a review. This exercise can be done with books open or closed.

Word Formation. Students supply either the noun form or the verb form of the italicized word. Many students soon find that they are able to determine the correct answer without consulting the word list and experience positive reinforcement regarding their progress in learning the vocabulary. Again, review items are introduced in this section after the opening chapters. This exercise is best done with books open.

Definitions. The students read a definition in Spanish of a vocabulary word and then provide in Spanish the word being defined. This exercise may be done with books closed if the instructor or another student reads the definitions.

Complete Sentences. Students write a complete sentence of their own for each of the vocabulary items provided in a short list. The instructor should always encourage the student to create sentences within the medical context and possibly to include several other words from the same or earlier chapters. Several students may simply be asked to read their work aloud or the instructor may wish to require more active recall and not permit the use of written prompts. Students with questions regarding their sentences should be allowed to ask questions if the instructor does not intend to correct the work outside of class.

English-Spanish Equivalents. Some English sentences which represent slight variations on the precise language used in the dialogs or narration are given and the students write the equivalent in Spanish. This exercise may be collected as homework and corrected, or the sentences may be placed on the blackboard for rapid correction. Another very important indirect outcome of this activity is the opportunity for the teacher to note the difficulties certain students may still be having with particular grammar points and then to organize further work in that area. It may be the case, for example, that after noting several errors in gender-number agreement, the instructor may wish to assign appropriate sections from *Gramática para la comunicación.*

Activities Section

At this point students progress to a communicative environment in which they use in activities and situations the words and expressions they have been practicing. Some of the students may be majoring in health science areas and many will have some knowledge of medical terms, problems, and situations, but the following exercises are based solely on the medical information that has been presented in the dialogs and narrations. With this information, students will be able to participate fully in all of the following activities. At times, especially in the final exercises in each chapter, students are given the opportunity to express their views or prior experiences with respect to the overall context of the chapter.

It is highly recommended that the instructor consider carrying out many of these activities within the small group format. This section is divided into two categories of exercises, oral and written, although it will soon become apparent that all of them can be done in either or both modes.

A final note: even though the persons referred to in these activities have been assigned specific gender, the instructor should feel free to change the gender called for in the text when so desired. For example, if the text refers to "la paciente," the exercise usually may be done just as well if the person is "el paciente."

Aclaraciones.   Students are presented with an underlined word or phrase in a sentence and are asked to clarify the meaning of this word or phrase by explaining it in Spanish in their own words. There

will be numerous ways to successfully respond to each item, and full credit should be given for close approximations.

Conocimientos Médicos.   Students respond in Spanish to a statement calling for simple medical information based on the data already presented in the dialogs or the narration. No prior medical knowledge is needed. For example, students may be asked to describe what a medical professional might do in a given circumstance. Students should be allowed to prepare for this exercise before it is presented in the classroom.

Situaciones.   Students are given a situational context and then presented with statements in English to be expressed in Spanish within that situation. This activity demands a relatively systematic usage of vocabulary but is flexible enough to allow varied responses, even with a limited vocabulary. It is often very effective to call on several students to make the same statement. This activity lends itself to the small group format. One of the *Situaciones* in each chapter is based on the photograph that accompanies the first dialog. The instructor can use this opportunity to comment on relevant aspects of the Hispanic culture and to encourage students to discuss—preferably in Spanish—how Hispanics and Anglos perceive each others' cultures.

Narraciones.   There are two exercises in this section. The first relates directly to the photograph that accompanies the second dialog in each chapter. Students are encouraged to relate the photo to a specified number of selected words and are asked to create a short narration in which they describe the action or event illustrated by the photo.

The second exercise is based on a line drawing that illustrates a situation calling for the use of language with a precise social function such as expressing agreement, asking permission, taking leave, or greeting someone. Students are presented with three or four structures used to express a particular function, and are asked to create a dialog which may be done orally or in writing. Students are also asked to narrate in their own words the events depicted in the drawing.

Interpretaciones. This exercise usually requires three people, and can be done in front of the class or in groups. One person speaks only Spanish, the second speaks only English, and the third (the interpreter) speaks both Spanish and English. Although the format may vary from time to time, the activity usually begins in Spanish as a patient or client comes into contact with an interpreter and explains the situation or need in question. This information is relayed by the interpreter to the third person involved. This is an entertaining as well as an effective exercise because the students are able to act out the roles.

Conversaciones. In this activity another significant step is taken in terms of encouraging student ability to communicate. Two or more students are involved either in groups or in front of the class. They develop short dialogs based on situations given in the text. It is recommended that each conversation include at least three exchanges of information in addition to opening and closing remarks. At this point in the lesson students may have acquired useful phrases or even entire lines taken from the dialogs. It should be considered proper for these patterns to be employed in this or other similar exercises. Encourage creative engagement in this activity.

Entrevista. (Or ***Mesa Redonda*** in some chapters.) This exercise often involves three to five students playing a role and requires longer, more formal statements. It is designed to increase the linguistic demands made upon the student and also to demonstrate the manner in which professionals are often called upon to engage in public service or participate effectively in other socialized activities. This exercise is enriched if other members of the class listen critically and then ask questions or make comments to the students in front of the class at the conclusion of the formal presentations. The instructor may wish to guide the class by asking the first one or two questions.

Presentación Pública. This exercise requires the student to present, in writing, orally, or both, longer statements (at least 150 words) of more substance than is the case in some of the conversational or interpretative activities described above. A suggested technique for classes in which all skills are stressed is to require that the student first write his or her statement. The teacher then has the option of either correcting or simply circling the errors (in which case the responsibility for the error correction falls upon the student). Once most of the errors have been eliminated, the presentation before the class often proceeds more satisfactorily. One or several themes for these presentations are suggested in the text, but the teacher should feel free to add other possibilities. As in the previous activity, the class is involved as an audience, and may pose questions or make challenging comments to the speaker at the conclusion of the presentation. Time limits must be set. Five minutes are usually sufficient.

Otros Puntos de Vista. Intended to be primarily a written exercise, the students react in the third person narrative voice to a given medical problem or situation in terms of the point of view of someone other than the patient or other principal party in the dialogs or narration. The suggested length is 150 words.

Experiencias y Opiniones. This activity calls for a short composition on either a personal experience that the student may have had in a situation similar to one of those suggested or for a statement reflecting a strongly held opinion on a medical topic. With regard to the personal experiences, the instructor should make clear to the class that many medical experiences are private and sensitive issues and that it is perfectly acceptable to write a fictitious experience or to describe the event in terms of someone else. Many students will feel much freer when they play a role.

Readings

Lecturas. Following every two chapters is a reading on a medical topic not otherwise covered in the ten chapters of the text. The readings aid in the transition to third-year level work in reading, writing, and discussion.

The readings are divided into several sections that carry headings that give students an idea of the content. Comprehension questions follow the readings to aid in recall of the content. A culminating activity is called *Temas para debate o composición.* This exercise may be used orally in class for group discussion or it may be assigned as a composition. The goal for the *Lecturas* is for the students to develop reading ability and to talk or write in a freer, more creative atmosphere. These readings are not intended to be used for grammar review or as translation exercises.

Encourage students to read for global understanding, and, conversely, discourage them from translating the material word for word as students often feel they must do. They should be able to read the whole text without stopping and looking for the meaning of words.

SCHEDULING A TYPICAL CHAPTER

The materials in this book can easily be organized into a series of modules, depending on the time available to the instructor and the objectives of the class. The suggestions below represent some, but by no means all, of the possibilities. *Module A* makes use of all the materials in each chapter; its objective is to develop the skills of listening, speaking, reading, and writing in a semester of fifteen weeks or forty-five class periods of fifty minutes. *Module B* serves the objectives of a conversation and composition course. *Module C* offers an alternative to the traditional grammar review and reading course. It concentrates on establishing a strong grammatical base for the student and is complemented by vocabulary from the medical field.

MODULE A

Day 1

1. Warmup/reentry of previous material
2. Model and drill of *Vocabulario esencial 1*
3. Read and role play *Diálogo 1*
4. Answer *Preguntas* on *Diálogo 1*
5. Repeat of steps 2, 3, and 4 for second dialog

Day 2

1. Warmup/reentry—dialog recall
2. In-class reading of *Narración*

3. Answer *Preguntas* on *Narración*
4. Present *Lista de vocabulario*
5. Illustration and exemplification of selected vocabulary

Day 3

1. Warmup/reentry—dialog and vocabulary recall
2. Exercise A—sentence completion drill
3. Exercise B—synonyms
4. Exercise C—word formation
5. Exercise D—definitions
6. Exercise E—complete sentences
7. Exercise F—English/Spanish equivalents

Day 4

1. Warmup/reentry—vocabulary
2. *Aclaraciones*
3. *Conocimientos médicos*
4. *Situaciones*—small group format

Day 5

1. Warmup/reentry—vocabulary
2. *Narraciones*
3. *Funciones y nociones*
4. *Interpretaciones*
5. *Conversaciones*

Day 6

1. Warmup/reentry—vocabulary
2. *Entrevista*
3. *Presentación pública*
4. Discussion and correction of selected written exercises from *Otros puntos de vista* and *Experiencias y opiniones*

MODULE B

Day 1

1. Read and role play *Diálogos 1* and *2*
2. Elicit cultural topics from the illustrations and discuss different points of view
3. Write about one of the topics of discussion

Day 2

1. Read *Narración* and answer questions
2. *Conocimientos médicos*
3. *Situaciones*—small group format
4. *Narraciones*

Day 3

1. *Interpretaciones*
2. *Conversaciones*
3. *Presentación pública*
4. *Temas para debate o composición* (from Lectura)

MODULE C

Day 1

1. Read *Diálogo 1*
2. *Notas gramaticales:* **Gramática para la comunicación**
3. Exercises A, B, C, D, and F
4. Answer questions

Day 2

1. Read *Diálogo 2*
2. *Notas gramaticales:* **Gramática para la comunicación**
3. *Conversaciones, Entrevista,* and *Presentación pública*
4. *Lectura*

Testing Language Skills

There are many efficient ways of assessing the level of accomplishment of the students. The authors would like to stress here some of the basic principles of testing: a) evaluate your student according to the objectives set at the beginning of the course; b) evaluate your student in the four skills of comprehension, speaking, reading, and writing; c) inform your student as to your method of evaluation, whether it is based on his or her participation in class or on a formal test. If a formal test is chosen to evaluate the student, several points should be taken into account. First is the format. There may be a psychological advantage to pacing the items so that they become progressively more difficult. Second are the instructions. They should be clear, short, and specific. Many teachers feel that instructions for examination items should be given in the students' first language to avoid ambiguity. Students should know the value of each response and should be informed as to the time alloted for each part of the test. Third is scoring. It is difficult to weigh the difficulty of a task in subjective testing, and instructors should be aware of what is best evaluated through a composition or an objective item test. The more objective the test, the higher the score reliability. Fourth is validity. Cohen (cited below) mentions six types of validity to take into account in the preparation of a class test. They are: face validity, content validity, criterion-related validity, concurrent validity, predictive validity, and convergent validity. This typology points to the difficulty involved in selecting an item for a test and how the instructor should measure the contents of a test in regard to the objectives and development of the course. For more extensive information about this issue, we would like to recommend the following titles and authors:

Celce Murcia, Marianne, and Lois McIntosh. *Teaching English as a Second or Foreign Language.* Rowley, Mass.: Newbury House Publishers, 1979.

Chastain, Kenneth. *Developing Second Language Skills: Theory to Practice.* Chicago: Rand McNally, 1976.

Clark, John L.D. *Foreign Language Testing: Theory and Practice.* Philadelphia: Center for Curriculum Development, Inc., 1972.

Cohen, Andrew D. *Second Language Testing* in Celce Murcia et al. (ibid), 1979.

Hammerly, Hector. *Synthesis in Second Language Teaching. An Introduction to Languistics.* Blaine, Wash.: Second Language Publications, 1982.

Rivers, Wilga K. *Teaching Foreign Language Skills.* Chicago: The University of Chicago Press, 1981.

Valette, Rebecca M. *Modern Language Testing: A Handbook.* New York: Harcourt, Brace, and World, Inc., 1967.

THE CLASSROOM AND THE COMMUNITY

An activity and communication oriented book such as this one lends itself to bringing the real world into the classroom or to taking the students directly into the real world. The instructor should consider some of the following possibilities: (1) student internships in local community institutions that deal with Hispanics in a health setting, e.g., public health office, community hospital, or public health clinic; (2) invitations of guest lecturers to the class, such as Spanish-speaking medical professionals; (3) field trips to community institutions that deal with His-

panics; (4) use of the library to obtain film strips, films, records, or other audio-visual material for in-class use; (5) cultural sessions organized by the students who can bring music, newspapers, arts and crafts or their own slide shows of trips to any Hispanic country; (6) informing students of events in which they might participate in nearby Hispanic communities or at other institutions.

All of the above activites can serve as a basis for reinforcing the skills of listening, speaking, reading, and writing as well as promoting an atmosphere of understanding between the two cultures.

CARRERAS:
Medicina

Richard A. Curry   University of Nevada, Reno

Jorge Nelson Rojas   University of Nevada, Reno

Emma Sepúlveda Nolan   University of California, Davis

Gerald Petersen   University of Nevada, Reno

ADVISORY COMMITTEE
Pedagogical Advisers
Rodolfo Cortina   University of Wisconsin, Milwaukee
Donna Gustafson   San José State University
Micaela Misiego   Rutgers University, New Brunswick
Yolanda Solé   University of Texas, Austin
Professional Advisers
Stuart Linné, M.D.   Woodland, California
Juan Núñez, M.D.   Reno, Nevada

HOUGHTON MIFFLIN COMPANY   *Boston*
Dallas   Geneva, Illinois   Hopewell, New Jersey   Palo Alto

Acknowledgements

The authors and publisher would like to thank the many native speakers, medical personnel in clinics and hospitals in this country and abroad, who contributed much useful information or materials which have been employed in *Carreras: Medicina*. They would also like to express their sincere appreciation to the Advisory Committees, to the number of students who commented upon the manuscript as it was being developed, and to the professors who acted as consultants and reviewers during the developmental stage of the program: Anthony T. Sallustio, Pace University; Chad C. Wright, University of Virginia; Anthony Lamb, Purdue University, Calumet; Nitza Lladó-Torres, University of Southern California; George B. Sowa, Rio Hondo Community College. For text credits, special thanks go to *Visión*, México; *Parents*, New York; *Ser Padres*, Madrid; and *The American University*, Washington D.C.

CARRERAS SERIES COMPONENTS

Carreras: Medicina, Student Text and Instructor's Edition

Carreras: Leyes, Student Text and Instructor's Edition

Carreras: Negocios, Student Text and Instructor's Edition

Carreras: Casos en la comunidad, Student Text and Instructor's Edition

Gramática para la comunicación, Student Text

NOTE: This book is written to provide accurate and authoritative information concerning the covered topics. It is not meant to take the place of professional advice.

NOTA: Los contenidos de este libro presentan información correcta y autorizada sobre los temas tratados. Esta información no debiera ser tomada como consejo profesional.

Printed in the U.S.A.

Student's Edition ISBN 0-395-35512-5

Instructor's Edition ISBN 0-395-36409-4

ABCDEFGHIJ-D-8987654

Índice

Introduction to the Student

Carreras: Medicina is a Spanish text written primarily for intermediate students who desire to review and expand their communication skills with a professional purpose in mind. This text is part of a five-volume series and is complemented by *Gramática para la comunicación*, the grammar component of the series. The thematic contents of this book are directly aimed at providing an active vocabulary in situations related to health issues. The interactions taking place in these chapters provide abundant opportunities to practice a social/professional lexicon.

Carreras: Medicina has been developed primarily with a classroom setting in mind. The vast selection of vocabulary acquisition exercises and activities calls for interaction between the instructor and the students as well as pairs or groups of students. Individuals in a professional setting who wish to acquire specialized language training will also find this text useful.

A Spanish-English and English-Spanish end vocabulary contains the most frequently used terms in the health-related professions as well as all the lexical items found within the corpus of the text. The English-Spanish vocabulary also presents some dialectical or regional variations of Spanish.

The aim of this book is to provide graded material that will develop and reinforce in the student a firm basis of listening, speaking, reading, and writing skills. This basic command of the language will enable him or her to satisfy most communication needs in a health-related profession within the Hispanic community.

CAPÍTULO 1

En la sala de emergencia

Un ataque al corazón

Vocabulario esencial

el ataque al corazón   *heart attack*
Mi padre tuvo un ataque al corazón.

el malestar   *discomfort, mild pain*
Tengo un malestar en el abdomen.

la pastilla   *pill, tablet*
Debo tomar una pastilla cada cuatro horas.

el pecho   *chest*
Tengo un dolor en el pecho.

el problema cardíaco   *heart trouble*
Mi hijo tiene un pequeño problema cardíaco.

el síntoma   *symptom*
¿Cuáles son los síntomas de un ataque al corazón?

recetar   *to prescribe*
¿Qué medicina ha recetado el doctor?

respirar   *to breathe*
Ese señor respira con dificultad.

la tarjeta del seguro   *insurance card*
Aquí tiene usted mi tarjeta del seguro.

Diálogo 1: Un ataque al corazón

(Con la recepcionista de la sala de emergencia.)

Recepcionista:	Nombre, por favor.
Sra. Gómez:	Irma Cuevas de Gómez.
Recepcionista:	No, no, el del enfermo. Es su esposo, ¿verdad?
5 *Sra. Gómez:*	Sí, claro, es mi esposo. Se llama Tomás Gómez Fuentes.
Recepcionista:	¿Tiene usted su tarjeta del seguro?
Sra. Gómez:	Ah, pues sí, que aquí la traigo.

(Con el doctor.)

Doctor:	Vamos a ver, ¿qué le pasa, Sr. Gómez?
Sra. Gómez:	Doctor, fíjese que mi esposo tiene un peso terrible en el pecho y dice que le cuesta respirar. Tenemos miedo de que le vaya a dar un ataque al corazón.
Doctor:	Dígame, señora, ¿cuándo comenzaron los síntomas?
Sra. Gómez:	Hace como dos horas, creo.
15 *Doctor:*	Señor Gómez, ¿puede usted describir su malestar?
Sr. Gómez:	Me siento mal, doctor. Tengo dificultad en respirar, tengo un poco de náuseas y siento un peso terrible aquí. (Se toca el pecho.)

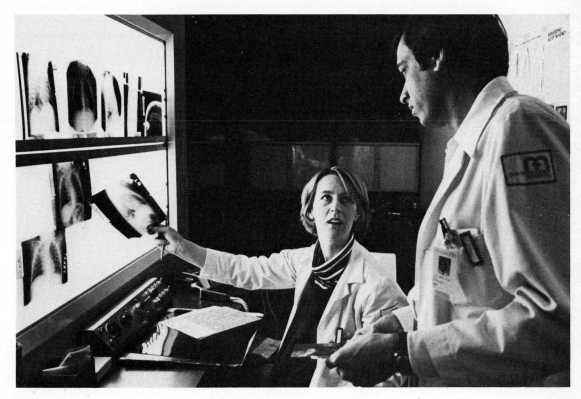

Una segunda opinión es importante. ¿Cree Ud. que se debe tener siempre?

Doctor:	¿Siente que esa presión se le mueve a otra parte del cuerpo?
Sr. Gómez:	Bueno, tengo una sensación parecida aquí en el cuello y en el hombro izquierdo.
Doctor:	¿Ha tenido usted problemas cardíacos antes?
Sr. Gómez:	Sí, sufro de angina y mi doctor me ha recetado unas pastillas de nitroglicerina.
Doctor:	Bien. Le haremos un electrocardiograma y un examen de sangre para determinar exactamente lo que tiene usted. Pero ante todo, cálmese, por favor.

20

25

🙊🙊🙊

A HEART ATTACK

(With the receptionist at the emergency room.)

Receptionist:	Name, please.
Mrs. Gómez:	Irma Cuevas de Gómez.
Receptionist:	No, no, the sick person's. He's your husband, isn't he?
Mrs. Gómez:	Yes, of course, he is my husband. His name is Tomás Gómez Fuentes.

5

Receptionist:	Do you have your insurance card?
Mrs. Gómez:	Oh, well, yes, I have it here.
	(With the doctor.)
Doctor:	Let's see. What's the matter, Mr. Gómez?
10 *Mrs. Gómez:*	Doctor, listen, my husband has a terrible heaviness in his chest, and he says that it's difficult for him to breathe. We are afraid he is going to have a heart attack.
Doctor:	Tell me, ma'am, when did the symptoms begin?
Mrs. Gómez:	About two hours ago, I believe.
Doctor:	Mr. Gómez, can you describe your discomfort to me?
15 *Mr. Gómez:*	I am feeling bad, doctor. I have trouble breathing, I am a little nauseated, and I feel a terrible heaviness here. (He touches his chest.)
Doctor:	Do you feel the pressure moving to another part of your body?
Mr. Gómez:	Well, I have a similar feeling here in my neck and in my left shoulder.
Doctor:	Have you had any heart problems before?
20 *Mr. Gómez:*	Yes, I suffer from angina and my doctor has prescribed some nitroglycerine pills for me.
Doctor:	All right. We will do an electrocardiogram and a blood test to determine exactly what you have. But above all, calm down, please.

Preguntas

1. ¿Por qué lleva la señora Gómez a su esposo a la sala de emergencia?
2. ¿Cómo sabemos que la señora Gómez está nerviosa?
3. ¿Qué identificación le pide la recepcionista a la señora Gómez?
4. ¿Qué síntomas tiene el señor Gómez?
5. ¿Tiene malestar en otra parte del cuerpo?
6. ¿Ha tenido problemas cardíacos antes?
7. ¿Qué remedio toma para la angina?
8. ¿Qué tipo de exámenes le harán?

Una fractura

Vocabulario esencial

el(la) asegurado(a)   *policyholder*
Déme, por favor, su número de asegurada.

el brazo   *arm*
Me duele el brazo izquierdo.

dislocar(se)   *to dislocate*
Creo que me he dislocado el hombro.

fracturar(se)   *to fracture*
El paciente se ha fracturado el brazo.

la lesión cerebral   *brain injury*
Ese niño tiene una lesión cerebral.

el omóplato   *shoulder blade*
La señora cree que se fracturó el omóplato.

perder (ie) el conocimiento   *to lose consciousness*
La señora se cayó y perdió el conocimiento por cinco minutos.

quebrar(se) (ie)   *to break*
Manuel se quebró el brazo en la escuela.

la radiografía   *X-ray*
Me harán una radiografía del pie.

Diálogo 2: Una fractura

(Con la recepcionista de la sala de emergencia.)

Recepcionista: El nombre de la paciente, por favor.

Sr. Rojas: Sylvia Madrid de Rojas; es mi mujer.

Recepcionista: ¿Cuál es su número de asegurada?

5 *Sr. Rojas:*   Mire, aquí tiene la tarjeta.

(Con la doctora.)

Las visitas al hospital son a veces tan curativas como una medicina. ¿Está Ud. de acuerdo?

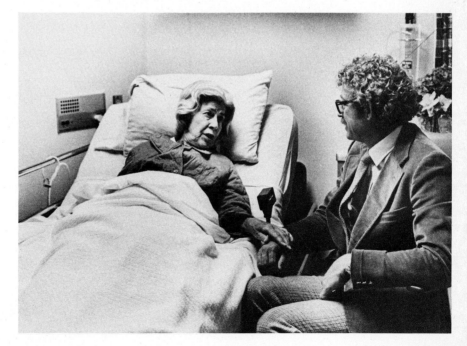

Sra. Rojas:	¡Ay, qué dolor más terrible! ¡Ay, ay! Doctora, me caí de una escalera y creo que me quebré el brazo.
Doctora:	Vamos a ver, señora. ¿Puede mover el brazo?
10 *Sra. Rojas:*	(Haciendo un gran esfuerzo.) No puedo. Siento un dolor terrible en el hombro. ¡Qué dolor más espantoso!
Doctora:	(Mientras la examina.) Veamos. ¿Le duele el cuello? ¿El omóplato? ¿Esta parte del brazo? (Tocándole el codo.)
Sra. Rojas:	Me duele todo el brazo.
15 *Doctora:*	¿Se golpeó la cabeza al caer?
Sra. Rojas:	No sé. Lo único que le puedo decir es que perdí el conocimiento por un rato.
Doctora:	La veo muy alerta; no creo que tenga una lesión cerebral. En cuanto al brazo, le vamos a tomar unas radiografías para ver si se lo fracturó o si 20 sólo se lo dislocó.

🐞🐞🐞

A FRACTURE

(With the receptionist at the emergency room.)

Receptionist:	The patient's name, please.
Mr. Rojas:	Sylvia Madrid de Rojas; she's my wife.
Receptionist:	What is her insurance number?
5 *Mr. Rojas:*	Look, here's her card.
	(With the doctor.)
Mrs. Rojas:	Oh, what a terrible pain. Ohh, ohh. Doctor, I fell from a ladder and I believe that I broke my arm.
Doctor:	Let's see, ma'am. Can you move your arm?
10 *Mrs. Rojas:*	(Making quite an effort.) I can't. I feel a terrible pain in my shoulder. What an awful pain!
Doctor:	(While she examines her.) Let's see. Does your neck hurt? Your shoulder blade? This part of your arm? (Touching her elbow.)
Mrs. Rojas:	My whole arm hurts.
15 *Doctor:*	Did you hit your head when you fell?
Mrs. Rojas:	I don't know. The only thing I can tell you is that I lost consciousness for a short time.
Doctor:	You look very alert. I don't believe you have a brain injury. As for your arm, we are going to take some X-rays to see if you fractured it or if you only dislocated it.

Preguntas

1. ¿Quién inscribe a la señora Rojas en el hospital?
2. ¿Qué identificación pide la recepcionista de la sala de emergencia?
3. ¿Por qué va la señora Rojas a la sala de emergencia?
4. ¿Puede mover el brazo la paciente?

5. ¿Qué cree la paciente que se dislocó?

6. ¿En qué partes del cuerpo siente dolor la paciente?

7. ¿Recibió un golpe en la cabeza la señora?

8. ¿Cómo puede determinar la doctora si la señora tiene el brazo quebrado?

Narración: En la sala de emergencia

Siempre hay mucha actividad en la sala de emergencia. Anoche, por ejemplo, en el espacio de una hora, el personal médico atendió dos casos muy diferentes.

Primero, llevado por su esposa, llegó un hombre con todos los síntomas de un ataque al corazón. La esposa, la señora Gómez, estaba nerviosa y dio su nombre a la
5 recepcionista, en vez del nombre de su esposo. La recepcionista anotó el nombre del enfermo, el número de su póliza de seguro médico, y otros datos básicos de identificación.

Una vez con el doctor, la señora Gómez le dijo que su esposo sentía una fuerte presión en el pecho y que le costaba respirar. El señor Gómez le explicó al doctor
10 que el corazón le latía más rápido que de costumbre y que sentía que esa presión se le extendía hacia el cuello y hacia el hombro izquierdo.

El doctor lo examinó y le hizo varias preguntas sobre su historia médica, en especial si había tenido antes alguna enfermedad cardíaca. El paciente le informó que estaba bajo el cuidado de un cardiólogo, quien había diagnosticado que sufría de
15 angina. El enfermo toma regularmente pastillas de nitroglicerina para esa enfermedad. Después de examinarlo, le acercaron la máquina de electrocardiogramas y le hicieron el examen. Finalmente el paciente tuvo que ir al laboratorio, donde le hicieron un análisis de sangre.

El doctor pudo determinar que el caso era relativamente serio. Ordenó que
20 colocaran al paciente en la sala de cuidados intensivos con un monitor. Una de las enfermeras se puso en contacto con el cardiólogo del paciente para ponerlo al corriente del estado físico del señor Gómez.

❀ ❀ ❀

Poco después, acompañada por su esposo, llegó a la sala de emergencia una mujer quejándose de fuertes dolores en el brazo izquierdo. Después que el esposó, el
25 señor Rojas, inscribió a su mujer con la recepcionista, la llevaron a la doctora.

La señora Rojas explicó a la doctora que mientras pintaba el techo de la cocina, subida a una escalera, había perdido el equilibrio y se había caído. La doctora examinó detenidamente el área afectada. Le preguntó si sentía también dolores en el cuello y si podía mover el brazo sin dificultad. La señora Rojas no podía mover ni levantar el
30 brazo izquierdo; el cuello no le dolía, pero ella pensaba que se había dislocado la coyuntura del hombro. Al seguir haciéndole preguntas, la doctora descubrió que la paciente había perdido el conocimiento por un rato y que posiblemente se había golpeado la cabeza; la señora Rojas no recordaba exactamente. La mujer se veía muy alerta, por lo que al parecer la caída no había causado lesiones cerebrales. Así y todo,
35 la doctora le enumeró algunos síntomas que podían indicar daño cerebral y a los cuales debería prestar atención: mareos, incoherencia al hablar y dilatación irregular de las pupilas.

40 Después del examen, la doctora la envió a la sala de rayos X para que le sacaran una radiografía. Mientras tanto, una enfermera se puso en contacto con el médico de la señora Rojas informándole del accidente de su paciente.

45 La radiografía mostró que la señora se había fracturado el antebrazo izquierdo, pero que no había dislocación en el hombro ni fractura en el omóplato. Tuvieron que enyesarle el brazo, comunicándole que en dos días debería ir al consultorio de su médico particular, quien ya había sido informado de su caso. Él le revisaría el yeso para estar seguro de que no impedía la circulación de la sangre. Si notaba que se le dormía el brazo, debería llamar a su médico de inmediato.

Preguntas

1. ¿Qué síntomas presentaba el hombre con el ataque al corazón?
2. ¿Qué revelaron las preguntas sobre su historia médica?
3. ¿Qué exámenes le hicieron al paciente?
4. ¿Regresó a su casa el señor Gómez? ¿Por qué?
5. ¿Qué accidente tuvo la señora Rojas?
6. ¿Qué partes de la zona afectada le dolían?
7. ¿Pensaba la paciente que tenía una dislocación? ¿De qué parte del cuerpo?
8. ¿Qué reveló la radiografía?
9. ¿Qué tratamiento le hicieron a la paciente?
10. ¿Cuándo deberá hacerse examinar el yeso? ¿Por qué?
11. ¿Sabe usted qué se debe hacer para prevenir un ataque al corazón?
12. ¿Sabe usted qué debe uno hacer cuando tiene una fractura?

Notas gramaticales

Para un repaso de los puntos gramaticales más importantes de este capítulo, consúltese *Gramática para la comunicación* de esta misma serie. Algunas estructuras empleadas en los diálogos de este capítulo son:

—pronombres sujetos
—presente de indicativo: verbos regulares
—género y número de los sustantivos
—oraciones interrogativas
—oraciones exclamativas

Lista de vocabulario

SUSTANTIVOS

accidente, el   *accident*
angina, la   *angina*

antebrazo, el   *forearm*
área, el (f.)   *area*

articulación, la joint
asegurado(a), el (la) policyholder
ataque, el attack
brazo, el arm
cabeza, la head
caída, la fall
cápsula, la capsule
cardiólogo(a), el (la) cardiologist
caso, el case
cielo raso, el ceiling
circulación, la circulation
codo, el elbow
consultorio, el doctor's office
corazón, el heart
coyuntura, la joint
cuello, el neck
cuidado, el care; caution
daño, el damage, injury
dato, el datum, piece of information, fact
dilatación, la dilation
dislocación, la dislocation
doctor(a), el (la) doctor
dolor, el pain
electrocardiograma, el electrocardiogram
emergencia, la emergency
enfermedad, la sickness
enfermero(a), el (la) nurse
enfermo(a), el (la) sick person
equilibrio, el equilibrium
escalera, la ladder, stairway
escápula, la scapula, shoulder blade
escayola, la plaster, cast
esfuerzo, el effort
estado, el state, condition
examen, el examination
fractura, la fracture
golpe, el blow; bump
hombro, el shoulder
laboratorio, el laboratory
lesión, la lesion, injury
lesión cerebral, la brain injury
malestar, el discomfort, mild pain
máquina, la machine
mareo(s), el (los) dizziness
medicina, la medicine
médico, el medical doctor

monitor, el monitor
movimiento, el movement
náusea(s), la(s) nausea
nitroglicerina, la nitroglycerine
omóplato, el shoulder blade
orden, la order
paciente, el (la) patient
paletilla, la shoulder blade
parte, la part
pastilla, la pill, tablet
pecho, el chest, breast
personal, el personnel
peso, el weight, heaviness
plasma, el plasma
póliza, la policy (insurance)
presión, la pressure; blood pressure
pupila, la pupil (of the eye)
queja, la complaint; moan, groan
radiografía, la X-ray
radioterapia, la radiation therapy
rato, el while, short time
rayo X, el X-ray
recepcionista, el (la) receptionist
respiración, la breath, breathing
sangre, la blood
seguro, el insurance; safety
sensación, la sensation, feeling
síntoma, el symptom
sufrimiento, el suffering
tableta, la tablet, pill
tarjeta, la card
techo, el ceiling
tejido, el tissue
yeso, el cast, plaster

VERBOS

afectar to affect
anotar to make a note of, to jot(down)
atender (ie) to take care of; to wait on
caer(se) to fall (down)
calmar(se) to calm (oneself) down
circular to circulate
colocar to put, to place
dañar(se) to injure (oneself)

diagnosticar to diagnose
dislocar(se) to dislocate
doler (ue) to hurt
enfermar(se) to become sick
enyesar to put in plaster, to put in a cast
escayolar to put in plaster, to put in a cast
examinar to examine
fracturar(se) to fracture
golpear(se) to hit (oneself)
impedir (i) to impede; to stop, to prevent
inscribir to register, to enroll
latir to beat (heart)
marear(se) to become dizzy
mostrar (ue) to show
mover(se) (ue) to move
ordenar to order, to command; to put in order
quebrar(se) (ie) to break
quejar(se) (de) to complain
recetar to prescribe
respirar to breathe
revisar to check, to go over
sangrar to bleed
sentir(se) (ie-i) to feel
sufrir to suffer

ADJETIVOS Y ADVERBIOS

afectado(a) affected
alerta alert
cardíaco(a) cardiac
cerebral cerebral
derecho(a) right; straight
detenidamente carefully, deliberately
espantoso(a) frightful, dreadful
grave grave, serious
irregular irregular
izquierdo(a) left
mareado(a) dizzy
médico(a) medical
nervioso(a) nervous
parecido(a) similar
particular private, personal
sangriento(a) bloody

serio(a) serious

OTRAS EXPRESIONES

al parecer apparently
angina pectoris, la angina pectoris
ante todo above all
así y todo even so
ataque al corazón, el heart attack
bajo los cuidados de under the care of
costarle (ue) a uno (respirar) to be difficult for one (to breathe)
dar la orden to give the order
de costumbre normally
de inmediato immediately
examen de sangre, el blood analysis, blood test
hace como (dos horas) about (two hours) ago
historia médica, la medical history
lo único the only thing
mientras tanto meanwhile
perder (ie) el conocimiento to lose consciousness
perder (ie) el equilibrio to lose equilibrium
póliza de seguro médico, la medical insurance policy
poner al corriente to inform
poner(se) en contacto con to put (oneself) in contact with
problema cardíaco, el heart trouble
sacar una radiografía to take an X-ray
sala de cuidados intensivos, la intensive care room
sala de emergencia, la emergency room
sala de rayos X, la X-ray room
sala de urgencias, la emergency room
seguro médico, el medical insurance
tarjeta del seguro, la insurance card
tener náuseas to feel nauseated

Ejercicios de adquisición de vocabulario

Los ejercicios siguientes están destinados a ayudarle a adquirir y recordar el vocabulario de este capítulo. Concéntrese en el significado de las palabras.

A. Complete Ud. las siguientes frases usando la forma apropiada de las palabras que aparecen a continuación.

afectado	recetar	diagnosticar
latir	el peso	enyesar
sufrir	la sangre	cardíaco
la fractura	la pastilla	la dilatación
el examen	alerta	ante todo

1. Tengo una presión intensa en el pecho; puede ser un ataque . . . .
2. Me caí y me duele mucho el brazo. Probablemente es una . . . .
3. El dolor es terrible; es como . . . . en el pecho.
4. Necesito tomar tres . . . . al día para calmar el dolor.
5. Me corté el dedo y me está saliendo bastante . . . .
6. Si descubre el médico que estoy enferma, me va a . . . . alguna medicina.
7. Antonio se quebró el brazo y el médico lo . . . . para inmovilizarlo.
8. Parece que no hubo lesión en la cabeza; ella está bastante . . . .
9. Después de sacar radiografías, el médico pudo . . . . correctamente mi problema.
10. Hasta ahora no saben lo que ella tiene. Quieren hacer algunos . . . . en el laboratorio.

B. Reemplace Ud. las palabras en cursiva con un sinónimo adecuado.

En la *sala de emergencia* todos los doctores están preocupados. *Aparentemente* llegó un caso muy *serio*. Una anciana tomó una *píldora* para un *dolor* y un poco después sufrió un *ataque cardíaco*. El *especialista cardíaco* está *revisando* la presión de la anciana. En la *oficina del médico* la enfermera está buscando su historia médica.

C. Complete las frases siguientes con la forma del sustantivo que corresponde a los verbos en cursiva.
MODELO: dibujar — dibujo

Ayer vi *caer* un pájaro de un árbol. Fue una . . . . peligrosa. Oí al pájaro *quejarse* y me acerqué. Era una . . . . intensa. Parecía *sufrir* mucho. Su . . . . se debía a que tenía una pata rota. Su pata se rompió al *golpear* el suelo. Fue un . . . . muy grande. La fractura le debía *doler* mucho. El . . . . se notaba en la forma en que *respiraba*. Era una . . . . agitada. Lo cogí en mis manos y sentí *latir* su corazón. Era un . . . . muy rápido. El pájaro se *movió* en mi mano. Su . . . . era muy lento. Le debía *pesar* su cuerpo sobre su pata y el .... le hacía daño. Lo llevé a casa y lo enyesé.

D. Dé Ud. la palabra que corresponde a cada definición.

1. Examen que se hace cuando se quiere saber la condición del corazón.
2. Indicación de una posible enfermedad.
3. Lo que ocurre cuando no llega suficiente sangre al corazón.
4. La sensación de dolor o de presión en el pecho.
5. Líquido rojo que circula por las venas.
6. Oficina donde un médico atiende a sus pacientes.
7. Materia de color blanco que se usa para mantener inmóvil el brazo después de una fractura.
8. Médico especialista en enfermedades del corazón.

E. Escriba una frase original con cada una de las siguientes palabras o expresiones.

la sala de cuidados intensivos	la sangre	tener náuseas
dislocarse	particular	enyesar
la pastilla	quebrarse	perder el equilibrio
	hace media hora	

F. Dé los equivalentes en español de las frases siguientes.

1. Did the symptoms begin today?
2. Do not breathe and do not move for a moment.
3. Is there any pain in your neck or in your arms?
4. She feels a pressure or heaviness in her chest.
5. Doctor, is my shoulder dislocated?
6. I must have lost consciousness for a while.
7. Are you going to put my arm in a cast?
8. The doctor wants to do a blood exam.
9. I was hit on the head and I fell.
10. Have you ever had any heart disease before?

Actividades

Los ejercicios siguientes están destinados a ayudarle a practicar el vocabulario, las estructuras y los contenidos aprendidos en este capítulo. Concéntrese en la comunicación de sus ideas.

Primera parte—Ejercicios orales

A. **ACLARACIONES.** Aclare brevemente en español el sentido de las palabras en cursiva.

1. Ayer fuimos a ver al *cardiólogo,* es decir…
2. La cardióloga me *recetó* unas pastillas, es decir…
3. A Juan le *enyesaron* la pierna, es decir…
4. Las pastillas que tomé me dieron *náuseas,* es decir…
5. ¿Qué *síntomas* tiene Ud.?, es decir…
6. El paciente *perdió el conocimiento,* es decir…
7. Creemos que a su madre le dio una *angina,* es decir…
8. Por fortuna, ella parecía estar muy *alerta,* es decir…

B. **CONOCIMIENTOS MÉDICOS.** Explique Ud. brevemente.

1. Preguntas que hace un médico cuando cree que su paciente ha sufrido un ataque al corazón.
2. Dos exámenes que se hacen para determinar si el paciente ha sufrido un ataque al corazón.
3. Algunas partes del cuerpo donde se sienten malestares antes de un ataque al corazón.
4. Tres partes del brazo que una persona se puede dislocar, quebrar o fracturar.
5. Síntomas que pueden indicar daño cerebral después de una caída.

C. **SITUACIONES.** Diga en español.

1. Ud. es un paciente en la sala de emergencia.
   a. Tell the doctor that you have a problem breathing.
   b. Explain that you think you had a heart attack.
   c. Say that you feel a heaviness in your chest, neck, and shoulder.
   d. Tell the doctor that you lost consciousness for a few seconds.
2. Basándose en la foto del primer diálogo de este capítulo, desarrolle una conversación con un colega. Diga en español algunas de las frases siguientes.

   You: Explain that the X-ray shows two fractures.
   Colleague: Asks about the patient.
   You: Explain that she fell from a ladder.
   Colleague: Asks for more information about the circumstances of fall.
   You: Provide further information about the pain she described, where it is, etc.

Colleague: Advises you to have additional X-rays.
You: Tell him you are worried about possible brain injury.

D. **NARRACIONES.** Cuente lo que pasó en las siguientes escenas.

1. Basándose en la foto del segundo diálogo de este capítulo, cuente Ud. a su visitante la historia de su ataque al corazón. Trate de incluir las siguientes palabras y expresiones en su narración.
   a. la presión
   b. latir
   c. respirar
   d. el corazón
   e. el cuello
   f. detenidamente
   g. la nitroglicerina
   h. el examen de sangre

2. *Excusándose.* Basándose en el dibujo, desarrolle una conversación usando las expresiones siguientes.
   a. perdón
   b. lo siento
   c. ruego perdonen mi retraso
   d. lamento mucho llegar tarde

   Luego cuente qué ocurrió y por qué llegó Ud. tarde.

E. INTERPRETACIONES. Estudien las situaciones siguientes. Asignen los papeles de cada personaje. Transformen las situaciones en diálogo e interprétenlas frente a la clase o con unos compañeros. Habrá siempre un traductor español-inglés-español.

1. Una mujer llega con su hijo, el cual se ha caído de una escalera; parece que se ha dislocado el hombro.
2. Una joven entra con su amigo, el cual se cayó mientras esquiaba.
3. La ambulancia trae a una mujer que se desmayó en una tienda.
4. Llega un hombre muy preocupado por su madre porque ella parece tener los síntomas de un ataque al corazón.

F. CONVERSACIONES. Varios estudiantes desarrollarán diálogos basados en las siguientes situaciones.

1. Un médico conversa con la esposa de un hombre, el cual parece haber sufrido un ataque al corazón.
2. Un médico habla con el mismo paciente de la situación 1.
3. Una enfermera llama por teléfono al médico particular del paciente de la situación 1. Ella le explica lo que pasó y qué tratamiento recibe el paciente en la sala de emergencia.
4. Un médico conversa con una persona que se ha quebrado o fracturado un hueso en un accidente. El paciente acaba de llegar al hospital.
5. El mismo médico habla con el paciente de la situación 4. Aquél le explica al paciente los resultados de las radiografías y le describe el tratamiento que debe seguir.

G. ENTREVISTA. Dos locutores de la televisión han invitado a participar en su programa a dos médicos y a una enfermera, los cuales trabajan en una sala de emergencia. Hablan de algunos de los accidentes domésticos y problemas cardíacos que tratan en su consulta.

H. PRESENTACIÓN PÚBLICA. Explique en 150 palabras.

Ud. es una especialista en enfermedades cardíacas y debe dar una charla ante un grupo de estudiantes secundarios sobre el sistema cardiovascular. Explique algo sobre los síntomas que se dan durante un ataque al corazón y también sobre los exámenes más comunes para confirmar el diagnóstico.

Segunda parte—Ejercicios escritos

A. OTROS PUNTOS DE VISTA.

1. Escriba Ud. lo que pasó durante un ataque al corazón desde el punto de vista de la esposa del paciente.

MODELO: *Mi esposo se despertó con un fuerte dolor en el pecho, y me dijo que le costaba respirar. Como él sufre de angina, nos dio mucho miedo y decidimos ir a la sala de emergencia. Cuando llegamos al hospital, la*

*recepcionista de la sala de emergencia me preguntó el nombre de mi
esposo y me pidió la tarjeta del seguro. Después llegó el doctor y nos
preguntó…*

2. Describa Ud. una visita a la sala de emergencia desde la perspectiva de una
    paciente que ha sufrido una fractura.

MODELO: *Estaba trabajando en la casa y me caí de la escalera. Mi esposo me
llevó de inmediato a la sala de emergencia. Cuando llegamos nos
pidieron toda la información personal, y me hicieron pasar a la sala
donde me veía el doctor. Tenía unos dolores terribles en el brazo, y
no podía dejar de gritar. El doctor entró en la sala y…*

B. EXPERIENCIAS Y OPINIONES. Escriba Ud. en español una composición contando sus experiencias (pueden ser ficticias) o expresando su opinión sobre los
temas indicados.

1. Cuando vi a una persona que estaba sufriendo un ataque al corazón.
2. Mis experiencias en la sala de emergencia.
3. Cuando me sacaron radiografías.
4. Por qué no me gustaría estar enyesado.
5. El accidente que nunca olvidaré.
6. Por qué me gustaría (o no me gustaría) trabajar en una sala de emergencia.

CAPÍTULO 2

En el hospital

La admisión en el hospital

Vocabulario esencial

el(la) anestesiólogo(a)   *anesthesiologist*
El especialista que aplica la anestesia se llama anestesiólogo.

la autorización   *authorization, permission*
Esta autorización nos permite hacerle los exámenes necesarios.

el cuarto privado   *private room*
Si Ud. desea estar sola en el cuarto, pida un cuarto privado.

firmar   *to sign*
Necesita firmar este último documento, señora.

el formulario   *form*
Éste es un formulario con su historia médica.

la habitación   *room*
¿Quiere estar sola en su habitación o con otra persona?

ingresar   *to enter (a hospital)*
Mañana ingreso en el hospital.

la póliza   *policy (insurance)*
Mi póliza paga el 100% del costo total de la operación.

el seguro   *insurance*
Tengo mi seguro con la compañía "América."

la tarjeta de asegurado(a)   *policyholder's card*
¿Tiene usted su tarjeta de asegurada, señora?

Diálogo 1: La admisión en el hospital

Sra. Durán:	Buenas tardes. ¿Es ésta la oficina de admisión?
Empleado:	Buenas tardes. Sí, aquí es. ¿En qué puedo servirle?
Sra. Durán:	Pues, me envía la doctora Amaro para ingresar.
Empleado:	¿Cómo se llama usted?
Sra. Durán:	Esmeralda Fuentes de Durán.
Empleado:	¿Tiene usted su tarjeta de asegurada?
Sra. Durán:	Sí, aquí está. (Se la entrega.)
Empleado:	La doctora Amaro ya nos ha enviado todos sus papeles. Usted sólo tendrá que firmar unos documentos y decirnos qué tipo de habitación prefiere.
Sra. Durán:	Me gustaría estar en un cuarto privado, si se pudiera.
Empleado:	Sí, perfectamente. Ahora lea y firme estos formularios, por favor. Son autorizaciones para los exámenes y para el pago del seguro.
Sra. Durán:	Creo que el seguro está a nombre de mi esposo. ¿Habrá problemas con esto?

¿Qué opina Ud. sobre los seguros médicos? ¿Son o no necesarios?

Empleado: En absoluto. La misma póliza cubre a toda la familia.

Sra. Durán: ¿Eso es todo? ¿Algo más?

Empleado: Solamente falta el permiso para el anestesiólogo. Después, una enfermera la acompañará al laboratorio y de ahí a su cuarto.

❀❀❀

AT THE ADMISSIONS OFFICE

Mrs. Durán: Good afternoon. Is this the Admissions Office?

Employee: Good afternoon. Yes, this is it. What can I do for you?

Mrs. Durán: Well, Doctor Amaro has sent me to be admitted.

Employee: What's your name?

5 *Mrs. Durán:* Esmeralda Fuentes de Durán.

Employee: Do you have your insurance card?

Mrs. Durán: Yes, here it is. (She gives it to him.)

Employee: Dr. Amaro has already sent us your papers. All you will have to do is sign some documents and tell us what kind of room you prefer.

10 *Mrs. Durán:* I would like to be in a private room, if that's possible.

Employee: Yes, all right. Now read and sign these forms, please. They are authorizations for the tests and for the payment of the insurance.

Mrs. Durán: I believe that the insurance is in my husband's name. Will there be any problem with that?

15 *Employee:*   Not at all. The same policy covers the whole family.

Mrs. Durán: Is that all? Anything else?

Employee: Only the authorization for the anesthesiologist is missing. Then a nurse will go with you to the lab and from there to your room.

Preguntas

1. ¿Quién es la doctora Amaro?
2. ¿Por qué está la señora Durán en la oficina de admisión?
3. ¿Qué tipo de habitación prefiere la señora?
4. ¿Para qué es la primera autorización? ¿Y la segunda?
5. ¿Cuál es el último permiso que necesita firmar?
6. ¿A nombre de quién está el seguro?
7. ¿Dónde deberá pasar antes de ir a su cuarto?
8. ¿Quién la acompañará?

Saliendo del hospital

Vocabulario esencial

la cuenta   *bill*
El seguro pagará toda la cuenta del hospital.

débil   *weak*
Todavía estoy débil.

la farmacia   *pharmacy*
¿Hay una farmacia dentro del hospital?

la receta   *prescription*
Ud. necesita una receta para comprar pastillas de nitroglicerina.

el reglamento   *regulation, rule*
Los reglamentos del hospital no permiten que Ud. fume aquí.

el remedio   *medicine; remedy*
El médico me recetó un remedio para la angina.

la silla de ruedas   *wheelchair*
Las personas que no pueden caminar usan una silla de ruedas.

Diálogo 2: Saliendo del hospital

Enfermera: Buenos días, señora Durán, ¿cómo se encuentra usted esta mañana?

Sra. Durán: Pues, todavía estoy un poco débil, pero ya me siento mucho mejor.

Enfermera: Me alegro de que esté mejor. Ya tendrá ganas de irse de aquí, ¿no?

Sra. Durán: Ay, sí, aunque han sido todos ustedes muy amables.

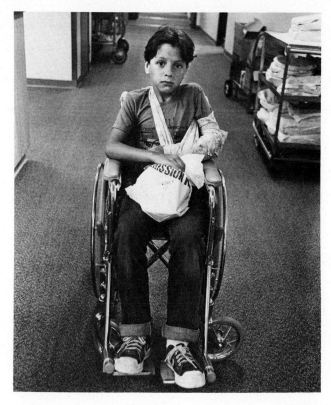

¿Le parecen a Ud. lógicas las reglas que exigen que un paciente con el brazo roto sea transportado en una silla de ruedas?

5 **Enfermera:** Ya todo está listo. Ahora la voy a llevar al primer piso en esta silla de ruedas.

Sra. Durán: No, gracias, no hace falta. Puedo caminar sin problemas. Estoy bien.

Enfermera: Lo siento mucho, señora Durán, pero éstos son los reglamentos del hospital.

10 **Sra. Durán:** Ah, perdón, está bien. Una pregunta. ¿Sabe usted si tengo que firmar algunos papeles antes de salir del hospital?

Enfermera: Sí. Necesita firmar algunos formularios. ¿Quiere pasar por la farmacia para comprar sus medicinas?

Sra. Durán: Sí, cómo no. ¿Cree usted que me pondrán la cuenta de la receta con la
15 cuenta total del hospital?

Enfermera: Por supuesto. Todos sus papeles irán juntos al seguro. No se preocupe.

🍀🍀🍀

THE PATIENT IS RELEASED

Nurse: Good morning, Mrs. Durán. How are you this morning?

Mrs. Durán: Well, I am still a bit weak, but I am feeling much better now.

Nurse:	I'm glad that you are better. You must feel like leaving here, don't you?
Mrs. Durán:	Oh, yes, although all of you have been very nice.
5 *Nurse:*	Everything is ready now. I am going to take you now to the first floor in this wheelchair.
Mrs. Durán:	No, thanks, there is no need for that. I can walk without any problems. I am fine.
Nurse:	I'm very sorry, Mrs. Durán, but these are the hospital rules.
Mrs. Durán:	Oh, excuse me, okay. A question. Do I have to sign any papers before leaving the hospital?
10	
Nurse:	Yes. You need to sign some forms. Do you want to go by the pharmacy to buy your medicine?
Mrs. Durán:	Yes, fine. Do you believe that they will put the bill for the prescription with the total hospital bill?
15 *Nurse:*	Certainly. All your papers will go together to the insurance company. Don't worry.

Preguntas

1. ¿Cómo se siente la señora Durán?
2. ¿Está contenta la paciente con la atención del hospital?
3. ¿Por qué trae la enfermera una silla de ruedas?
4. ¿Qué deberá firmar la paciente antes de salir del hospital?
5. ¿Dónde comprará los remedios la señora Durán?
6. ¿Pagará el seguro los remedios de la última receta?
7. ¿Se pagará por separado la cuenta de la farmacia?

Narración: en el hospital

La señora Durán, una de las pacientes de la doctora Amaro, llega al hospital el martes por la tarde para internarse, porque será operada al día siguiente. En la oficina de admisión tienen los papeles listos, ya que la doctora Amaro los había notificado oportunamente.

5   La señora Durán debe primeramente llenar un formulario con sus datos personales y su historia médica. En seguida, debe firmar unas autorizaciones: un documento autoriza los exámenes que se van a necesitar antes y después de la operación; otro autoriza a su compañía de seguros a pagar los honorarios de la doctora y la cuenta del hospital, y el tercero autoriza el pago al anestesiólogo. La compañía de seguros exige
10 que esta cuenta vaya por separado. La señora lee y llena cuidadosamente cada uno de estos documentos, haciendo preguntas cada vez que tiene alguna duda.

El empleado de la oficina le describe en seguida los diferentes tipos de habitaciones que puede solicitar y la señora se decide por un cuarto privado. El empleado le recuerda que si tiene alguna cosa de valor, debe dejarla en la oficina de
15 admisión, pues de otro modo el hospital no se hace responsable en caso de pérdida o robo. Así, la paciente deja con él la cartera y dos anillos que llevaba.

La señora pide indicaciones de cómo llegar a su cuarto, pero el empleado le

informa que una enfermera la acompañará. En realidad, antes de ir al cuarto tienen que pasar al laboratorio, donde le harán a la señora Durán exámenes de orina y de
20 sangre. En seguida, irán a la sala de rayos X porque la doctora ha pedido que le saquen una radiografía a la paciente.

Terminados los exámenes, llegan al cuarto que ocupará la señora Durán. La enfermera le muestra el armario para colocar su ropa, el modo de operar la cama para encontrar la posición más cómoda, y lo que debe hacer en caso de que necesite
25 atención. Le muestra también la camisa de dormir del hospital que se debe poner cuando se acueste. La señora se da cuenta de que ha olvidado algunos artículos para el aseo y la enfermera le proporciona los del hospital. La enfermera se despide anunciándole que le traerán la cena dentro de una hora, y que por lo tanto puede ponerse cómoda y acostarse en cualquier momento.

❀❀❀

30 Cuatro días más tarde la señora Durán está arreglándose para dejar el hospital, pues la doctora Amaro la ha dado de alta. Se sorprende cuando la enfermera trae una silla de ruedas. Aunque se siente un poco débil, está dispuesta a caminar, pero la enfermera le explica que los reglamentos del hospital exigen que salga en silla de ruedas, acompañada de una enfermera.
35 Van primero a la farmacia, donde la paciente compra las medicinas que le ha recetado la doctora y luego a la oficina de admisión, donde debe firmar algunos documentos. La señora piensa que ya ha firmado todos los papeles el día de su entrada al hospital, pero en la oficina de admisión le explican que éstos son otros documentos. Son, en realidad, los papeles que enumeran en detalle la cuenta total
40 del hospital, la cantidad que pagará el seguro y la cantidad que le corresponde pagar a ella.

La paciente firma los últimos documentos y llega finalmente a la sala de espera donde están su marido y sus dos hijos, todos muy contentos de que vuelva a casa.

Preguntas

1. ¿Por qué va al hospital la señora Durán?
2. ¿Cuáles son las tres autorizaciones que firma la paciente?
3. ¿Qué tipo de habitación pide la señora?
4. ¿Por qué deja su cartera y dos anillos en la oficina de admisión?
5. ¿Adónde va la señora antes de llegar a su cuarto?
6. ¿Qué instrucciones le da la enfermera cuando llegan al cuarto?
7. ¿Después de cuántos días dan de alta a la paciente?
8. Cuando sale de su cuarto la señora, ¿va caminando? ¿Por qué?
9. ¿Qué compra la señora en la farmacia?
10. ¿Qué documentos firma en la oficina de admisión?
11. ¿Quiénes esperan a la señora Durán? ¿Dónde están?
12. ¿Ha estado usted en un hospital como paciente? ¿Algún miembro de su familia?

Notas gramaticales

Para un repaso de los puntos gramaticales más importantes de este capítulo, consúltese *Gramática para la comunicación* de esta misma serie. Algunas estructuras empleadas en los diálogos de este capítulo son:

—verbos con cambios en la raíz

—presente de indicativo: verbos irregulares

—formas y usos del artículo definido

—formas y usos del artículo indefinido

—estructuras usadas para pedir algo cortésmente

Lista de vocabulario

SUSTANTIVOS

anestesiólogo(a), el (la) *anesthesiologist*
anestesista, el (la) *anesthetist*
anillo, el *ring*
armario, el *chest of drawers; closet*
arreglo, el *arrangement*
aseo, el *hygiene; cleanliness, neatness*
autorización, la *authorization, permission*
cantidad, la *quantity, amount*
cartera, la *handbag, purse, pocketbook*
cuarto, el *room*
cuenta, la *bill; account*
exigencia, la *exigency, demand, requirement*
farmacia, la *pharmacy*
firma, la *signature*
formulario, el *form*
gasto, el *expense, expenditure, cost*
habitación, la *room*
higiene, la *hygiene*
honorario, el *honorarium, professional fee*
operación, la *operation*
orina, la *urine*
pago, el *payment*
pérdida, la *loss; waste*
permiso, el *permission*

piso, el *floor (of a building); apartment(Sp.)*
receta, la *prescription; recipe*
reglamento, el *regulation, rule*
remedio, el *medicine; remedy*
robo, el *robbery, theft*
ropero, el *closet*
valor, el *value; courage*

VERBOS

arreglar *to arrange, to fix*
autorizar *to authorize*
cubrir *to cover*
exigir *to require, to demand*
firmar *to sign*
gastar *to spend*
ingresar *to enter, to check in*
operar *to operate (upon)*
pagar *to pay (for)*
perder (ie) *to lose; to miss (bus, etc.)*
proporcionar *to give, to supply, to furnish*

ADJETIVOS Y ADVERBIOS

cómodo(a) *comfortable*
con cuidado *carefully*
cuidadosamente *carefully*
débil *weak*

dispuesto(a) willing
mensual monthly
oportunamente at the appropriate time
privado(a) private
recién recently, just

OTRAS EXPRESIONES

aseo personal, el personal hygiene
a nombre de (mi esposo) in the name of (my husband)
compañía de seguros, la insurance company

cuarto privado, el private room
dar de alta to release (from a hospital, etc.)
en absoluto absolutely not, not at all
oficina de admisión, la admissions office
poner(se) cómodo(a) to make (oneself) comfortable
por separado separately
sala de espera, la waiting room
silla de ruedas, la wheelchair
tarjeta de asegurado(a), la policyholder's card

Ejercicios de adquisición de vocabulario

Los ejercicios siguientes están destinados a ayudarle a adquirir y recordar el vocabulario de este capítulo. Concéntrese en el significado de las palabras.

A. Complete Ud. las siguientes frases usando la forma apropiada de las palabras que aparecen a continuación.

exigir	la póliza	el aseo
por separado	ponerse cómodo	arreglar
la silla de ruedas	mensual	privado
el armario	proporcionar	el anillo
dar de alta	la autorización	cuidadosamente

1. Señora, puede guardar la ropa en .... que está allí.

2. Esta firma le da al hospital .... para revelar cierta información a la compañía de seguros.

3. ¿Sabe Ud. si mi .... de seguros me cubre a mí o solamente a mi esposo?

4. ¿Quiere Ud. una habitación .... o una para dos personas?

5. ¿Por qué se manda .... la cuenta del anestesiólogo?

6. No puedo pagarlo todo ahora; quiero hacer pagos ....

7. Al salir, debe pasar por la oficina para .... con ellos la forma de pago.

8. En un hospital .... es muy importante; por eso desinfectamos todo con antisépticos.

9. ¿Por qué me llevan en esta .... ? Puedo caminar sola.

10. Ya puedo volver a casa; el médico me ....

B. Reemplace Ud. las palabras en cursiva con un sinónimo adecuado.

Joaquín está desde hace tres días en un *cuarto particular* en un hospital para niños. A Joaquín lo *internaron* porque se rompió el *omóplato*. El *requisito* para estar allí es que sus padres hagan un *pago* de $35 al día. Los padres tienen *permiso* para cuidar de la *higiene* del niño en el hospital.

C. Complete las frases siguientes con la forma del verbo que corresponde a los sustantivos en cursiva.

MODELO: *respiración—respirar*

La *operación* que hicieron a mi padre ha significado unos *gastos* extraordinarios para mi familia. El médico lo .... con urgencia y tuvimos que .... todos los ahorros de la familia. La *firma* de mi padre fue necesaria para dar su *autorización* para el *pago* de su operación. El .... su tarjeta Masters y .... que su banco .... la cantidad de $3.000. El *arreglo* de todos los papeles es una *exigencia* del hospital que debe cumplirse antes de la operación. Para .... su ingreso, también le .... leer los reglamentos.

D. Dé Ud. la palabra que corresponde a cada definición.

1. Pago que recibe un médico a cambio de sus servicios profesionales.
2. El lugar donde se compran drogas y medicinas.
3. Acción de escribir su nombre al pie de un documento.
4. El especialista que administra la anestesia.
5. El modo de transporte para los pacientes mientras están en el hospital.
6. Habitación para una sola persona.
7. Acción de autorizar a un paciente internado para que vuelva a su casa.
8. Empresa comercial que recibe pagos del cliente a cambio de proveerle protección financiera en caso de una emergencia.
9. Palabra que describe una acción que ocurre cada cuatro semanas.
10. El lugar donde el paciente o su familia llena los formularios del hospital antes de pasar a la habitación.

E. Escriba una frase original con cada una de las siguientes palabras o expresiones.

la anestesia	oportunamente	cubrir
el reglamento	a nombre de	la póliza
proporcionar	por separado	

F. Dé los equivalentes en español de las frases siguientes.

1. The monthly payments arranged, the patient left the hospital with her husband and children.
2. The insurance company will pay us directly if you sign the authorization form.

3. I brought my own personal hygiene items from home; I do not need the hospital's.

4. Please make yourself comfortable and then go to bed.

5. Why do you need a separate form for the anesthesiologist?

6. The doctor notified us, but we need more personal information before you can be admitted.

7. The nurse will go with you to the laboratory for your urine examination.

8. You have to leave the hospital in a wheelchair; it is a rule of the hospital.

9. You may leave your purse, your ring, and your other objects of value in the admissions office.

10. Please read each of these documents carefully before signing them.

Actividades

Los ejercicios siguientes están destinados a ayudarle a practicar el vocabulario, las estructuras y los contenidos aprendidos en este capítulo. Concéntrese en la comunicación de sus ideas.

Primera parte—Ejercicios orales

A. ACLARACIONES. Aclare brevemente en español el sentido de las palabras en cursiva.

1. Mi amiga Luisa tuvo que *internarse* en el hospital, es decir…

2. Ella tiene una buena *póliza de seguros,* es decir…

3. Pidió que le dieran un *cuarto privado,* es decir…

4. Los *honorarios* del médico también los cubre su póliza, es decir…

5. Lo único que ella tendrá que pagar serán los gastos de *farmacia,* es decir…

6. Los *productos de aseo personal* los trajo ella de casa, es decir…

7. Ahora ya está en una *silla de ruedas,* es decir…

8. Creemos que la *darán de alta* pronto, es decir…

B. CONOCIMIENTOS MÉDICOS. Explique Ud. brevemente.

1. Tres papeles que una persona tiene que firmar antes de internarse en un hospital.

2. Recomendaciones que le hace el empleado al paciente sobre los objetos personales de valor.

3. Sitios adonde va un paciente recién internado antes de pasar a su habitación.

4. Objetos que la enfermera le muestra al paciente al llegar a la habitación.

5. Algunas cosas que hace un paciente después de recibir permiso para volver a casa pero antes de salir del hospital.

C. SITUACIONES. Diga en español.

1. Basándose en la foto del primer diálogo de este capítulo, desarrolle una conversación con el empleado. Imagine que usted es una paciente que va a internarse en el hospital.
    a. Tell the admissions clerk that you are going to enter the hospital for an operation, and that you have come to fill out some forms.
    b. Explain that you prefer a private room.
    c. Ask the clerk why a separate form is necessary for the anesthesiologist.
    d. Explain that your insurance is in your husband's name. Inquire about possible problems.

2. Ud. es una enfermera que lleva a una paciente recién internada a su cuarto.
    a. Explain that it is necessary to go first to the laboratory for a blood analysis and an X-ray.
    b. Say that the hospital will provide products for personal hygiene.
    c. Inform the patient that you will bring dinner in half an hour, and that she may make herself comfortable in bed.

D. NARRACIONES. Cuente lo que pasó en las siguientes escenas.

1. Basándose en la foto del segundo diálogo de este capítulo, cuente las cosas que hizo el padre de este muchacho, cuando lo preparaban para volver a casa. Trate de incluir las siguientes palabras y expresiones.
    a. la silla de ruedas
    b. el reglamento
    c. la farmacia
    d. las medicinas
    e. firmar
    f. la cuenta
    g. el pago mensual
    h. la sala de espera
    i. doler el brazo

2. *Expresando tristeza.* Basándose en el dibujo de la página 29, desarrolle una conversación usando las expresiones siguientes.
    a. ¡Dios mío! ¡Cuánto lo siento!
    b. ¡Qué terrible! Es muy triste.
    c. Lo siento mucho.
    d. Es muy lamentable.

    Luego cuente qué le ocurrió al personaje herido.

E. INTERPRETACIONES. Estudien las situaciones siguientes. Asignen los papeles de cada personaje. Transformen las situaciones en diálogo e interprétenlas frente a

la clase o con unos compañeros. Habrá siempre un traductor español-inglés-español.

1. Una mujer lleva a su madre al hospital para ser internada, pero el empleado no ha recibido ninguna comunicación del médico al respecto.

2. Un paciente conversa con el empleado sobre los formularios para la historia médica y las autorizaciones.

3. Una mujer casi lista para volver a casa se siente confundida sobre la necesidad de salir del hospital en una silla de ruedas y de pasar por varias oficinas antes de reunirse con su familia en la sala de espera.

4. Una mujer llega al hospital para llevar a casa a su hijo, quien ha sido dado de alta.

F. CONVERSACIONES. Varios estudiantes desarrollarán diálogos basados en las siguientes situaciones.

1. Un hombre necesita internar a su esposa en el hospital y le explica al empleado que no tiene seguro médico.

2. Un niño ha tenido un accidente y lo llevan de la sala de emergencia a un cuarto en el hospital mismo. Las enfermeras y los padres hablan de lo que deberán hacer para ingresarlo.

3. Un paciente y una enfermera llegan a la habitación y hablan de los muebles del hospital, la ropa y los productos de aseo personal.

4. El médico acaba de dar de alta a un niño. La enfermera conversa con la madre del niño sobre lo que hay que hacer antes de volver a casa.

G. ENTREVISTA. Un periodista entrevista a una empleada de admisión y a una enfermera de un hospital. El periodista prepara un artículo crítico sobre los problemas que existen cuando una persona se interna o sale del hospital. Los empleados del hospital explican y, en parte, defienden las prácticas del hospital.

H. PRESENTACIONES PÚBLICAS. Explique en 150 palabras.

1. Ud. es supervisora de una oficina de admisión y habla ante un nuevo grupo de empleados sobre los datos que deben anotar cuando entra y sale un paciente.

2. Ud. pertenece a un club social y los miembros le piden que les informe sobre los problemas que encontró con la admisión y la salida del hospital la última vez que tuvo que internarse.

Segunda parte—Ejercicios escritos

A. OTROS PUNTOS DE VISTA.

1. Describa el proceso de admisión desde la perspectiva de una mujer que ha internado a su esposo en un hospital.

2. Relate lo que pasa cuando un paciente es dado de alta de un hospital desde el punto de vista de otro miembro de la familia.

B. EXPERIENCIAS Y OPINIONES. Escriba Ud. en español una composición contando sus experiencias (pueden ser ficticias) o expresando su opinión sobre los temas indicados.

1. Cuando yo me interné en un hospital.

2. Por qué me gustaría (o no me gustaría) trabajar en la oficina de admisión de un hospital.

3. Cuando yo visité a un amigo que estaba en un hospital.

4. Por qué yo estaba impaciente después que me dijeron que el médico me había dado de alta.

5. Mi opinión sobre los reglamentos del hospital.

La hipertensión, un enemigo silencioso

Alarmante incremento de la enfermedad en la población

La hipertensión arterial, "el asesino silencioso," como se le ha llamado, se ha convertido en la causa principal de los ataques al corazón y los derrames cerebrovasculares[1]. Es además causante de graves lesiones renales[2] que pueden provocar la muerte.

Aunque la profesión médica conoce bien esta enfermedad y sabe combatirla,
5 hasta hoy la mayoría de la población que sufre de hipertensión no recibe ningún tratamiento y sobrevive como posible víctima de un ataque cardíaco o cerebrovascular.

Una reciente encuesta realizada[3] entre europeos y norteamericanos comprobó la existencia de entre un diez y un quince por ciento de hipertensos. De ellos sólo la mitad habían hablado de ello a sus médicos y solamente un 30 por ciento se encontraba
10 sometido a tratamiento[4]. Un escaso número de estos pacientes habían reducido su presión arterial a un nivel adecuado.

¿Cómo funciona la presión arterial?

La presión arterial de cualquier persona cambia constantemente para adaptarse a las necesidades del organismo en sus actividades. Es lenta y regular cuando se está sentado, pero es más rápida en las situaciones de gran esfuerzo físico, como en los
15 deportes. En realidad, la tensión arterial cambia rítmicamente con cada latido del corazón. Cuando el corazón se contrae[5] para impulsar la sangre al torrente circulatorio[6], la tensión sube en las arterias pequeñas, pero vuelve a bajar cuando el músculo cardíaco se distiende[7].

A la presión máxima de la sangre sobre las paredes arteriales en el momento de
20 la contracción se la conoce como "presión sistólica." A la mínima, que corresponde al tiempo de distensión, se le da el nombre de "presión diastólica." Estos dos valores son los que se determinan al medir la tensión arterial por medio de un aparato con una columna de mercurio, que sube y baja a cada oscilación de la presión de la sangre. Cuando los valores sobrepasan[8] los límites normalmente aceptados, el paciente
25 es considerado como víctima de la hipertensión arterial.

¿Quiénes son los hipertensos?

Durante mucho tiempo la definición científica de la hipertensión ha tenido dos escuelas de investigadores[9]. Para unos, los hipertensos eran personas distintas a los demás y la enfermedad venía, quizás, de una anomalía genética[10]. Para otros, la hipertensión no era sino el extremo superior de una escala[11] que incluía todos los

30 grados de tensión arterial. Unas personas estaban en los niveles más altos, otras en los más bajos, y la inmensa mayoría en los intermedios.

En los últimos años los médicos se han inclinado, en general, por la segunda teoría: no hay frontera precisa entre la "tensión normal" y la hipertensión, que puede resultar de una gran variedad de causas. Han dejado de buscar un solo factor corregi-

35 ble[12] de la enfermedad.

Sin embargo, algunos científicos han observado la existencia de un cierto número de casos que tienen causas precisas. Por ejemplo, el uso de anticonceptivos orales eleva ligeramente la tensión arterial en la mayoría de los casos. Varias condiciones congénitas[13] también provocan hipertensión. Sin embargo, son raros los casos en que

40 la causa precisa puede establecerse con exactitud. En la mayoría de los casos la hipertensión es un mal controlable pero no curable.

La situación en los países en desarrollo[14]

En las naciones en desarrollo la prevalencia de la hipertensión es similar, pero el número de casos en tratamiento es mucho más bajo. En México, según los cálculos del doctor Herman Villarreal, presidente del Consejo Mexicano de Hipertensión Arterial, el 20 por ciento de la población adulta sufre de esta enfermedad.

45 Aun cuando se conoce la gravedad de este problema en los países en desarrollo, su tratamiento no tiene la prioridad que reciben las enfermedades contagiosas. Las enfermedades contagiosas son las que cuentan con la mayor ayuda en dinero como resultado de los elevados niveles de mortalidad que provocan.

"Hipertensión, un enemigo silencioso," *Visión* (México) 22 de febrero de 1982.

---

1. **derrames cerebrovasculares** *cerebral strokes*
2. **lesiones renales** *kidney lesions*
3. **encuesta realizada** *survey carried out*
4. **sometido a tratamiento** *under treatment*
5. **se contrae** *contracts*
6. **torrente circulatorio** *blood stream*
7. **se distiende** *relaxes*
8. **sobrepasan** *go beyond*
9. **investigadores** *researchers*
10. **anomalía genética** *genetic abnormality*
11. **el extremo superior de una escala** *the upper end of a scale*
12. **corregible** *correctable*
13. **condiciones congénitas** *congenital conditions*
14. **en desarrollo** *developing*

PREGUNTAS SOBRE LA HIPERTENSIÓN

1. ¿Por qué no está sometida a tratamiento la mayoría de la población que sufre de esta enfermedad?

2. ¿Qué por ciento de la población norteamericana y europea sufre de la hipertensión?

3. ¿Existe la hipertensión en las naciones en desarrollo también?

4. ¿Por qué no ha recibido la atención que merece la hipertensión en los países en desarrollo?

5. ¿Cuáles son las dos escuelas de investigación sobre la causa de la hipertensión?

6. ¿Por qué han decidido los investigadores abandonar la teoría de que hay sólo un factor que corrije esta enfermedad?

7. ¿Cuál es una causa precisa de la hipertensión en algunas mujeres?

8. ¿Cuándo ocurre la presión arterial máxima?

9. ¿Por qué cambia constantemente la presión de la sangre en una persona?

10. ¿Cómo se mide la presión de la sangre?

A. Indique si las siguientes declaraciones son ciertas o falsas, y si son falsas, diga por qué lo son.

1. La hipertensión arterial es la causa principal de los ataques al corazón.

2. Se mide la presión arterial con un aparato que contiene una columna de mercurio.

3. La mayoría de la población que sufre de esta enfermedad está en tratamiento.

4. Las complicaciones de la hipertensión no pueden ser controladas.

5. La presión arterial de una persona es más o menos constante durante el día.

TEMAS PARA DEBATE O COMPOSICIÓN

1. Contrastes entre los países en desarrollo y los países más industrializados en cuanto al descubrimiento y tratamiento de la hipertensión.

2. Factores que contribuyen a la hipertensión.

CAPÍTULO 3

Exámenes generales

Examen general de una mujer

Vocabulario esencial

la célula   *cell*
Nuestro organismo tiene millones de células.

el historial   *medical history*
¿Dónde está el historial de la señora Mejía?

la menstruación   *menstruation, period*
La paciente a veces tiene problemas con su menstruación.

la muestra   *sample, specimen*
Necesitamos una muestra de sangre para hacerle un examen.

operar   *to operate*
Ese doctor me operó de apendicitis.

el ovario   *ovary*
Los ovarios forman parte del sistema reproductivo de la mujer.

el quiste   *cyst*
Esa paciente tiene un quiste en un ovario.

el raspador   *scraper*
El médico usa un raspador para sacar células vaginales.

Diálogo 1: Examen general de una mujer

Doctor:	Buenas tardes, señora. Veo aquí que la recomendó el doctor Salinas de San Antonio, un buen amigo mío.
Sra. Mejía:	Sí, doctor. Me habló muy bien de usted y por eso he venido a verlo para mi examen general.
5 *Doctor:*	Pues, bien. Leo en su historial que usted ha sido operada de apendicitis.
Sra. Mejía:	Sí, doctor, y el año pasado me sacaron un quiste de un ovario.
Doctor:	Sí, también aparece en su historia médica. ¿Ha tenido problemas después?
Sra. Mejía:	No, ninguno; me he sentido bastante bien.
10 *Doctor:*	¿Alguna irregularidad en su menstruación?
Sra. Mejía:	Sí, doctor. Estoy preocupada porque últimamente ha sido bastante irregular.
Doctor:	(Mientras la examina.) ¿Ha tomado algún remedio o empleado alguna ducha vaginal en las últimas cuarenta y ocho horas?
15 *Sra. Mejía:*	No, doctor.
Doctor:	Bien. Entonces, ahora le voy a sacar una muestra de células vaginales. (Con un raspador le hace el frotis de Papanicolaou.)
Sra. Mejía:	¿Cuándo cree usted que tendré los resultados?

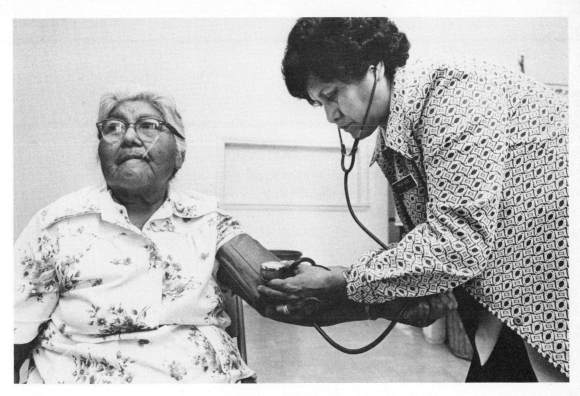

Diga qué pruebas se le están haciendo a esta mujer y para qué sirven.

	Doctor:	Los recibirá por correo dentro de unas dos semanas, y si hay problemas,
20		yo le hablaré por teléfono.

🕸 🕸 🕸

PHYSICAL EXAMINATION OF A WOMAN

	Doctor:	Good afternoon, ma'am. I see here that Dr. Salinas, a friend of mine from San Antonio, recommended me to you.
	Mrs. Mejía:	Yes, doctor. He spoke very well of you, and that's why I've come to see you for my physical examination.
5	Doctor:	Fine. I read in your medical history that you have been operated on for appendicitis.
	Mrs. Mejía:	Yes, doctor, and last year they removed a cyst from an ovary.
	Doctor:	Yes, it also appears in your history. Have you had any problems afterward?
	Mrs. Mejía:	No, none. I have felt quite good.
	Doctor:	Any irregularities with your menstruation?
10	Mrs. Mejía:	Yes, doctor. I am worried because lately it has been quite irregular.
	Doctor:	(While he examines her.) Have you taken any medicine or used a vaginal douche in the last forty-eight hours?

Mrs. Mejía:	No, doctor.
Doctor:	Good. Then I will take a sample of vaginal cells. (With a scraper he does a Pap smear.)
Mrs. Mejía:	When do you think I will have the results?
Doctor:	You will receive them through the mail in about two weeks, and if there are problems, I will talk to you on the phone.

15

Preguntas

1. ¿Qué tipo de examen se va a hacer la señora Mejía?
2. ¿En qué ciudad trabaja el doctor Salinas?
3. ¿De qué ha sido operada la señora Mejía?
4. ¿Qué problema tuvo el año pasado?
5. ¿Ha tenido complicaciones últimamente?
6. ¿Es regular su menstruación?
7. ¿Qué usa el doctor para hacerle el frotis de Papanicolaou?
8. ¿Cuándo recibirá la señora Mejía los resultados de este examen?

Examen general de un hombre

Vocabulario esencial

el asma f. *asthma*
Cuando era pequeño, yo tenía ataques de asma.

el catarro *common cold (illness)*
Tengo un catarro; no podré ir a trabajar.

la cera *wax*
Ese niñito tiene cera en los oídos.

el depresor *tongue depressor*
Durante el examen, el doctor sujetó la lengua con un depresor.

el dolor de cabeza *headache*
Tome una aspirina para el dolor de cabeza.

el estetoscopio *stethoscope*
Para examinar los latidos del corazón, el médico usa el estetoscopio.

la garganta *throat*
Me duele un poco la garganta.

el oído *(inner) ear; hearing*
Nunca he tenido una infección en los oídos.

la tos *cough*
Cada vez que tengo un catarro, me da mucha tos.

Diálogo 2: Examen general de un hombre

Doctor: Hola, Antonio. ¿Otro año ya? Hombre, ¡cómo pasa el tiempo!

Antonio: Así es. Pero tú sabes mejor que yo que cuando pasamos de los cincuenta tenemos que cuidarnos un poco más.

Doctor: A ver, déjame leer tu historial. Desde la última visita, ¿has sufrido dolores de cabeza, tos o cualquier otra condición anormal?

Antonio: No, ningún problema. He tenido buena salud, con la excepción de un catarro el invierno pasado.

Doctor: Bien. Veamos. Siéntate aquí en la mesa de examen, por favor. (Empieza a examinarle los ojos.)

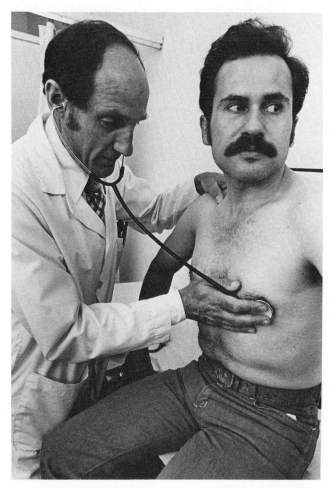

Diga qué prueba le está haciendo el médico a este paciente y para qué sirve.

10	*Antonio:*	¿Notas algún problema?
	Doctor:	Ninguno. Ahora te examinaré los oídos. (Usando una luz, trata de ver si hay acumulación de cera o alguna infección.)
	Antonio:	No tengo nada en los oídos, ¿no?
15	*Doctor:*	No. Ahora abre la boca, saca la lengua y di "aaah." (Sujeta la lengua con un depresor mientras le examina la garganta.) Todo está bien. No veo ningún problema.
	Antonio:	Algo que quería decirte es que me molesta el asma cuando hago ejercicios en los días de mucha contaminación.
20	*Doctor:*	Bien. Hablaremos de eso dentro de un momento. Ahora, haz el favor de acostarte boca arriba. (Le pone el estetoscopio en el pecho y le pide que respire hondo.)
	Antonio:	Antes yo no me cansaba nunca, pero ahora…
	Doctor:	Hombre, ya no tienes veinte años. No debes preocuparte tanto. Tienes una salud estupenda para tu edad.

❀❀❀

PHYSICAL EXAMINATION OF A MAN

	Doctor:	Hello, Antonio. Another year, already? My, how time goes by!
	Antonio:	That's right. But you know better than I that when we are over fifty we have to take care of ourselves a little more.
5	*Doctor:*	Let's see. Let me read your medical history. Since your last visit, have you suffered from headaches, coughs, or any other abnormal condition?
	Antonio:	No, no problems. I have been in good health, except for a cold last winter.
	Doctor:	Good. Let's see. Sit here on the examination table, please. (He begins by examining his eyes.)
	Antonio:	Do you notice any problem?
10	*Doctor:*	None. Now I will examine your ears. (Using a light, he tries to see if there is an accumulation of wax or an infection.)
	Antonio:	I don't have anything in my ears, do I?
15	*Doctor:*	No. Now open your mouth, stick out your tongue and say "aaah." (He holds down the tongue with a depressor while he examines his throat.) Everything is all right. I don't see any problems.
	Antonio:	Something I wanted to tell you is that my asthma bothers me when I do exercises on days when there is air pollution.
	Doctor:	All right, we'll talk about that in a moment. Now, please lie down face up. (He puts the stethoscope on his chest and asks him to breathe deeply.)
20	*Antonio:*	I didn't used to get tired before, but now…
	Doctor:	Hey, you are not twenty years old any more. Don't worry so much. You've got terrific health for your age.

Preguntas

1.   ¿Aproximadamente cuántos años tiene Antonio?
2.   ¿Cada cuánto tiempo se hace un examen general?

3.   ¿Qué quiere saber el médico primero?

4.   ¿Ha tenido problemas de salud el paciente últimamente?

5.   ¿Qué parte del cuerpo le examina primero?

6.   ¿Por qué usa una luz para examinarle los oídos?

7.   ¿Qué problemas tiene el paciente cuando hace ejercicios en los días de contaminación?

8.   ¿Tiene buena o mala salud Antonio?

Narración: Los exámenes generales

Esta mañana a las diez, la señora Patricia Mejía tiene hora con el doctor Ruiz pues necesita hacerse un examen ginecológico. La señora Mejía llegó hace poco a la ciudad y es la primera vez que visita al doctor Ruiz. Ha sido recomendado por el doctor Salinas, médico de San Antonio, ciudad donde vivía la señora Mejía.

5   Mientras espera su turno, la recepcionista la hace llenar un formulario con su historia médica. Luego una enfermera la lleva a una sala donde la pesa y le toma la temperatura y la presión. Va luego a la sala donde la examinará el doctor.

A los pocos minutos entra el doctor Ruiz. Trae en su mano la historia médica de la señora Mejía, que explica que la paciente fue operada de apendicitis hace tres años
10   y que hace un año le sacaron un quiste del ovario. No ha tenido ninguna otra enfermedad grave.

El médico le pregunta si su menstruación es normal o si ha notado alguna irregularidad. La paciente responde que en los últimos meses se le ha atrasado, pero que en general le viene con bastante regularidad. Luego el médico comienza a
15   examinarla. La hace recostarse cerca del borde de la mesa de examen, con los pies en los estribos. Le inserta un espéculo en la vagina y le hace un reconocimiento detallado del área. No nota nada irregular, pero antes de concluir el examen le saca una muestra de células vaginales para hacer un examen de Papanicolaou.

Cuando el doctor le pregunta si ha notado algo irregular o si tiene preguntas que
20   hacer, la señora Mejía informa al médico que cuando se examina los pechos antes de la menstruación ha notado unas durezas en el lado izquierdo. El doctor le explica que eso es normal, ya que hay tendencia a acumular líquido en los senos antes de la menstruación. Debe estar segura, sin embargo, de que esas durezas desaparecen después de la menstruación.

25   La paciente añade que a veces tiene infecciones urinarias, pero que se le pasan en uno o dos días. El médico le dice que cuando tenga esas infecciones debe tomar bastante líquido y si no se le pasan pronto debe llamar a la oficina del doctor. Él le recetará antibióticos para combatir la infección.

Antes de despedirse, el médico le comunica que le enviará los resultados del
30   examen por correo y en caso de que haya algo anormal, la recepcionista se pondrá en contacto con ella para que venga al consultorio.

❀❀❀

El señor Antonio Gutiérrez, de 53 años de edad, se encuentra en el consultorio de su amigo, el doctor Cifuentes, para el examen físico general que se hace cada año.

35 Una enfermera lo lleva a la sala donde lo examinará el médico. Le toma la presión y la temperatura y lo pesa, anotando los resultados en la hoja clínica. Antes de salir, le dice que el médico vendrá en unos minutos y que debe desvestirse.

El doctor Cifuentes saluda a su amigo, sorprendido de que haya pasado ya un año desde la última visita. Después de leer el historial, le pregunta si ha notado dolores de cabeza crónicos, tos, o alguna otra condición anormal durante el último 40 año. Afortunadamente la salud del paciente es buena en general y, fuera de un resfrío el invierno pasado, no recuerda nada irregular.

El doctor comienza con el examen. Primero le examina los ojos. El paciente debe mover los ojos siguiendo las indicaciones del doctor. Con una pequeña linterna, examina los ojos y luego los oídos para ver si hay alguna infección o una acumulación 45 excesiva de cera. Sujetando la lengua con un depresor, el médico inspecciona la garganta. Todo se ve normal.

En seguida, el médico examina la zona del tórax. Con el estetoscopio escucha los latidos del corazón. Le pregunta al paciente si siente alguna dificultad cuando respira. Antonio dice que no tiene problemas respiratorios, excepto cuando hace 50 ejercicios en los días de mucha contaminación ambiental.

Finalmente el doctor se pone guantes de goma y le explica al paciente que va a examinarle el recto y el estado de la próstata. Después, le comunica que todo está normal.

Antes de irse, Antonio debe pasar al laboratorio donde le harán un análisis de 55 sangre y de orina para obtener información adicional acerca de su estado de salud. Hay que estar seguro de que no hay complicaciones con la diabetes o con el nivel del colesterol, por ejemplo. El señor Gutiérrez recibirá los resultados de los exámenes dentro de dos semanas más o menos; si es necesario, la recepcionista le dará hora para hablar de esos resultados con el médico.

Preguntas

1. ¿Qué formulario llena la señora Mejía?
2. ¿Qué datos obtiene la enfermera antes de que llegue el médico?
3. ¿Qué datos de importancia aparecen en la historia médica?
4. ¿Qué instrumento usa el doctor para examinar la vagina?
5. ¿Para qué saca el doctor células vaginales?
6. ¿Qué ha notado la paciente en los pechos? ¿Es serio?
7. ¿Qué tipo de infecciones tiene a veces la señora Mejía?
8. ¿Qué recomienda el médico para combatir esas infecciones?
9. ¿Por qué visita el señor Gutiérrez a su médico particular?
10. ¿Para qué usa el doctor una pequeña linterna? ¿Y el estetoscopio?
11. ¿Cuándo tiene problemas respiratorios el paciente?
12. ¿Qué tipo de exámenes le harán en el laboratorio?
13. ¿Tiene problemas el paciente con la próstata?
14. ¿Cuándo se hizo usted un examen general?
15. ¿Por qué es importante hacerse un examen general regularmente?

Notas gramaticales

Para un repaso de los puntos gramaticales más importantes de este capítulo, consúltese *Gramática para la comunicación* de esta misma serie. Algunas estructuras empleadas en los diálogos de este capítulo son:

—imperfecto de indicativo

—pretérito: verbos regulares

—pronombres personales de objeto directo y de objeto indirecto

—oraciones pasivas con el verbo *ser*

—adjetivos numerales y ordinales

Lista de vocabulario

SUSTANTIVOS

ambiente, el *environment*

análisis, el *analysis*

antibiótico, el *antibiotic*

apendicitis, la *appendicitis*

asma, el (f.) *asthma*

boca, la *mouth*

borde, el *side, edge, border*

busto, el *bust*

catarro, el *cold (illness)*

célula, la *cell*

cera, la *wax*

cintura, la *waist*

colesterol, el *cholesterol*

complicación, la *complication*

contaminación, la *contamination, pollution*

depresor, el *tongue depressor*

desaparición, la *disappearance*

diabetes, la *diabetes*

ducha, la *shower; douche*

dureza, la *hard spot, lump; hardness*

espéculo, el *speculum*

estetoscopio, el *stethoscope*

estribo, el *footrest, stirrup*

frotis de Papanicolaou, el *Pap smear*

garganta, la *throat*

goma, la *rubber*

guante, el *glove*

historial, el *medical history*

infección, la *infection*

inspección, la *inspection*

irregularidad, la *irregularity*

latido, el *beat (of the heart)*

lengua, la *tongue*

linterna, la *flashlight, lantern; spotlight*

menstruación, la *menstruation, period*

muestra, la *sample, specimen*

nivel, el *level*

oído, el *(inner) ear; hearing*

ojo, el *eye*

órgano, el *organ*

ovario, el *ovary*

período, el *period; menstrual period*

pie, el *foot*

próstata, la *prostate*

quiste, el *cyst*

raspador, el *scraper*

reconocimiento, el *recognition; examination*

recto, el *rectum*

regularidad, la *regularity*

reproducción, la *reproduction*

resfrío, el *cold (illness)*

salud, la *health*

seno, el *breast*

temperatura, la *temperature*

tórax, el *thorax*

tos, la *cough*

vagina, la *vagina*

VERBOS

atrasar(se)   to be late, to be slow, to be behind

combatir   to combat, to fight

complicar   to complicate

contaminar   to contaminate, to pollute

desaparecer   to disappear

desvestir(se) (i)   to undress (oneself)

infectar   to infect

insertar   to insert

inspeccionar   to inspect

menstruar   to menstruate

pesar   to weigh

raspar   to scrape

reconocer   to recognize; to examine

recostar(se) (ue)   to recline, to lie back, to lean back

reproducir   to reproduce

sacar   to take out, to remove

sujetar   to hold down, to restrain

toser   to cough

ADJETIVOS Y ADVERBIOS

ambiental   environmental

anormal   abnormal

asmático(a)   asthmatic

clínico(a)   clinical

detallado(a)   detailed

diabético(a)   diabetic

estupendo(a)   stupendous, marvelous

físico(a)   physical

hondo(a)   deep, deeply

reproductivo(a)   reproductive

respiratorio(a)   respiratory

saludable   healthy

urinario(a)   urinary

vaginal   vaginal

OTRAS EXPRESIONES

a los pocos minutos   after a few minutes

boca abajo   face down

boca arriba   face up

costado derecho, el   right side (of body)

costado izquierdo, el   left side (of body)

dolor de cabeza, el   headache

examen general, el   general examination

guantes de goma, los   rubber gloves

hacer ejercicios   to exercise

hacerse un examen   to have an examination

hoja clínica, la   medical chart

lado derecho, el   right side

lado izquierdo, el   left side

mesa de examen, la   examination table

pasársele a uno   to pass, to go away (state, effects)

sacar la lengua   to stick out one's tongue

tener hora con   to have an appointment with

Ejercicios de adquisición de vocabulario

Los ejercicios siguientes están destinados a ayudarle a adquirir y recordar el vocabulario de este capítulo. Concéntrese en el significado de las palabras.

A. Complete Ud. las siguientes frases usando la forma apropiada de las palabras que aparecen a continuación.

atender	mover	la tos
reproductivo	hacer ejercicios	detallado
urinario	general	la contaminación
el raspador	el borde	el quiste
el colesterol	ponerse en contacto	combatir

1. Espere Ud. aquí, por favor; la enfermera lo .... en seguida.
2. Ud. necesita más actividad; debe .... todos los días.
3. Los ovarios forman parte del sistema ....
4. Me hago un examen .... todos los años.
5. Señora, con este .... voy a sacarle una muestra de células.
6. Temo que Ud. tenga una infección ....
7. Voy a .... con Ud. en una semana si el resultado es positivo.
8. Este examen nos dejará saber si Ud. tiene una gran cantidad de .... en la sangre.
9. Hoy no debo correr; hay .... en el aire.
10. Trate Ud. de .... el brazo un poco más.

B. Reemplace Ud. las palabras en cursiva con un sinónimo adecuado.

He llevado al abuelo a hacerse un *examen de sangre*. Tuvo que *quitarse la ropa* para que le reconocieran el *costado izquierdo*. El médico *escribió una nota* en su *historia médica* y dijo que tenía un *catarro*. Le ha recetado unas pastillas de una *medicina* nueva muy buena. Dijo que debíamos *comunicarnos* con él la semana que viene.

C. Complete las frases siguientes con la forma del verbo que corresponde a los sustantivos en cursiva.

MODELO: *golpe - golpear*

La semana pasada fui a hacerme un *reconocimiento* general. El médico que me .... dijo que tenía una *infección* que podía afectar mis órganos de *reproducción*. Debo tener cuidado de no .... a nadie, y de no .... el virus en otra persona por contagio. El médico me hizo una sencilla *operación*. Él .... todos los días. Con el *raspador* me .... para sacar células y analizarlas. No hubo ninguna *complicación*. Si se ...., estas operaciones pueden ser dolorosas. Ahora dice que debo bajar de *peso* y quitarme la *tos*. Voy a .... menos si hago ejercicios y voy a .... menos si dejo de fumar.

D. Dé Ud. la palabra que corresponde a cada definición.

1. El tipo de medicina que se usa para combatir las infecciones bacteriales.
2. El mueble en que se acuesta o se sienta el paciente al ser examinado por el médico.
3. Lo que sacamos cuando el médico desea examinar la boca o la garganta.
4. La materia que se saca de la vagina en el frotis de Papanicolaou.
5. El nombre de una condición o enfermedad pulmonar que les afecta a muchas personas cuando el aire está contaminado.
6. Uno de los órganos reproductivos de la mujer.
7. Lo que a veces la mujer descubre en el busto debido a una acumulación de líquidos.
8. El lado opuesto al lado derecho.
9. Lo que se pone el médico en la mano antes de examinar el recto.
10. El instrumento que se inserta en la boca del paciente cuando se le examina la garganta.

E. Escriba una frase original con cada una de las siguientes palabras o expresiones.

el antibiótico	el quiste	tener hora con
físico	la infección	el asma
el borde	la hoja clínica	
desvestirse	el raspador	

F. Dé los equivalentes en español de las frases siguientes.

1. A urinary infection can be serious; you need to have an examination.
2. Please open your mouth, stick out your tongue, and say "ahhh."
3. I am going to take a sample of these cells.
4. After I take your temperature and your blood pressure, I want you to undress to the waist.
5. We have found a small cyst on an ovary; I would like to remove it soon.
6. Please lie face up on the examination table.
7. I will send you the results of the blood and urine examinations.
8. You should not exercise on the days when there is a lot of air pollution.
9. Is it true that you have had an operation for appendicitis?
10. Is your menstruation normal, or have you noticed any irregularities?

Actividades

Los ejercicios siguientes están destinados a ayudarle a practicar el vocabulario, las estructuras y los contenidos aprendidos en este capítulo. Concéntrese en la comunicación de sus ideas.

Primera parte - Ejercicios orales

A. ACLARACIONES. Aclare brevemente en español el sentido de las palabras en cursiva.

1. El otro día fui a hacerme un *examen general*, es decir . . . .
2. El médico me hizo sentarme en la *mesa de examen*, es decir . . . .
3. Primero cogió el *depresor de la lengua*, es decir . . . .
4. Luego me preguntó si vivía en un sitio con mucha *contaminación*, es decir . . . .
5. Dijo que la contaminación me puede causar *asma*, es decir . . . .
6. También me dijo que podía tener una infección de *ovarios*, es decir . . . .
7. Para analizar la infección me hizo el *frotis de Papanicolaou*, es decir . . . .

B. CONOCIMIENTOS MÉDICOS. Explique Ud. brevemente.

1. Instrumentos que utiliza el médico para hacer un examen general.
2. Las partes del cuerpo que examina el médico durante un examen físico.
3. Exámenes que puede hacer una enfermera antes que llegue el médico.
4. Complicaciones que puede encontrar un médico en una mujer durante un examen de los órganos reproductivos.
5. Análisis que se hacen en el laboratorio como una parte del examen general.

C. SITUACIONES. Diga en español.

1. Basándose en la foto del primer diálogo de este capítulo, desarrolle una conversación con la paciente. Ud. es una enfermera.
    a. Greet a patient who has just arrived for a physical exam.
    b. Explain to the patient that you are going to weigh her, take her temperature, and also take her blood pressure.
    c. Explain that the doctor will be with the patient in a few moments.

D. NARRACIONES. Cuente lo que pasó en las siguientes escenas.

1. Basándose en la foto del segundo diálogo de este capítulo, haga el papel del paciente y cuente a un amigo en qué consistió su examen general. Trate de incluir las siguientes palabras y expresiones.

a.   la presión
b.   la temperatura
c.   pesar
d.   la hoja clínica
e.   el resfrío
f.   los ojos
g.   los oídos
h.   los latidos del corazón

2.   *Haciendo advertencias.* Basándose en el dibujo desarrolle una conversación usando las expresiones siguientes.

a.   ¡Cuidado!
b.   ¡(Ten) mucho cuidado!
c.   ¡Te vas a caer!
d.   ¡No debes hacer eso!

Luego cuente qué le ocurrió a los personajes del dibujo.

E.   INTERPRETACIONES.   Estudien las situaciones siguientes. Asignen los papeles de cada personaje. Transformen las situaciones en diálogo e interprétenlas frente a la clase o con unos compañeros. Habrá siempre un traductor español-inglés-español.

1.   La enfermera saluda al paciente, le hace los exámenes preliminares y se despide.
2.   Una mujer ha descubierto varias durezas en los senos. Está preocupada.

3. Un joven contesta algunas preguntas generales al comienzo de un examen físico.

4. Un médico le comunica los resultados de los exámenes a una paciente y le explica el tratamiento para una infección urinaria.

F. CONVERSACIONES. Varios estudiantes desarrollarán diálogos basados en las siguientes situaciones.

1. Un recepcionista recibe a una nueva paciente, quien necesita hacerse un examen general.

2. Una enfermera y la paciente de la situación 1 hablan durante el examen preliminar.

3. Un médico le hace preguntas a la paciente de la situación 1 sobre su historia médica.

4. Una mujer habla con su médico sobre varios problemas de salud que ha sufrido recientemente.

5. Un médico y un paciente hablan durante la primera parte de un examen general; el médico le examina los ojos, los oídos, la garganta, el tórax y el recto.

6. Un médico manda a un hombre al laboratorio al final de un examen físico. El paciente tiene preguntas sobre cuándo va a saber los resultados de los exámenes de laboratorio.

G. MESA REDONDA. La facultad de medicina de una universidad importante presenta una mesa redonda en la cual participan dos médicos de práctica general. Los estudiantes de la clase les hacen preguntas sobre los exámenes y los procedimientos más comunes durante los exámenes generales. También se habla un poco sobre la importancia de estos exámenes.

H. PRESENTACIONES PÚBLICAS. Explique en 150 palabras.

1. Ud. es el dueño de una clínica de reposo y tiene que dar una presentación oral sobre los aspectos positivos de los exámenes físicos regulares, especialmente para los adultos.

2. Ud. ha pasado varios días en un hospital a causa de una infección urinaria muy seria. Ahora les explica a un grupo de amigos otros problemas de salud que ha tenido por no haber seguido un plan de exámenes generales.

Segunda parte—Ejercicios escritos

A. OTROS PUNTOS DE VISTA.

1. Describa un examen de los ojos, oídos y garganta desde la perspectiva del paciente.

2. Describa un examen preliminar hecho por una enfermera desde el punto de vista del paciente.

B. EXPERIENCIAS Y OPINIONES.   Escriba Ud. en español una composición contando sus experiencias (pueden ser ficticias) o expresando su opinión sobre los temas indicados.

1. Cuando el médico me examinó los ojos, oídos y garganta.
2. Los problemas médicos que le hicieron a mi amigo pensar en hacerse un examen general.
3. Las operaciones que han tenido algunas personas que conozco.
4. Por qué creo (o no creo) que son importantes los exámenes generales.

CAPÍTULO 4

El embarazo

Primeros meses del embarazo

Vocabulario esencial

el aborto accidental   *miscarriage*
En el tercer mes de embarazo, la mujer sufrió un aborto accidental.

alimentar(se)   *to eat, to feed, to nourish*
Las mujeres embarazadas deben alimentarse bien.

el cuidado   *care, caution*
La mujer preguntó qué cuidados debía seguir durante el embarazo.

la dieta   *diet*
Puedo comer de todo; no estoy a dieta.

el embarazo   *pregnancy*
Es el primer embarazo de la señora Ayala.

estar encinta   *to be pregnant*
El examen indicó que la señora estaba encinta.

el panfleto   *pamphlet, brochure*
El doctor me dio unos panfletos sobre el embarazo.

Diálogo 1: Primeros meses

	Doctora:	Señora Ayala, tengo buenas noticias para usted.
	Sra. Ayala:	¿Cuál fue el resultado del examen?
	Doctora:	Fue positivo. Sí, está usted encinta.
	Sra. Ayala:	¡Qué alegría! Yo, más o menos, ya lo sabía.
5	*Doctora:*	Y su esposo, ¿sabe algo?
	Sra. Ayala:	Bueno, él sabe por qué estoy aquí y se va a poner muy contento cuando le dé la noticia.
	Doctora:	Enhorabuena. Y ahora tenemos que preocuparnos de dos personas, usted y el bebé.
10	*Sra. Ayala:*	Sí, yo no sé nada de eso. Es mi primer embarazo.
	Doctora:	No se preocupe. Mire, aquí tenemos unos panfletos con información sobre los cuidados que debe seguir.
	Sra. Ayala:	¿Necesito una dieta especial?
15	*Doctora:*	Especial, no. Pero es muy importante que se alimente bien. Trate de comer muchas proteínas, frutas y verduras.
	Sra. Ayala:	¿Puedo seguir fumando?
	Doctora:	Yo, personalmente, le recomendaría que no fumara ni bebiera. Muchos médicos creen que el alcohol y los cigarrillos pueden causar abortos accidentales o defectos de nacimiento.
20	*Sra. Ayala:*	¿Toda esa información viene ahí, en esos panfletos?

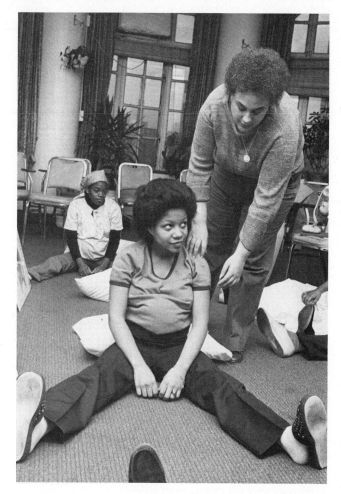

Describa la escena de la foto. Explique qué hacen estas mujeres y para qué.

Doctora: Sí, pero también hay cursillos a los que usted y su esposo pueden asistir. La enfermera le dará todos los detalles.

⊛ ⊛ ⊛

FIRST MONTHS OF PREGNANCY

Doctor:	Mrs. Ayala, I have good news for you.
Mrs. Ayala:	What was the result of the test?
Doctor:	It was positive. Yes, you are pregnant.
Mrs. Ayala:	How wonderful! I more or less already knew it.
5 *Doctor:*	And your husband, does he know anything?
Mrs. Ayala:	Yes, he knows why I am here, and he's going to be very pleased when I give him the news.

Doctor:	Congratulations. And now we have to worry about two people, you and the baby.
Mrs. Ayala:	Yes, I don't know anything about that. This is my first pregnancy.
10 Doctor:	Don't worry. Look, here we have some pamphlets with information about the precautions you should take.
Mrs. Ayala:	Do I need a special diet?
Doctor:	Not special. But it is important for you to eat well. Try to eat a lot of protein, fruits, and vegetables.
15 Mrs. Ayala:	Can I continue smoking?
Doctor:	I would personally recommend that you stop smoking and drinking. Many doctors believe that alcohol and cigarettes can cause miscarriages or birth defects.
Mrs. Ayala:	Is all of that information there, in those pamphlets?
Doctor:	Yes, but there are also courses which you and your husband can attend. The nurse will give you all that information.
20	

Preguntas

1. ¿Cuál fue el resultado del examen?
2. ¿Cómo reacciona la señora Ayala ante la noticia?
3. ¿Cómo va a reaccionar el esposo?
4. ¿Ha estado embarazada antes la señora?
5. ¿Debe seguir una dieta especial?
6. ¿Por qué no debe seguir fumando?
7. ¿Qué tipo de información le dará la enfermera?

Cuarto mes del embarazo

Vocabulario esencial

el antojo   *craving*
Las mujeres embarazadas a menudo tienen antojos.

engordar   *to gain weight*
Durante este último mes he engordado mucho.

estar estreñido(a)   *to be constipated*
Esta última semana he estado estreñido.

hinchar(se)   *to swell*
A esa señora se le hinchan las piernas.

obrar   *to have a bowel movement*
Usted debe tratar de obrar a la misma hora todos los días.

subir (de peso)   *to gain (weight)*
La señora Ayala ha subido seis libras en un mes.

Diálogo 2: *Cuarto mes*

Doctora: Buenos días, ¿cómo se encuentra la nueva mamá?

Sra. Ayala: Ay, doctora, parece que los malestares no terminan nunca. Ahora me siento mejor por la mañana, pero me canso mucho durante el día.

Doctora: ¡Pues, claro, ahora lleva usted a otra persona adentro! Dígame, ¿qué otras cosas ha sentido usted últimamente?

Sra. Ayala: De todo, mire. Se me hinchan las piernas y los pies, y me duele bastante la espalda.

Doctora: Es muy normal. Se le hinchan las piernas porque usted está reteniendo líquidos. Además, veo aquí en la hoja clínica que usted ha engordado un poquito.

Sra. Ayala: Pues, fíjese que he subido seis libras. ¡Me vienen unos antojos! ¿Cree usted que es lo que pesa ya el bebé, o son sólo mías esas libras?

¿Sabe Ud. cómo se identifica el sexo de un bebé antes de nacer? ¿Cuándo se puede hacer esa prueba?

Doctora:	Son un poco de usted y un poco del bebé, pero debe tener cuidado. No debe engordar demasiado.
15 *Sra. Ayala:*	También he notado que a menudo estoy estreñida.
Doctora:	Eso es normal. Coma más frutas y cereales y trate de obrar a la misma hora todos los días. ¿Y cómo van esos cursos prenatales?
Sra. Ayala:	Muy bien. Fíjese que Manolo está más estudioso que yo. ¡Se ha comprado un libro y todo!
20 *Doctora:*	Me alegro. Va a tener usted muy buena ayuda en su esposo.

🐛🐛🐛

FOURTH MONTH OF PREGNANCY

Doctor:	Good morning, how is the new mother?
Mrs. Ayala:	Oh, doctor, it seems that the discomforts never end. Now I feel better in the morning, but I get very tired during the day.
Doctor:	Well, of course, now you are carrying another person inside. Tell me, what other 5 things have you felt lately?
Mrs. Ayala:	Everything, listen. My legs and my feet get swollen, and my back hurts a lot.
Doctor:	It is quite normal. Your legs get swollen because you are retaining liquid. Besides, I see here in the clinical chart that you have put on a bit of weight.
Mrs. Ayala:	Well, I've gained six pounds. I get such cravings! Do you think that these pounds are 10 what the baby weighs or are they just mine?
Doctor:	Some are yours and some the baby's. But you should be careful. You shouldn't gain too much weight.
Mrs. Ayala:	I also noticed that I am often constipated.
Doctor:	That's normal. Eat more fruits and cereals, and try having a bowel movement at the 15 same time every day. And how are those prenatal courses going?
Mrs. Ayala:	Very well. Imagine, Manolo studies more than I. He's bought himself a book and everything!
Doctor:	I'm happy. You are going to have very good help in your husband.

Preguntas

1. ¿Cómo se ha sentido la señora últimamente?
2. ¿Por qué se le hinchan las piernas?
3. ¿Cuántas libras ha subido?
4. ¿Por qué ha engordado la señora Ayala?
5. ¿Qué otro problema ha tenido durante las últimas semanas?
6. ¿Qué le recomienda la doctora?
7. ¿Asiste el esposo de la señora Ayala a los cursos prenatales?
8. ¿Qué indica que el esposo será una buena ayuda para su mujer?

Narración: El embarazo

La señora Rebeca Ayala no se ha sentido bien últimamente. Amanece un poco mareada y le vienen náuseas y deseos de vomitar. Además, no le viene la regla desde hace un poco más de dos meses. Decide consultar a una ginecóloga para saber si está embarazada.

5   La señora Ayala le explica a la doctora Mayorga los síntomas que tiene, especialmente el hecho de que no le viene la regla desde hace dos meses. Lleva ya varios meses de casada y tanto ella como su esposo tienen muchos deseos de tener familia. Espera que la doctora le pueda dar buenas noticias.

La doctora le pregunta si ha notado otros síntomas, fuera de los mareos y las náuseas y, por supuesto, la falta de la regla menstrual. La paciente le dice que en efecto le duelen un poco los senos y que ha notado también que tiene ganas de orinar con más frecuencia últimamente. La doctora le hace un examen de la pelvis y nota que el útero está alargado. Le informa a la paciente que todo parece indicar que está embarazada. Le hará un examen de orina para estar segura del diagnóstico. La señora Ayala deberá volver dentro de tres días.

15   Cuando regresa al consultorio médico, la doctora felicita a la señora Ayala. El examen ha indicado que está encinta. La paciente está muy contenta y piensa que su esposo también lo estará. Por ser su primer embarazo, la señora está preocupada porque no tiene idea de los cuidados que debe seguir. La doctora la tranquiliza, diciéndole que la mayor parte de los cuidados son de sentido común.

20   Por ejemplo, en cuanto a dieta, debe tratar de comer alimentos con muchas proteínas, muchas frutas y vegetales frescos, y evitar alimentos sin valor nutritivo que la hagan subir mucho de peso. Si bebe o fuma, debe hacerlo con moderación o, mejor aún, dejar de hacerlo, ya que muchos médicos creen que el alcohol y los cigarrillos pueden causar abortos accidentales o defectos de nacimiento.

25   La señora Ayala trabaja para una compañía de seguros y querría saber cuándo debería dejar de trabajar. La doctora le informa que puede trabajar hasta el octavo mes. Debe, por cierto, evitar todo trabajo pesado en la oficina o en la casa. Le dice que la enfermera le dará más detalles sobre el cuidado prenatal en general, los ejercicios que es recomendable que haga e incluso ciertas clases que existen para prepararla para el parto. Si decide tomar esos cursillos, sería conveniente que su esposo también asistiera, especialmente si él desea estar presente durante el parto.

30   Finalmente, la doctora le examina detenidamente el abdomen, la pelvis y el pasaje vaginal. No nota ningún problema. Le pregunta a la paciente si ella o algún miembro de su familia ha tenido alguna vez tuberculosis, diabetes o sarampión. La señora responde negativamente. Antes de terminar la visita, la doctora le pide a la paciente que vaya al laboratorio para hacerse un examen de sangre. De ahora en adelante, durante todo el período del embarazo, deberá venir al consultorio periódicamente. Le da hora para el mes siguiente.

ॐॐॐ

40   La señora Ayala, ahora en su cuarto mes de embarazo, está en la oficina de la doctora. Los malestares que siente parecen no terminar nunca: mareos, vómitos por la mañana, dolor de espalda, hinchazón de las piernas y de los pies. Además, en los

últimos días ha estado sufriendo de estreñimiento. La doctora la calma, diciéndole que, desgraciadamente, esas reacciones forman parte del embarazo. La hinchazón es
45 frecuente porque el cuerpo retiene líquidos y el estreñimiento se debe a que el útero se agranda y pone presión sobre el intestino grueso. Le recomienda que aumente la cantidad de frutas y cereales que come y que trate de obrar a la misma hora todos los días. Por ningún motivo debe tomar laxante sin antes consultar con la doctora.

Mirando la hoja clínica, se da cuenta de que su paciente ha subido seis libras
50 desde la última visita el mes anterior. La señora admite que ha comido más que de costumbre; como es ella quien cocina en casa, la tentación de comer a cada instante es grande. Además, de vez en cuando le vienen antojos por cosas deliciosas que quizá no debiera comer. La doctora le recuerda una vez más lo importante que es no engordar demasiado durante el embarazo.

55 La doctora ahora comienza el examen. Le hace mediciones en el abdomen para ver si el feto se está desarrollando perfectamente. Le pone el estetoscopio en el abdomen y puede escuchar los latidos del corazón del feto. Le comunica a la señora Ayala que todo marcha perfectamente. Se informa de que Manolo, el esposo de la señora Ayala, asiste también a los cursos prenatales y está tan entusiasmado que se ha
60 comprado un libro sobre el embarazo. La doctora se despide de su paciente, dándole hora para el próximo mes.

Preguntas

1. ¿Qué síntomas tiene la señora Ayala?
2. ¿Qué examen le hará la doctora para confirmar el diagnóstico?
3. ¿Qué cuidados deberá seguir la paciente durante el embarazo?
4. ¿Qué información le dará la enfermera?
5. ¿Qué área del cuerpo le examina la doctora?
6. ¿A qué va al laboratorio la paciente?
7. ¿Qué malestares siente la paciente cuando está en su cuarto mes de embarazo?
8. ¿Qué recomienda la doctora para aliviar el estreñimiento?
9. ¿Por qué ha subido de peso la paciente?
10. ¿Por qué es importante la dieta durante el embarazo?
11. ¿Sabe Ud. cuál puede ser la causa de un aborto accidental?
12. ¿Cuál, cree Ud., es el problema mayor de una mujer encinta?
13. ¿Cree Ud. que es recomendable que el esposo asista también a los cursos prenatales? ¿Por qué?

Notas gramaticales

Para un repaso de los puntos gramaticales más importantes de este capítulo, consúltese *Gramática para la comunicación* de esta misma serie. Algunas estructuras empleadas en los diálogos de este capítulo son:

—*ser, estar, haber*
—Pretérito: verbos irregulares

—imperfecto versus pretérito
—comparativos y superlativos
—*a* personal

Lista de vocabulario

SUSTANTIVOS

abdomen, el *abdomen*
aborto, el *abortion; miscarriage*
alcohol, el *alcohol*
alimento, el *food*
antojo, el *craving, caprice, whim*
bebé, el *baby*
cansancio, el *tiredness, weariness, fatigue*
cigarrillo, el *cigarette*
consulta, la *checkup, visit (to doctor)*
cuidado, el *care; caution, carefulness*
cursillo, el *course, mini-course*
curso, el *course*
defecto, el *defect*
desarrollo, el *development*
detalle, el *detail*
diagnosis, la *diagnosis*
diagnóstico, el *diagnosis*
dieta, la *diet*
embarazo, el *pregnancy*
espalda, la *back (anat.)*
estreñimiento, el *constipation*
feto, el *fetus*
fluido, el *fluid, liquid*
fruta, la *fruit*
ginecología, la *gynecology*
ginecólogo(a), el (la) *gynecologist*
hinchazón, la *swelling*
intestino, el *intestine*
laxante, el *laxative*
legumbre, la *vegetable, legume*
libra, la *pound*
líquido, el *liquid, fluid*
medición, la *measurement*
nacimiento, el *birth*
nene(a), el (la) *baby*
noticia, la *piece of news*

nutrición, la *nutrition*
panfleto, el *pamphlet, brochure*
parto, el *delivery, birth*
pasaje, el *canal, passage(way)*
pelvis, la *pelvis*
pierna, la *leg*
proteína(s), la(s) *protein*
reacción, la *reaction*
régimen (alimenticio), el *diet*
regla, la *period, menstruation; rule, regulation*
retención, la *retention*
sarampión, el *measles*
tentación, la *temptation*
tuberculosis, la *tuberculosis*
útero, el *uterus*
vegetal, el *vegetable*
verdura, la *vegetable*
vómito, el *vomit*

VERBOS

abortar *to abort; to miscarry*
adelgazar *to lose weight, to become thin*
agrandar(se) *to grow, to become large*
alargar(se) *to lengthen*
alimentar(se) *to eat, to feed, to nourish (oneself)*
amanecer *to wake up in the morning; to dawn*
aumentar *to increase, to augment*
cansar(se) *to tire (oneself)*
consultar *to consult*
defecar *to defecate*
desarrollar(se) *to develop (oneself)*
embarazar(se) *to become (make) pregnant*

engordar   to gain weight
estreñirse (i)   to become
    constipated
evitar   to avoid
felicitar   to congratulate
fumar   to smoke
hinchar(se)   to swell
marchar   to go along, to progress; to
    march
nacer   to be born
obrar   to have a bowel movement
orinar   to urinate
preocupar(se)   to worry (oneself)
retener   to retain
tranquilizar(se)   to tranquilize
    (oneself), to calm (oneself) down
vomitar   to vomit

ADJETIVOS Y ADVERBIOS

accidental   accidental
alimenticio(a)   nourishing,
    nutritive
estreñido(a)   constipated
fielmente   faithfully
gordo(a)   fat, overweight
grueso(a)   thick
menstrual   menstrual
nutritivo(a)   nutritive
periódicamente   periodically

posnatal   postnatal
prenatal   prenatal
últimamente   lately
último(a)   last (in a series)

OTRAS EXPRESIONES

bajar de peso   to lose weight
de ahora en adelante   from now
    on
defecto de nacimiento, el   birth
    defect
dejar de (fumar)   to stop
    (smoking)
enhorabuena   congratulations
estar embarazada   to be pregnant
estar encinta   to be pregnant
estar en estado   to be pregnant
estar estreñido(a)   to be
    constipated
hacer de vientre   to have a bowel
    movement
ir de cuerpo   to have a bowel
    movement
lo (importante) que es   how
    (important) it is
mover (ue) el vientre   to have a
    bowel movement
sentido común, el   common sense
subir de peso   to gain weight

Ejercicios de adquisición de vocabulario

Los ejercicios siguientes están destinados a ayudarle a adquirir y recordar el vocabulario de este capítulo. Concéntrese en el significado de las palabras.

A. Complete Ud. las siguientes frases usando la forma apropiada de las palabras que aparecen a continuación.

la pelvis	de ahora en adelante	el sarampión
preocuparse	vaginal	periódicamente
el alimento	cansarse	el laxante
subir de peso	la libra	la medición
marchar	alargar	posnatal

1. Toda mujer encinta debe ver al médico ....
2. Muchas personas toman .... cuando les es difícil defecar.
3. Se necesita comer con cierta disciplina para no ....
4. El médico no nota ningún problema; parece que todo .... bien.
5. Después de que nace el nene, la mujer y el nene entran en el período de cuidado ....
6. Acuéstese en la mesa; quiero hacerle un examen de ....
7. Vamos a hacerle .... en el abdomen para ver cuánto ha crecido el feto.
8. No coma Ud. ningún .... que no tenga muchas vitaminas.
9. No trabaje todo el día; trate de no .... demasiado.
10. Creo que Ud. se sentirá mejor ....

B. Reemplace Ud. las palabras en cursiva con un sinónimo adecuado.

Desde que Ana tuvo su última *menstruación* hasta que supo que *estaba encinta* pasaron seis semanas. Le *hicieron un examen* de orina que resultó positivo. Ella también notó que su *busto* estaba hinchado. El médico le dio instrucciones claras sobre sus *comidas* para que el *bebé* no tuviese ningún problema *serio*. Ana come *legumbres* con frecuencia. Aunque Ana tiene problemas para *defecar* y retiene mucho *líquido*, su embarazo va bien.

C. Complete las frases siguientes con la forma del sustantivo que corresponde a los verbos en cursiva.

MODELO: *preocupar - preocupación*

Mis tíos Antonia y Darío decidieron tener un bebé. Antonia *se embarazó* en septiembre para no tener el .... durante el verano. Cuando tía Antonia empezó a *vomitar* en octubre, el médico le dijo que esos .... eran normales. En noviembre empezó a *retener* agua y las piernas se le *hincharon*. La .... de líquidos y la .... del cuerpo disminuyeron en diciembre. En la semana veintitrés el bebé empezó a *desarrollar*. El .... del bebé se notó mucho en tía Antonia. Hubo un momento en que estuvo a punto de *abortar* accidentalmente. El médico le recomendó quedarse en cama para evitar el .... También tuvo problemas para *orinar* y *se estriñó* durante algunos meses. Las dificultades con la .... y el .... son normales. El bebé *nacerá* en junio y tía Antonia va a *alimentarlo* con su leche. El .... se espera para el día 24. El médico dice que la leche de la madre es el mejor ....

D. Dé Ud. la palabra que corresponde a cada definición.

1. Un hábito que puede causar cáncer.
2. Una enfermedad caracterizada por un exceso de azúcar en la sangre y en la orina.
3. La acción de terminar voluntariamente con el embarazo.
4. El lugar donde se desarrolla el feto humano.
5. El médico que se especializa en tratar las funciones y las enfermedades de las mujeres.
6. Malestar que consiste en no poder defecar regularmente.
7. Lo que causa hinchazón en las piernas de las mujeres embarazadas.
8. Lo que ocurre cuando la mujer come demasiado durante su embarazo.
9. Nombre que se da al período anterior al nacimiento del bebé.
10. Expresión popular que se dice a la mujer para celebrar la noticia de su embarazo.

E. Escriba una frase original con cada una de las siguientes palabras o expresiones.

la regla	subir de peso	no cansarse
evitar	el antojo	las proteínas
la pelvis	hacer ejercicios	
obrar	de ahora en adelante	

F. Dé los equivalentes en español de las frases siguientes.

1. I have not had my menstrual period for two months.
2. It may be that you are pregnant, but I am not sure yet.
3. You should stop smoking and drinking alcoholic beverages.
4. The doctor examined me today and told me that everything is going along quite well.
5. My breasts hurt and in the morning sometimes I vomit and I am dizzy.
6. I am going to increase the quantity of fruits and vegetables that I eat.
7. The gynecologist told me that it was necessary to see her often.
8. No one has had tuberculosis or diabetes in my family; my brother had measles.
9. You should follow a strict diet.
10. It is extremely important not to gain a great deal of weight during the first months of the pregnancy.

Actividades

Los ejercicios siguientes están destinados a ayudarle a practicar el vocabulario, las estructuras y los contenidos aprendidos en este capítulo. Concéntrese en la comunicación de sus ideas.

Primera parte—Ejercicios orales

A. ACLARACIONES. Aclare brevemente en español el sentido de las palabras en cursiva.

1. Roberto y Luisa han visitado a la *ginecóloga*, es decir . . . .
2. La doctora le *tomó la presión* a Luisa, es decir . . . .
3. Roberto le contó a la doctora los *antojos* de Luisa, es decir . . . .
4. También le contó que *se mareaba* todas las mañanas, es decir . . . .
5. La doctora dijo que todos los *síntomas* eran normales, es decir . . . .
6. Dijo que el *feto* se desarrollaba bien, es decir . . . .
7. Es necesario que Luisa tome *proteínas*, es decir . . . .
8. La *dieta* de Luisa ha cambiado totalmente, es decir . . . .

B. CONOCIMIENTOS MÉDICOS. Explique Ud. brevemente.

1. Una dieta para una mujer embarazada.
2. Los síntomas del embarazo.
3. Algunas recomendaciones prenatales.
4. Preguntas para una historia médica prenatal.
5. Lo que hace un médico durante el examen de una mujer en el cuarto mes del embarazo.

C. SITUACIONES. Diga en español.

1. Basándose en la foto del primer diálogo de este capítulo, desarrolle una conversación con la paciente. Ud. es una enfermera.
   a. Tell a pregnant woman that there are special classes that she can take.
   b. Explain to a pregnant woman what she should do to avoid constipation.
   c. Tell an expectant mother some things that she can do so that the baby will develop in a normal manner.
2. Ud. es ginecólogo/a.
   a. Explain that you are going to take measurements of the patient's abdomen in order to determine the baby's development.
   b. Recommend that the patient see you at your office every month during her pregnancy.
   c. Ask how long it has been since the patient last menstruated.
   d. Urge the patient to follow the recommended diet and not to gain many more pounds.
   e. Explain why it is frequent that pregnant women become constipated.

D. NARRACIONES.   Cuente lo que pasó en las siguientes escenas.

1. Basándose en la foto del segundo diálogo de este capítulo, cuente cómo se desarrollan los primeros meses de un embarazo. Trate de incluir las siguientes palabras y expresiones.
   a. la regla
   b. la pelvis
   c. dolor
   d. hacer ejercicio
   e. bebidas alcohólicas
   f. engordar mucho
   g. fumar
   h. tener antojos
   i. pasear

2. *Solicitando permiso.* Basándose en el dibujo desarrolle una conversación usando las expresiones siguientes.
   a. ¿Le importa si…
   b. ¿Querría Ud.…
   c. ¿Podría…
   d. ¿Le importaría que…

   Luego cuente qué le ocurrió al personaje del dibujo.

E. INTERPRETACIONES.   Estudien las situaciones siguientes. Asignen los papeles de cada personaje. Transformen las situaciones en diálogo e interprétenlas frente a la clase o con unos compañeros. Habrá siempre un traductor español-inglés-español.

1. Llega una mujer que cree que está embarazada.
2. Consulta con la ginecóloga una mujer embarazada que ha subido demasiado de peso.
3. Una mujer hace preguntas sobre los posibles problemas que puede tener durante el embarazo.
4. Una mujer embarazada le cuenta a la ginecóloga los malestares que ha sufrido durante el último mes.
5. La ginecóloga habla con el marido sobre el apoyo que él debe dar a su mujer durante el período prenatal.

F. CONVERSACIONES. Varios estudiantes desarrollarán diálogos basados en las siguientes situaciones.

1. Una mujer encinta habla con la recepcionista antes de pasar al consultorio del ginecólogo.
2. La enfermera conversa con la paciente de la situación 1; hablan de los dolores y otros problemas que ha tenido la paciente.
3. Una mujer embarazada está preocupada por su estreñimiento. Habla con su ginecóloga.
4. La ginecóloga quiere saber algunos de los síntomas que tiene una mujer que sospecha que está en estado.
5. La paciente y la ginecóloga hablan de la historia médica de aquélla para ver si hay algo que pueda tener impacto en su embarazo.

G. ENTREVISTA. Una periodista prepara un artículo sobre los cuidados prenatales y habla con tres mujeres para obtener información. Una de las mujeres está en el tercer mes de su embarazo, otra en el octavo y la tercera ya tiene un niño de cinco meses.

H. PRESENTACIONES PÚBLICAS. Explique en 150 palabras.

1. Ud. enseña una clase sobre el cuidado prenatal en una clínica médica. Explique los problemas que pueden presentarse y las recomendaciones que tiene para los alumnos de la clase.
2. La maestra de una clase sobre el cuidado prenatal le ha pedido a Ud. que hable sobre los problemas que tienen las madres cuando suben demasiado de peso durante su período de embarazo.

Segunda parte—Ejercicios escritos

A. OTROS PUNTOS DE VISTA.

1. Describa los dos últimos meses del embarazo desde el punto de vista del esposo.

2.   Escriba sobre el período de embarazo de la madre desde la perspectiva de su niña de ocho años.

B.   *EXPERIENCIAS Y OPINIONES.* Escriba Ud. en español una composición contando sus experiencias (pueden ser ficticias) o expresando su opinión sobre los temas indicados.

1.   Los consejos que le di a una mujer embarazada que no creía que era necesario consultar con un médico durante su embarazo.
2.   Lo que dije en una presentación oral sobre la importancia de seguir una dieta durante el embarazo.
3.   Mis ideas sobre la mujer embarazada, su trabajo y también su dieta.
4.   Los progresos que la medicina ha logrado en el cuidado prenatal.

Cesárea

Cuándo hace falta y cuándo se puede esperar

El número de cesáreas practicadas en las Maternidades es cada vez mayor. El promedio oscila[1] entre el siete y el quince por ciento, pero en algunas clínicas hasta un veinticinco por ciento de los niños llega al mundo mediante esta operación.

5 Es un hecho que inquieta[2] cada vez más a las mujeres. Las futuras madres que se han preparado para un parto lo más natural posible reaccionan con temor y desilusión, cuando llegado el momento, se encuentran con la necesidad de tener una cesárea.

La cesárea no es siempre la solución más cómoda ni para la madre ni para el bebé. No es en modo alguno algo así como un "parto de lujo"[3] sin dolores ni esfuerzos. La cesárea no deja de ser una operación que convierte a la madre en una 10 auténtica paciente. Tiene que permanecer más días en la clínica y existe siempre la posibilidad de que surjan[4] complicaciones. Tampoco para el niño es el tipo de parto más aconsejable y fácil. Bien es cierto que los bebés se ahorran[5] el largo y fatigoso camino que los conduce a este mundo, pero esto no siempre constituye una ventaja[6]: los niños que nacen con cesáreas, después de su abrupta llegada, tienen a menudo 15 mayores dificultades para adaptarse al exterior, especialmente en lo que se refiere a la respiración. Les faltan los intensos estímulos[7] en la piel y el masaje rítmico de las contracciones mediante las que el líquido amniótico[8] ya se expulsa de los pulmones antes del primer llanto. Los niños que nacen con cesárea sencillamente no están tan bien preparados como los que nacen de un modo natural.

Medidas de emergencia

20 Por supuesto, nadie se opondrá a una cesárea cuando realmente es necesaria en bien de la madre o del bebé. En muchos casos, la decisión de practicarla se adopta en el transcurso del parto[9]. Por ejemplo:—cuando el examen del bebé muestra que padece una falta de oxígeno y los latidos de su corazón aumentan o disminuyen de modo alarmante;—cuando un prolapso[10] del cordón umbilical hace que peligre[11] la vida del 25 niño;—cuando la madre sufre fuertes hemorragias;—cuando el parto, aunque se utilicen todos los medios para favorecer las contracciones, cesa antes de que haya, nacido el bebé.

También se puede decidir de antemano[12] a realizar esta operación si determinadas condiciones previas hacen sospechar que el niño no pueda nacer de forma natural;— 30 cuando la pelvis de la madre es demasiado estrecha[13];—cuando la placenta es previa, esto es, situada tan abajo que cierra la "salida" del bebé;—cuando la madre padece cierto tipo de enfermedades como la diabetes y además el bebé no está bien colocado, con lo que ya se juntan varios riesgos.

La práctica de hacer una cesárea preventiva en estos casos significa una notable
35 disminución de la mortalidad materna e infantil así como un mejor estado de salud de ambos.

Razones dudosas

Aún existe cierta diversidad de opiniones, pero ya son muchos los médicos que en principio rechazan[14] la práctica de hacer una cesárea cuando no es absolutamente necesaria, prefiriendo dar a la madre y al niño la oportunidad de un parto natural.
40   *Cesáreas anteriores.* Los médicos más progresistas opinan que si ya han transcurrido dos años desde el primer parto, si la herida está bien cerrada y el embarazo ha transcurrido sin complicaciones, la mujer puede parir normalmente.

Primerizas "de edad."[15] Las mujeres que tienen más de treinta y cinco años pueden dar a luz sin necesidad de una cesárea, siempre que no haya ningún otro
45 riesgo adicional.

Presentación de nalgas.[16] Si se trata del primer hijo, muchos médicos son partidarios de practicar la cesárea en beneficio del bebé. Sin embargo si el segundo hijo está colocado "al revés,"[17] los médicos prefieren esperar, ya que los órganos maternos que intervienen en el parto ya están algo más dilatados.

En ocasiones conviene esperar

50 En opinión de algunos médicos, la decisión de operar se toma a veces con demasiada precipitación. El hecho de que las contracciones se debiliten[18] en un momento dado durante la fase de dilatación, o que el parto se retrase, no justifica siempre que se haga inmediatamente uso de la cirugía. En opinión de un profesor de la Clínica Universitaria de Barcelona, "un médico experimentado sabrá esperar en determinadas situaciones
55 y no responderá de inmediato con la cesárea a las complicaciones que se presenten."

"Cesárea: cuándo y por qué," por Raquel Herreros, *Ser Padres* (Madrid), No. 94 IX de 1982.

---

1. **el promedio oscila**   *the average varies*
2. **inquieta**   *disturbs*
3. **parto de lujo**   *luxury birth*
4. **surjan**   *arise*
5. **se ahorran**   *are saved*
6. **ventaja**   *advantage*
7. **estímulos**   *stimulation*
8. **líquido amniótico**   *amniotic fluid (fluid around the baby)*
9. **transcurso del parto**   *course of the delivery*
10. **prolapso**   *prolapsus, descent*

11. **peligre**   *endangers*
12. **de antemano**   *beforehand*
13. **estrecha**   *narrow*
14. **rechazan**   *reject*
15. **primerizas de edad**   *older first-timers, beginners*
16. **presentación de nalgas**   *breech (buttocks first) birth*
17. **al revés**   *backwards*
18. **El hecho de que las contracciones se debiliten**   *the fact that the contractions may weaken*

PREGUNTAS SOBRE LA CESÁREA

1. ¿Qué cantidad de niños llega al mundo mediante esta operación?
2. ¿Por qué reaccionan con temor y desilusión algunas mujeres cuando dan a luz?
3. ¿Es correcto decir que la cesárea es un "parto de lujo" sin dolores ni esfuerzos?
4. ¿Qué problemas puede traerle al niño el nacer por una cesárea?
5. ¿Cuál es una situación de emergencia que justifica una cesárea?
6. ¿Cuándo decide de antemano el médico realizar una cesárea?
7. Si una mujer ha tenido una cesárea antes, ¿es cierto que el próximo parto no será normal?
8. ¿Qué quiere decir la frase "primerizas de edad."?
9. ¿Cuál es la recomendación en el caso de un segundo hijo que está colocado "al revés"?
10. En el caso de una debilitación de las contracciones, ¿puede esperar el médico antes de hacer una cesárea?

A. Indique si las siguientes declaraciones son ciertas o falsas, y si son falsas, diga por qué lo son.

1. El número de cesáreas practicadas es cada vez mayor.
2. La madre que tiene una cesárea puede salir del hospital más pronto que la madre que da a luz normalmente.
3. Los niños que nacen con cesáreas no están tan bien preparados para adaptarse al exterior como los niños que nacen normalmente.
4. Las mujeres que tienen más de 35 años deben dar a luz mediante una cesárea.
5. Cuando los latidos del corazón del bebé aumentan o disminuyen muchísimo, se debe practicar una cesárea de emergencia.

TEMAS PARA DEBATE O COMPOSICIÓN

1. ¿Cuándo se puede justificar una cesárea?
2. Problemas o desventajas para el bebé de esta operación.

CAPÍTULO 5

El parto y la planificación familiar

El parto

Vocabulario esencial

la bolsa de agua   *water bag*
A una señora se le rompió la bolsa de agua en la sala de espera.

la contracción   *contraction*
En estos momentos las contracciones no son intensas.

dar a luz   *to give birth*
Creo que mi mujer va a dar a luz pronto.

el parto   *delivery, birth*
Los Ayala han seguido clases especiales para prepararse para el parto.

pujar   *to push (from within)*
La mujer tenía que pujar cuando le venían las contracciones.

la sala de partos   *delivery room*
El esposo estuvo con su esposa en la sala de partos.

soportar   *to bear, to endure*
La mujer gritaba porque no podía soportar los dolores.

la tabla   *chart*
La enfermera anotó toda la información en la tabla médica.

Diálogo 1: El parto

Sr. Ayala:	Buenas tardes. Soy Manuel Ayala. Traigo a mi mujer porque tiene dolores de parto.
Enfermera:	Sí, la estábamos esperando porque su médico acaba de llamar.
	(Más tarde, cuando la señora Ayala está próxima a dar a luz.)
5 *Doctora:*	(A la enfermera.) ¿Cada cuánto tiempo vienen las contracciones? ¿Cómo está la presión?
Enfermera:	Todo parece normal, doctora. Aquí tiene la tabla con toda la información.
Sra. Ayala:	Siento que estoy perdiendo más líquido. Me siento más cansada ahora.
Doctora:	(Mientras examina a la señora.) Ah, sí. Veo que se le ha roto la bolsa de agua.
Sra. Ayala:	¿Cuánto tiempo más, cree usted, doctora, que me falta?
Enfermera:	Falta poco, señora. Trate de relajarse completamente entre contracciones. (A la enfermera.) Prepare, por favor, a la señora y pásela a la sala de partos.
Sra. Ayala:	¡Ay! ¡No soporto más! Estoy tan cansada. ¡Hasta cuándo, Dios mío! ¡Ay!
Doctora:	(En la sala de partos.) Trate de respirar hondo antes de cada contracción. (Le pone una inyección de anestesia local.) No se mueva, por favor. Voy a hacerle una incisión para facilitar la salida del bebé.

Line numbers in margin: 10 (at *Sra. Ayala:* "Siento que..."), 15 (at *Enfermera:* "Falta poco..."), 20 (at *Doctora:* "Voy a hacerle...")

¿Está Ud. de acuerdo en la participación del padre en los preparativos para el parto?

Sra. Ayala:	(Unos minutos más tarde.) ¡No puedo más! Ahora sí que me duele. ¡Ay!
Doctora:	Vamos, señora, puje una vez más. Bien, otra vez, no tan fuerte, ya viene solo. (La señora deja de pujar y la doctora recibe al bebé.) Bien, ya casi terminó todo. Aquí tenemos al nuevo hombre de la familia. ¡Felicitaciones!

25

۞ ۞ ۞

CHILDBIRTH

Mr. Ayala:	Good afternoon. I'm Manuel Ayala. I'm bringing my wife because she's having labor pains.
Nurse:	Yes, we were waiting for her because her doctor just called.

(Later, when Mrs. Ayala is about to give birth.)

5 *Doctor:*	(To the nurse.) How often are the contractions coming? How is her pressure?
Nurse:	Everything seems normal, doctor. Here is the chart with all the information.
Mrs. Ayala:	I feel that I'm losing more liquid. I feel more tired now.
Doctor:	(While she examines the lady.) Oh, yes. I can see that your water bag has broken.
Mrs. Ayala:	How much longer do you think, doctor?
10 *Doctor:*	Just a little longer, ma'am. Try to relax completely between contractions. (To the nurse.) Please prepare the lady and move her to the delivery room.
Mrs. Ayala:	Oh! I can't stand anymore. I'm so tired. When will this end! Oh, my God! Ohhh!
Doctor:	Try to breathe deeper before each contraction. (She gives her an injection of a local anesthetic.) Don't move, please. I am going to make an incision to facilitate the
15	baby's exit.
Mrs. Ayala:	(A few minutes later.) I can't take it any more. Now it really hurts. Ohhh!
Doctor:	All right, now, push once more. Good, again, not so hard, now it's coming by itself. (The woman stops pushing and the doctor receives the baby.) Well, it's almost all over now. Here we have the new man in the family. Congratulations!

Preguntas

1. ¿Quién lleva a la señora Ayala a la maternidad?
2. ¿Por qué estaba la enfermera esperando a la señora?
3. ¿Qué información aparece en la tabla?
4. ¿Por qué está perdiendo líquido la señora?
5. ¿Qué tipo de inyección le pone la doctora a la paciente?
6. ¿Por qué le hace una incisión?
7. ¿Qué tuvo la señora Ayala, niño o niña?

La planificación familiar

Vocabulario esencial

el canal seminal   *seminal duct, vas deferens*
Los canales seminales son los conductos por donde sale el semen.

el dispositivo intrauterino   *intrauterine device, IUD*
Los dispositivos intrauterinos causan irritaciones en algunas mujeres.

el cuello de la matriz   *neck of the womb, cervix*
El diafragma cubre el cuello de la matriz.

el medio (método) anticonceptivo   *contraceptive method*
Hablaré con mi médico sobre los diferentes medios anticonceptivos.

la píldora   *pill*
La píldora es uno de los métodos anticonceptivos más populares.

el profiláctico   *prophylactic, condom*
El profiláctico es un método anticonceptivo empleado por el hombre.

el riesgo   *risk*
Todos los medios anticonceptivos tienen algunos riesgos.

la vasectomía   *vasectomy*
No es recomendable que un hombre joven se haga una vasectomía.

Diálogo 2: La planificación familiar

Doctora: Buenos días, señora Ayala. ¿Cómo está usted?

Sra. Ayala: Buenos días. Mire, ya ve, estupendamente. Pero me quedé con unos kilos encima después del parto.

Sr. Ayala: No te preocupes; ya los perderás.

5 *Sra. Ayala:*   Doctora, lo que Manolo y yo queremos hacer es planear nuestra

¿Cree Ud. que la planificación familiar es un problema del gobierno o de la pareja?

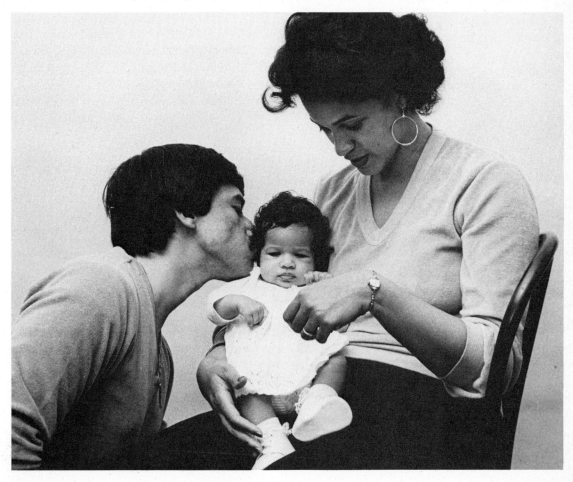

	familia y usar medios anticonceptivos. Yo no quiero quedarme emba-razada de nuevo hasta dentro de unos años.
Doctora:	Bien. Si ya lo han decidido, podemos conversar acerca de este tema para que ustedes estén bien informados.
10 *Sra. Ayala:*	¿Nos podría decir cuál método es el más seguro?
Doctora:	Eso depende de muchos factores. La píldora y los dispositivos intrauterinos, por ejemplo, son muy eficaces, pero siempre hay riesgos para la salud de la mujer con estos métodos.
Sr. Ayala:	¿Qué es y cómo funciona el diafragma?
15 *Doctora:*	(Mostrándole un diafragma que tiene en la mesa.) Es este aparato de goma. Tapa el cuello de la matriz y se inserta antes de tener relaciones, usando cremas especiales. Es bastante seguro y eficaz también.
Sra. Ayala:	¿Qué métodos podría usar mi esposo?
Doctora:	Bueno, pienso que ustedes conocen el profiláctico o condón. También existe la posibilidad de la vasectomía.
20	
Sra. Ayala:	¿En qué consiste este método? Entiendo que es una operación.
Doctora:	Sí, pero relativamente simple. Se corta y se saca parte de los canales seminales del hombre.
Sr. Ayala:	¿Y si después queremos tener otro hijo?
25 *Doctora:*	La verdad es que sería difícil, porque los efectos de la operación pueden ser irreversibles. No aconsejamos la vasectomía para hombres jóvenes como usted.
Sr. Ayala:	(A su mujer.) ¿Tienes otras preguntas?
Doctora:	Miren, les voy a dar este panfleto. Si tienen alguna pregunta, pueden venir aquí cuando ustedes quieran. Den mis saludos al bebé.
30	
Ambos:	Muchas gracias, doctora.

🐾🐾🐾

FAMILY PLANNING

Doctor:	Good morning, Mrs. Ayala. How are you?
Mrs. Ayala:	Good morning. Look, as you can see, great. But I ended up with a few extra pounds after the birth.
Mr. Ayala:	Don't worry. You will soon lose them.
5 *Mrs. Ayala:*	Doctor, what Manolo and I would like to do is plan our family and use contraceptive methods. I don't want to get pregnant again for several years.
Doctor:	All right. Since you have already made the decision, we can talk about this subject so that you will be well informed.
Mrs. Ayala:	Could you tell us which is the safest method?
10 *Doctor:*	That depends on many factors. The pill and the intrauterine devices, for example, are quite efficient, but there are always risks to the health of the woman with these methods.
Mr. Ayala:	What is the diaphragm and how does it work?

Doctor:	(Showing him a diaphragm she has on the table.) It is this rubber device. It covers the opening to the uterus, and is inserted before having relations, using special creams. It is quite safe and efficient also.
Mrs. Ayala:	What methods could my husband use?
Doctor:	Well, I think you are familiar with the prophylactic or condom. There is also the possibility of a vasectomy.
Mrs. Ayala:	What does this method consist of? I understand it is an operation.
Doctor:	Yes, but relatively simple. Part of the man's seminal ducts are cut and removed.
Mr. Ayala:	And if afterwards we want to have another child?
Doctor:	It would be difficult because the effects of the operation may be irreversible. We don't advise a vasectomy for young men like you.
Mr. Ayala:	(To his wife.) Do you have any other questions?
Doctor:	Look, I'm going to give you this pamphlet. If you have any questions, you can come here when you wish. Give my regards to the baby.
Both:	Thank you very much, doctor.

Preguntas

1. ¿Cómo se siente la señora Ayala?
2. ¿Está contenta con su peso?
3. ¿Por qué consultan a la doctora los Ayala?
4. ¿Qué métodos son más seguros, según la doctora?
5. ¿Cómo se usa el diafragma?
6. ¿Qué métodos puede usar el hombre?
7. ¿Qué problema presenta la vasectomía?

Narración: El parto y la planificación familiar

La señora Rebeca Ayala está a punto de dar a luz. En realidad, está atrasada una semana con respecto a la fecha que le dio la doctora Mayorga. Hace varios días que siente dolores, pero no son ni fuertes ni regulares, por lo que la doctora le ha dicho que se tranquilice, que sólo queda esperar. Esta vez, sin embargo, los dolores son fuertísimos y las contracciones regulares y rítmicas. Le están viniendo cada cinco minutos. La doctora le ha dicho que debe dirigirse al hospital. El señor Ayala, bastante nervioso, la lleva. Una vez en el hospital, la internan de inmediato en la maternidad.

La doctora ya se ha puesto en contacto con la enfermera. Ésta recibe a la señora Ayala y le toma la presión arterial. La señora se queja de que le duele el abdomen y la parte inferior de la espalda. Pregunta si ya va a tener el bebé, pero la enfermera le anuncia que todavía falta tiempo porque su matriz no se ha dilatado suficientemente. Llama al señor Ayala para que acompañe a su esposa y le ayude a relajarse. La doctora debe llegar pronto.

En efecto, algunos minutos más tarde, llega la doctora a la sala y se informa sobre el estado de la paciente. Mientras la doctora lee los datos de la tabla médica que le ha pasado la enfermera, la señora siente que está perdiendo líquido. Examinándola, la doctora constata que se le ha roto la bolsa de agua a la paciente y la hacen pasar a la sala de partos. Como el esposo ha seguido los cursos prenatales, es admitido también en la sala de partos, ya que quiere estar presente cuando nazca el bebé.

20   Ya en la sala de partos, la señora dice que le duele mucho y su esposo le recuerda que debe respirar profundo primero y luego muy rápido, tal como practicaron en las clases prenatales. El momento del nacimiento se acerca y la doctora le pide a la señora que puje sólo cuando le vengan las contracciones fuertes. Le ponen a la señora una inyección de anestesia local y le hacen una episiotomía, una pequeña incisión
25 para facilitar la salida del bebé. Después de un corto tiempo, que a la señora le parece una eternidad, sale el bebé. La doctora lo recibe, le da una palmadita y se lo pasa a la nueva madre para que lo vea. Luego, la enfermera lo toma para pesarlo, medirlo y bañarlo. Es un varoncito. El señor Ayala está contentísimo. Ahora continúa el trabajo de la madre, que debe pujar para que salga la placenta.

❀ ❀ ❀

30   Han pasado ya algunos meses desde que los Ayala tuvieron su primer hijo, José Luis. Han estado pensando seriamente en posponer el nacimiento de su próximo hijo, ya que los dos necesitan trabajar para mantener la familia. En unos días tienen cita con la doctora Mayorga para informarse de los métodos anticonceptivos disponibles y de las ventajas y desventajas relativas de cada uno de ellos.

35   La doctora habla primero del método del ritmo y luego de las jaleas o cremas anticonceptivas, explicándoles que son buenos pero que hay otros más eficaces. La señora Ayala querría saber cuál es el método más seguro y eficaz. La doctora le explica que hay que considerar varios factores. Describe el uso de la píldora anticonceptiva y de los dispositivos intrauterinos y les explica que ambos métodos son altamente
40 eficaces para prevenir el embarazo, pero que siempre se corre un pequeño riesgo. Hay personas, por ejemplo, que no toleran los aparatos intrauterinos, pues a veces infectan el útero, prolongan la regla y aumentan el flujo menstrual. Por otra parte, la píldora causa en algunas mujeres efectos secundarios, como problemas circulatorios. Lo bueno de estos métodos es que son muy convenientes, ya que no hay que sacar ni
45 insertar nada cada vez que se tienen relaciones sexuales.

Los Ayala han oído hablar del diafragma y quieren saber cómo funciona ese medio anticonceptivo. La doctora les explica que el diafragma es un aparato de goma que tapa el cuello de la matriz, que es la entrada del útero; se inserta antes de tener relaciones íntimas, usando normalmente una crema o una espuma especial. Para usar
50 este método hay que medir el área cervical de la mujer, pues es importante usar el tamaño correcto. Es también un método seguro y eficaz.

La señora Ayala pregunta acerca de métodos que puede emplear el hombre. La doctora menciona en primer lugar el condón, o profiláctico, que es un método bastante bueno si se usa correctamente. En seguida les habla de la vasectomía,
55 operación hecha en el consultorio del médico, que consiste en cortar y sacar parte de los canales seminales del hombre. El señor Ayala quiere saber si es posible tener hijos después de hacerse una vasectomía. La doctora le responde que es difícil, ya que los efectos de la operación pueden ser irreversibles; por eso los médicos no recomiendan este método para hombres jóvenes que quizás querrán tener hijos luego.
60   Los Ayala agradecen a la doctora sus informaciones. Se llevan unos panfletos que les da la doctora y le dicen que van a pensar sobre qué es más conveniente hacer y la llamarán en unos días.

Preguntas

1. ¿Cómo son las contracciones cuando se aproxima el momento del parto?
2. ¿Cómo sabe la enfermera que todavía falta tiempo para el parto?
3. ¿Qué le ocurre a la bolsa de agua?
4. ¿Cuál es el propósito de la episiotomía?
5. ¿Qué debe hacer la señora para ayudar a salir al bebé?
6. ¿Por qué está muy contento el señor Ayala?
7. ¿Por qué necesita pujar la paciente después de que ha nacido el bebé?
8. ¿Por qué quieren posponer los Ayala el nacimiento de su próximo hijo?
9. Según la doctora, ¿qué métodos son más eficaces que el método del ritmo?
10. ¿Qué riesgo se corre con los dispositivos intrauterinos? ¿Y con la píldora?
11. ¿Qué diferencia hay entre un aparato intrauterino y el diafragma?
12. ¿En qué consiste la vasectomía?
13. ¿Cree Ud. que el marido debe estar presente durante el parto? ¿Por qué?
14. Fuera del médico, ¿a quién se le pide consejo sobre la planificación familiar?

Notas gramaticales

Para un repaso de los puntos gramaticales más importantes de este capítulo, consúltese *Gramática para la comunicación* de esta misma serie. Algunas estructuras empleadas en los diálogos de este capítulo son:

—futuro de indicativo

—condicional

—pronombres reflexivos: formas, usos

—formas de mandato correspondientes a *usted(es)*

—verbos que requieren un objeto indirecto: *gustar, faltar* y *quedar*

Lista de vocabulario

SUSTANTIVOS

anestesia, la *anesthesia*
aparato, el *apparatus, device*
baño, el *bath*
bolsa, la *bag, sack; purse*
canal, el *canal, duct, passageway*
cerviz, la *cervix*
cita, la *appointment, date*
condón, el *condom*
contracción, la *contraction*
crema, la *cream*
desventaja, la *disadvantage*

diafragma, el *diaphragm*
dispositivo, el *device, mechanism*
efecto, el *effect*
eficacia, la *efficacy, effectiveness*
empleo, el *employment, use*
episiotomía, la *episiotomy (incision of the perineum)*
espuma, la *foam*
flujo, el *flow, discharge*
fuerza, la *strength, force*
gráfico, el *graph, diagram, chart*

hembra, la   female
incisión, la   incision
inyección, la   injection, shot
jalea, la   jelly
maternidad, la   maternity; Materni-
    ty Ward
matriz, la   womb, uterus
medio, el   means, way, method;
    middle, center
palmadita, la   little slap, pat
parto, el   delivery, birth
píldora, la   pill
placenta, la   placenta
plan, el   plan
planificación, la   plan
preservativo, el   condom,
    prophylactic
prevención, la   prevention
profiláctico, el   prophylactic,
    condom
recomendación,
    la   recommendation
registro, el   record, chart
riesgo, el   risk
ritmo, el   rhythm
salida, la   exit; emergence
seguridad, la   safety, security
semen, el   semen
suero, el   I.V., serum
tabla, la   chart, list, table
tamaño, el   size
tolerancia, la   tolerance
varón, el   male
vasectomía, la   vasectomy
ventaja, la   advantage

VERBOS

acelerar   to accelerate, to speed up
arriesgar   to risk
bañar(se)   to bathe (oneself)
constatar   to confirm, to prove
cortar(se)   to cut (oneself)
depender (de)   to depend (on,
    upon)
dilatar(se)   to dilate
dirigir(se)   to direct (oneself), to go
emplear   to employ, to use
facilitar   to facilitate

fluir   to flow
funcionar   to function, to work
mantener   to maintain; to support
    (economically)
medir (i)   to measure
planear   to plan
planificar   to plan
posponer   to postpone
prevenir   to prevent
pujar   to push (from within)
recomendar (ie)   to recommend
relajar(se)   to relax (oneself)
romper(se)   to break
soportar   to bear, to endure
tapar   to cover, to block
tolerar   to tolerate

ADJETIVOS Y ADVERBIOS

anticonceptivo(a)   contraceptive
atrasado(a)   behind schedule, late
cervical   cervical
circulatorio(a)   circulatory
contraceptivo(a)   contraceptive
conveniente   convenient, suitable
disponible   available
eficaz   effective, efficacious
fuerte   strong
intrauterino(a)   intrauterine
irreversible   irreversible
profundo(a)   profound, deep
rítmico(a)   rhythmic
secundario(a)   secondary
seguro(a)   safe, secure
seminal   seminal

OTRAS EXPRESIONES

aparato intrauterino, el   IUD,
    intrauterine device
bolsa de agua, la   water bag
canal seminal, el   seminal duct, vas
    deferens
control de la natalidad, el   birth
    control
correr un riesgo   to run a risk
cuello de la matriz, el   neck of the
    womb, cervix
dar a luz   to give birth

dispositivo intrauterino, el *intrauterine device, IUD*

estar para (dar a luz) *to be about (to give birth)*

faltar poco (tiempo) *to be almost over*

felicidades *congratulations*

felicitaciones *congratulations*

lo bueno es *the good thing (part) is*

mantener la calma *to stay calm*

medio (método) anticonceptivo, el *contraceptive method*

método del ritmo, el *rhythm method*

planificación familiar, la *family planning*

por otra parte *on the other hand; furthermore*

presión arterial, la *blood pressure*

presión de la sangre, la *blood pressure*

presión sanguínea, la *blood pressure*

sala de partos, la *delivery room*

Ejercicios de adquisición de vocabulario

Los ejercicios siguientes están destinados a ayudarle a adquirir y recordar el vocabulario de este capítulo. Concéntrese en el significado de las palabras.

A. Complete Ud. las siguientes frases usando la forma apropiada de las palabras que aparecen a continuación.

disponible	el condón	la matriz
el dispositivo intrauterino	facilitar	pujar
planear	la episiotomía	la Maternidad
la tabla	el riesgo	atrasarse
soportar	mantener la calma	la jalea

1. ¡Ay! ¡Qué dolor! No .... más.
2. Sí, con estos métodos siempre hay ....
3. La niña de Raquel no nació en la fecha que le dio el médico; Raquel .... diez días.
4. Durante el parto, tuve que .... mucho.
5. La vasectomía y .... son dos métodos anticonceptivos que puede usar el hombre.
6. El médico miró .... y vio que no le había bajado la presión arterial a su paciente.
7. Cuando se inserta el diafragma, también hay que poner una crema o ....
8. Llegué al hospital con contracciones y me llevaron a .... para hacer los preparativos.
9. Mi esposa y yo no hemos decidido todavía; tenemos que .... todo esto en casa.
10. Es importante no ponerse muy tenso; hay que ....

B. Reemplace Ud. las palabras en cursiva con un sinónimo adecuado.

En la clase de medicina estudiábamos la semana pasada sobre los métodos *anticonceptivos.* Un estudiante describió el uso del *aparato intrauterino* y del diafragma. Dijo que el primero es muy *efectivo* pero, para algunas mujeres, difícil de tolerar. El segundo se mete en el pasaje vaginal cada vez que se tienen relaciones sexuales, y *cubre* la entrada al *útero*.

C. Complete las frases siguientes con la forma del sustantivo que corresponde a los verbos en cursiva.

MODELO: enfermar - enfermedad

En la clínica del barrio han empezado unas clases sobre cómo *planificar* la familia. La .... familiar es uno de los objetivos de la clase. En las clases se habla de cómo *prevenir* la concepción. La .... no forma parte de la tradición de muchas personas. Ayer *recomendaron emplear* varios métodos anti-conceptivos hasta encontrar el más conveniente para cada familia. Sus .... para el .... de medios iban dirigidas tanto a los hombres como a las mujeres. También dijeron que algunos métodos pueden *causar* problemas y que ciertas personas no pueden *tolerar* ninguno. La .... de esos problemas y la poca .... de algunas personas hacen el uso de los anticonceptivos muy peligroso para ellas. Por último, dijeron que otra posibilidad es la de *operar*. El problema de una .... es que sus efectos son irreversibles.

D. Dé Ud. la palabra que corresponde a cada definición.

1. Acción que debe hacer la mujer para ayudar a que salga el bebé.
2. Se le pone al paciente para darle fluido o medicinas.
3. Método contraceptivo que consiste en abstenerse de relaciones sexuales durante el período de la ovulación.
4. Lugar del hospital donde nace un bebé.
5. Instrumento anticonceptivo que cubre la entrada al útero y se inserta antes de tener relaciones sexuales.
6. Operación en que se corta parte de los canales seminales del hombre.
7. Materia que sale por el canal vaginal después que nace el nene.
8. Una pequeña cortadura que a veces hace el médico para que el pasaje vaginal sea un poco más grande.
9. Lo que se rompe y deja salir líquido antes del nacimiento del bebé.
10. Una de las primeras cosas que le hace la enfermera al bebé después de nacer.

E. Escriba una frase original con cada una de las siguientes palabras o expresiones.

la sala de partos	el tamaño	estar para
dirigirse	faltar poco tiempo	acelerar
irreversible	la presión arterial	planear

F. Dé los equivalentes en español de las frases siguientes.

1. My back and my abdomen hurt very much.
2. After arriving at the hospital, they took me to the Maternity Ward.
3. Try to push when the strong contractions come.
4. What contraceptive methods do you recommend, doctor?

5. The good thing about the pill and the IUD is that they are easy to use.
6. Are there any risks if I use the diaphragm?
7. You are young and you may want more children later; I do not recommend a vasectomy for you.
8. The important thing about the diaphragm is to use the correct size.
9. Your water bag broke; it is almost over.
10. What are the advantages and disadvantages of each method?

Actividades

Los ejercicios siguientes están destinados a ayudarle a practicar el vocabulario, las estructuras y los contenidos aprendidos en este capítulo. Concéntrese en la comunicación de sus ideas.

Primera parte—Ejercicios orales

A. ACLARACIONES.   Aclare brevemente en español el sentido de las palabras en cursiva.

1. Hoy he visto por primera vez en mi vida *dar a luz*, es decir . . . .
2. Empezó a tener *contracciones*, es decir . . . .
3. El médico le puso el *suero*, es decir . . . .
4. Aunque ella *pujaba*, el bebé no salía, es decir . . . .
5. El médico estudió el *riesgo*, es decir . . . .
6. Por fin decidió ponerle *anestesia* para hacer una operación, es decir . . . .
7. Antes de nacer el bebé, le pusieron a la madre una *inyección*, es decir . . . .

B. CONOCIMIENTOS MÉDICOS.   Explique Ud. brevemente.

1. Síntomas que normalmente tiene la mujer cuando está para dar a luz.
2. Acciones del médico inmediatamente antes del parto.
3. Lo que hace la enfermera para preparar a la mujer que pronto dará a luz.
4. Métodos anticonceptivos que puede usar la mujer.
5. Posibles efectos secundarios de algunos métodos contraceptivos.

C. SITUACIONES.   Diga en español.

1. Basándose en la foto del primer diálogo de este capítulo, desarrolle una conversación con una pareja de recién casados. Ud. es un consejero de planificación familiar.
    a. Say to the couple that there are various contraceptive methods, but that some are more effective than others.

    b.   Suggest and briefly describe to a couple the contraceptive methods that a man can use.

    c.   Explain to a woman the problems that the birth control pill can cause.

    d.   Describe the possible side effects of an IUD.

2.   Ud. es un médico que atiende a una paciente que pronto dará a luz.

    a.   Ask the expectant mother if her contractions are strong and rhythmic; tell her to go to the hospital at once.

    b.   Tell a nurse what she should do with your pregnant patient until you arrive at the Maternity Ward.

    c.   Speak with the husband and tell him how he can help his wife when she gives birth.

    d.   Explain that you are going to give the patient an injection of anesthesia and will also make a small incision to facilitate the birth of the baby.

    e.   Urge the woman to push hard when the contractions come.

D. NARRACIONES. Cuente lo que pasó en las siguientes escenas.

1.   Basándose en la foto del segundo diálogo de este capítulo, cuente desde el punto de vista del padre cómo nació su hija. Trate de incluir las siguientes palabras y expresiones.

    a.   atrasado

    b.   las contracciones

    c.   nervioso

    d.   el suero
    e.   la Maternidad
    f.   dilatarse
    g.   la sala de partos
    h.   la anestesia
    i.   la incisión

2.   *Expresando alegría.* Basándose en el dibujo en la página 84, desarrolle una conversación usando las expresiones siguientes.
    a.   ¡Estoy muy feliz!
    b.   ¡Qué bien / maravilloso!
    c.   ¡Estoy contentísimo!
    d.   ¡Es fantástico!

Luego cuente qué sintió el padre del dibujo.

E. INTERPRETACIONES.   Estudien las situaciones siguientes. Asignen los papeles de cada personaje. Transformen las situaciones en diálogo e interprétenlas frente a la clase o con unos compañeros. Habrá siempre un traductor inglés-español-inglés.

1.   Un hombre llega al hospital con su esposa, quien va a dar a luz muy pronto.
2.   Una enfermera atiende a la mujer de la situación 1, y le explica que el médico llegará pronto.
3.   El médico habla con su paciente de lo que ella debe hacer para facilitar el parto.
4.   Un hombre joven le dice a su médico que es posible que su esposa y él decidan no tener otros hijos por algunos años más. Pide información acerca del control de la natalidad.
5.   Un médico explica tres métodos anticonceptivos que podría usar la pareja de la situación 4.

F. CONVERSACIONES.   Varios estudiantes desarrollarán diálogos basados en las siguientes situaciones.

1.   Una pareja joven, con ciertos problemas económicos, habla de la posibilidad de no tener más hijos por algunos años.
2.   Un médico le explica a una pareja las ventajas y desventajas del método del ritmo.
3.   Un médico le explica a un hombre por qué muchas veces no se recomienda la vasectomía a los hombres jóvenes.
4.   Ud. se encuentra en un autobús y la mujer de al lado comienza a tener contracciones prenatales.
5.   Ud. tiene que dar instrucciones sobre la manera de usar el diafragma.

G. MESA REDONDA.   Un médico, una consejera y una pareja casada participan en una discusión sobre la planificación familiar. Hablan principalmente sobre dos puntos: (1) factores que influyen en la decisión de posponer el tener familia, y (2) ventajas y desventajas de los varios métodos anticonceptivos.

H. PRESENTACIONES PÚBLICAS.   Explique en 150 palabras.

1. Ud. es consejero de planificación familiar. Un profesor de una clase sobre la sexualidad humana lo ha invitado a dar una charla sobre la planificación de la familia.
2. Ud. es una enfermera encargada de la Maternidad en un hospital. Se dirige a una clase prenatal y habla brevemente acerca de las experiencias típicas de una mujer embarazada desde el momento que llega al hospital hasta que da a luz.

Segunda parte—Ejercicios escritos

A. OTROS PUNTOS DE VISTA.

1. Escriba sobre el momento del nacimiento de un bebé desde el punto de vista del padre.
2. Descríbale a una paciente lo que pasará en la sala de partos desde la perspectiva de una enfermera.
3. Escriba sobre la vasectomía desde el punto de vista de un consejero de planificación familiar.

B. EXPERIENCIAS Y OPINIONES.   Escriba Ud. en español una composición contando sus experiencias (pueden ser ficticias) o expresando su opinión sobre los temas indicados.

1. Lo bueno de las clases prenatales para las parejas que van a tener familia.
2. Por qué mi amigo quería estar presente en la sala de partos con su esposa.
3. La importancia de poder hablar francamente con el médico sobre el embarazo, el parto y el control de la natalidad.

CAPÍTULO 6

Enfermedades de la infancia

La varicela

Vocabulario esencial

la antihistamina   *antihistamine*
Algunas personas toman remedios con antihistaminas para el resfrío.

decaído(a)   *run-down, weak*
El niño enfermo está decaído.

guardar reposo   *to rest (in bed)*
Cuando estamos enfermos debemos guardar reposo.

la mancha   *spot, mark*
Al niño le aparecieron unas manchas rojas por todo el cuerpo.

picar   *to itch*
Al paciente le pica todo el cuerpo.

rascar(se)   *to scratch (oneself)*
El médico le recomendó al niño que no se rascara.

la varicela   *chicken pox*
La varicela es una enfermedad contagiosa.

Diálogo 1: La varicela

Doctor:		Bueno, Miguelito, ¿qué te pasa, hombre?
Miguelito:		Me duele la garganta y el cuello, y me pica todo el cuerpo, y…
Sra. Pérez:		Mire, doctor. Tiene estas manchas rojas por todo el cuerpo. Tiene fiebre, no tiene apetito y está bastante decaído.
Doctor:	5	(Mientras examina al niño.) A ver, abre la boca, Miguelito. Muy bien. Ponte boca abajo ahora. (A la madre.) Señora, el niño tiene todos los síntomas de la varicela.
Sra. Pérez:		¿Es peligrosa esta enfermedad, doctor?
Doctor:	10	No, pero debe tratar de que el niño no se rasque porque pueden quedarle marcas en la cara.
Miguelito:		¿No tengo que ir a la escuela?
Doctor:		No, y además vamos a avisar a tu profesora para que sepa que tienes varicela.
Sra. Pérez:		¿Qué puedo darle? ¿Hay alguna medicina?
Doctor:	15	No, no hay nada, desgraciadamente, para combatir la varicela. Pero le voy a dar un remedio con antihistaminas para aliviar la picazón.
Sra. Pérez:		¿Puede comer de todo?
Doctor:	20	Sí, sólo asegúrese de que tome bastante líquido y que guarde reposo por una semana. Las defensas naturales del cuerpo combatirán la enfermedad.

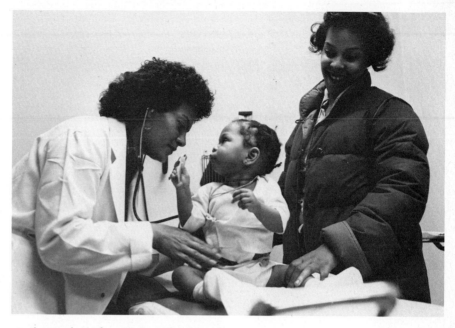

¿Cuáles son las enfermedades infantiles más comunes?

Miguelito:	¿Puedo ir a jugar al parque, doctor?
Doctor:	No, Miguelito, pero me puedes pintar un cuadro sobre el parque, si tú quieres.

🐾🐾🐾

CHICKEN POX

Doctor:	Well, Miguelito, what's the matter, pal?
Miguelito:	My throat and my neck hurt, and my whole body itches, and…
Mrs. Pérez:	Look here, doctor. He has these red spots all over his body. He has a fever, doesn't have an appetite, and he is quite weak.
5 *Doctor:*	(While he examines the child.) Let's see, open your mouth, Miguel. Very good. Get on your stomach now. (To the mother.) Ma'am, the child has all the symptoms of chicken pox.
Mrs. Pérez:	Is this a dangerous disease?
Doctor: 10	No, but you should try to keep the child from scratching because marks can be left on his face.
Miguelito:	I don't have to go to school?
Doctor:	No, and besides we are going to inform your teacher so that she knows that you have chicken pox.
Mrs. Pérez:	What can I give him? Is there a medicine?
15 *Doctor:*	No, unfortunately there is nothing to combat chicken pox. But I am going to give you some medicine with antihistamines to alleviate the itching.

Mrs. Pérez:	Can he eat everything?
Doctor:	Yes. Just make sure that he drinks a lot of liquids and that he rests for a week. The natural defenses of the body will fight the disease.
20 *Miguelito:*	Can I go to the park to play, doctor?
Doctor:	No, Miguelito, but you can draw me a picture of the park, if you want to.

Preguntas

1. ¿Cuáles son algunos de los síntomas que tiene Miguel?
2. ¿Qué enfermedad tiene el niño?
3. ¿Por qué no debe rascarse Miguelito?
4. ¿A quién le van a avisar que el niño tiene la varicela?
5. ¿Existe un remedio contra la varicela?
6. ¿Para qué es el remedio que receta el doctor?
7. ¿Qué tratamiento recomienda el doctor?

Vacunación

Vocabulario esencial

el efecto secundario   *side effect*
Algunas medicinas tienen efectos secundarios peligrosos.

la gota   *drop*
El doctor me recetó unas gotas para la irritación de los ojos.

leve   *slight, light*
La fiebre que tiene mi hijita es leve.

la tos ferina   *whooping cough*
A mis hijos no les ha dado la tos ferina.

la vacuna   *vaccine, vaccination*
La vacuna contra la polio no causa efectos secundarios.

Diálogo 2: Vacunación

Sra. Pereda:	Buenos días, doctor. Aquí le traigo a mi bebita para que la vea.
Doctor:	Hola, Hortensia. ¡Pero cuánto has crecido! (A la madre.) Ya es tiempo de que su hijita comience con sus vacunas.
Sra. Pereda:	Pero si sólo tiene dos mesecitos.
5 *Doctor:*	Precisamente. Durante el primer año de vida, todos los pequeños reciben tres dosis de una vacuna contra la difteria, el tétanos y la tos ferina.
Sra. Pereda:	Pobrecita mía. ¿Le va a doler mucho?

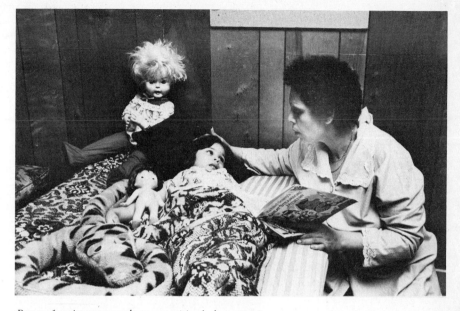

¿Por qué es importante la vacunación de los niños?

Doctor:	No, señora. A lo más, notará irritación, un poco de temperatura y una leve hinchazón en el lugar de la vacuna.
Sra. Pereda:	¿Y cuánto tiempo durará eso, doctor?
Doctor:	Muy poco; a lo más, un par de días. Hoy le daremos también una vacuna oral contra la polio. Son unas gotas muy fáciles de tomar y sin ningún efecto secundario.
Sra. Pereda:	Ay, mi niña. Al menos esta vacuna no le va a doler.
Doctor:	Es lo mejor que usted puede hacer ahora por ella. A ver, vamos a ponerle la primera.

10 *Sra. Pereda:* (line marker)

15 *Sra. Pereda:* (line marker)

✾✾✾

IMMUNIZATION

Mrs. Pereda:	Good morning, Doctor. I'm bringing you my little baby girl so you can see her.
Doctor:	Hi, Hortensia. My, how you have grown! (To the mother.) It is time for your little daughter to begin her vaccinations.
Mrs. Pereda:	But she is only two months old.
Doctor:	Precisely. During their first year of life, all the little ones receive three doses of a vaccine for diphtheria, tetanus, and whooping cough.
Mrs. Pereda:	My poor baby. Will it hurt her much?
Doctor:	No, ma'am. At the most, you will notice some irritation, a little fever, and a slight swelling in the place where the vaccination is given.
Mrs. Pereda:	And how long will that last, doctor?

20 *Doctor:* (line marker)

25 *Mrs. Pereda:* (line marker)

Doctor:	Not long. A couple of days at the most. Today we will also give her an oral vaccine against polio. It is some drops that are easy to take and have no side effects.
Mrs. Pereda:	Oh, my poor baby. At least this vaccine won't hurt.
Doctor:	It's the best thing you can do for her now. Let's see, let's give her the first one.

Preguntas

1. ¿Qué edad tiene la niñita?
2. ¿Qué vacuna le colocarán primeramente?
3. ¿Por qué está alarmada la madre?
4. ¿Qué efectos secundarios puede causar la vacuna?
5. ¿Cuántos días duran esos efectos secundarios?
6. ¿Qué otra vacuna le darán? ¿Es otra inyección?

Narración: Enfermedades de la infancia

La señora Amalia Pérez está preocupadísima porque su hijo Miguel, de siete años de edad, se ha sentido mal súbitamente, le ha venido un poco de fiebre y se queja de que le pica todo el cuerpo. La señora nota unas manchas de color rojizo y llama de inmediato al doctor de la familia, quien le da hora para las tres de la tarde.

5   Una vez en el consultorio, el doctor le pregunta a Miguelito qué le pasa. El niño le dice que le duele la garganta y el cuello, y que le pica todo el cuerpo. La madre informa al médico que su hijo se sintió mal de pronto, le subió un poco la temperatura y se rascaba por todo el cuerpo, pues decía que le picaba mucho. Ha perdido el apetito y está un poco decaído. El médico comienza a examinar a Miguel y nota una
10 erupción por todo el cuerpo, incluso en el cuero cabelludo; algunas de las manchas se han transformado en pequeñas ampollas con líquido adentro. El pequeño paciente ha contraído la varicela. Por lo que le cuenta la madre, no la ha tenido antes; la escarlatina y el sarampión son las únicas enfermedades que le han dado antes.

El médico informa a la madre que es necesario comunicarle cuanto antes a la
15 profesora que Miguel tiene la varicela, para que ella pueda avisar a los padres de los otros niños. Es una enfermedad muy contagiosa, pero afortunadamente no es seria. Miguel deberá guardar cama, comer cosas livianas y tomar bastante líquido. Desgraciadamente no hay vacuna ni antibióticos para combatir la varicela; hay que dejar que la enfermedad siga su curso. El médico recomienda a la señora que le corte las uñas al
20 niño. Luego le habla a Miguel y le dice que debe tratar de rascarse lo menos posible, porque pueden quedarle marcas en la piel, especialmente en la cara. Le receta una pomada con antihistaminas para la picazón. Sólo deben esperar que las defensas naturales de Miguel combatan la enfermedad. Le recuerda a la madre que si surge cualquier complicación, debe llamarlo de inmediato.

❀❀❀

25 La pequeña Hortensia Pereda, de dos meses de edad, está en el consultorio del doctor Ramírez para un examen de rutina. El médico informa a la madre que no ha

encontrado nada serio. Lo único que notó fue una leve contusión en la pierna de la criatura. El doctor le explica a la señora que es importante, sin embargo, comenzar con el programa de inmunizaciones para prevenir enfermedades contagiosas que pueden ser graves.

30

Primero van a vacunar a la niña contra la difteria, el tétanos y la tos ferina. Todo viene en una sola inyección, lo que es muy práctico. La señora Pereda está preocupada de que su hija, por ser tan pequeñita, vaya a tener alguna reacción alérgica a la vacuna. El doctor la tranquiliza, diciéndole que las dosis de las vacunas están cuidadosamente medidas y que las vacunas no producen efectos secundarios serios. Durante las primeras cuarenta y ocho horas la niña puede experimentar una leve hinchazón en el lugar donde le ponen la inyección, un poco de fiebre y cierto malestar general que la pondrá un poco irritable. Todo eso es pasajero y sin mayores consecuencias. La señora, todavía preocupada, pregunta si no es posible esperar hasta que Hortensia sea mayor para comenzar con las vacunas. El médico la tranquiliza y le explica que su hija tiene la edad apropiada para comenzar este programa de inmunizaciones. Para que la vacuna sea eficaz, los niños deben recibir tres dosis durante el primer año de vida y luego dos dosis de refuerzo, una cuando cumplen un año y medio y la otra cuando cumplen los cuatro años.

35

40

La señora queda conforme pero luego se alarma de nuevo cuando el doctor le informa que le pondrán otra vacuna a su hija, esta vez contra la poliomielitis. De nuevo el doctor le explica a la madre que no hay ningún peligro. La vacuna contra la polio no es una inyección, sino una vacuna oral. Son gotas fáciles de tomar y que casi nunca producen efectos secundarios. La niña deberá ser revacunada a los cuatro y a los 18 meses y, finalmente, un poco antes de comenzar la escuela.

45

50

La señora debe tener presente que cuando Hortensia cumpla 15 meses deberá volver para que le pongan una vacuna que la protegerá contra el sarampión, la rubéola y las paperas. Con esta vacuna no hace falta una dosis de refuerzo.

La señora no cree que pueda recordar todas esas fechas, pero el médico le dice que no debe preocuparse porque la enfermera le dará un folleto donde aparece información sobre cada una de las vacunas, de las dosis de refuerzo, y cuándo deben ponerse. El costo de esas vacunas es muy módico, pero si la señora lo desea, puede obtenerlas gratis yendo al Departamento de Salud Pública.

55

La señora Pereda se despide muy agradecida, no así la niña, que está llorando desde que le colocaron la vacuna.

60

Preguntas

1. ¿Qué síntomas indican que Miguelito ha contraído la varicela?
2. ¿Por qué es necesario informar a la profesora de la enfermedad del niño?
3. ¿Qué recomendaciones generales da el médico?
4. ¿Por qué sería bueno cortarle las uñas a Miguel?
5. ¿Qué receta el médico para la picazón?
6. ¿Por qué está Hortensia en el consultorio del médico?
7. ¿Qué vacuna le pondrán?
8. ¿Qué efectos secundarios puede tener la vacuna? ¿Son serios?
9. ¿Cuántas veces deben revacunar a los niños con esta vacuna?

10.   ¿Qué es una vacuna oral?

11.   ¿Cuántas dosis de refuerzo de la vacuna contra la polio reciben los niños?

12.   ¿Qué vacuna le pondrán a la niña cuando tenga quince meses?

13.   ¿Qué folleto le darán a la señora Pereda? ¿Para qué?

14.   ¿Son gratis las vacunas cuando se administran en el consultorio del médico?

Notas gramaticales

Para un repaso de los puntos gramaticales más importantes de este capítulo, consúltese *Gramática para la comunicación* de esta misma serie. Algunas estructuras empleadas en los diálogos de este capítulo son:

—presente de subjuntivo: formas, uso en cláusulas nominales

—presente de subjuntivo: uso en cláusulas adverbiales

—formas de mandato correspondientes a *tú*

—diminutivos

—neutros; *lo, lo de, lo que*

Lista de vocabulario

SUSTANTIVOS

alivio, el *alleviation, relief, easing*
ampolla, la *blister*
antihistamina, la *antihistamine*
apetito, el *appetite*
cicatriz, la *scar*
contusión, la *contusion, bruise*
coste, el *cost, price*
costo, el *cost, expense*
cuero cabelludo, el *scalp*
cuerpo, el *body*
defensa, la *defense*
difteria, la *diphtheria*
dosis, la *dose, dosage*
erupción, la *eruption, rash; outbreak*
escarlatina, la *scarlet fever*
fiebre, la *fever*
folleto, el *pamphlet*
gota, la *drop*
inmunización, la *immunization*
inoculación, la *innoculation, shot*
irritación, la *irritation*
mancha, la *spot, mark*

marca, la *mark, spot*
papera(s), la(s) *mumps*
peligro, el *danger*
picadura, la *sting; bite (insect)*
picazón, la *itch*
piel, la *skin*
poliomielitis, la *poliomyelitis*
pomada, la *pomade, ointment*
programa, el *program*
rubéola, la *rubeola*
tétano(s), el *tetanus*
tos convulsiva, la *whooping cough*
tos ferina, la *whooping cough*
uña, la *nail (on toe or finger)*
vacuna, la *vaccine, vaccination, shot*
varicela, la *chicken pox*

VERBOS

alarmarse *to become alarmed*
aliviar *to alleviate*
aparecer *to appear*

contraer   to contract, to catch (a disease)
experimentar   to experience; to experiment
inmunizar   to immunize
irritar   to irritate
picar   to itch; to bite (insect); to sting
producir   to produce
rascar(se)   to scratch (oneself)
revacunar   to give a booster shot
surgir   to come up, to arise, to become (a topic/a problem, etc.)
vacunar   to vaccinate

ADJETIVOS Y ADVERBIOS

alérgico(a)   allergic
contagioso(a)   contagious
decaído(a)   run-down, weak
gratis   free of charge, gratis
irritable   irritable
leve   slight, light
liviano(a)   light
medido(a)   measured
módico(a)   moderate
pasajero(a)   passing, fleeting
peligroso(a)   dangerous
práctico(a)   practical
rojizo(a)   reddish
súbitamente   suddenly

transmisible   contagious, transmittable

OTRAS EXPRESIONES

a lo más   at the most
cuanto antes   as soon as possible
darle a uno   to get (as in a disease)
darle hora (a uno)   to give an appointment (to someone)
dosis de refuerzo, la   booster
efecto secundario, el   side effect
estar sobre aviso   to be warned, to be informed
examen de rutina, el   routine examination
faltar a   to miss, to be absent
guardar cama   to stay in bed
guardar reposo   to rest (in bed)
hacer falta   to be needed, to be lacking
lo más posible   as much as possible
lo menos posible   as little as possible
poner una inyección   to give a shot, injection
quedar conforme   to come to agreement
seguir (i) el curso   to run the course
tener presente   to bear in mind

Ejercicios de adquisición de vocabulario

Los ejercicios siguientes están destinados a ayudarle a adquirir y recordar el vocabulario de este capítulo. Concéntrese en el significado de las palabras.

A.   Complete Ud. las siguientes frases usando la forma apropiada de las palabras que aparecen a continuación.

el costo	la dosis	el tétano
aliviar	pasajero	la enfermera
la dieta	hincharse	la defensa
irritable	la picazón	el apetito
estar sobre aviso	leve	las gotas

1.   Me corté el dedo y el médico me dio una inyección contra . . . .
2.   Me siento mal y no quiero comer nada; no tengo . . . .
3.   Necesita Ud. más medicina; voy a darle . . . . más fuerte.
4.   Ah, me siento mucho mejor; parece que el remedio me . . . .
5.   Dígale a la maestra que este niño tiene sarampión; ella debe . . . .
6.   Antes de salir, ... le dará más información sobre este problema.
7.   Doctora, me caí y el ojo . . . . mucho.
8.   Creo que Julián está enfermo; no quiere comer y está muy . . . .
9.   Muchas veces no es necesario tomar medicinas; el cuerpo tiene sus propias . . . .
10.   Señora, le duele el oído a su hijo; voy a darle . . . .

B.   Reemplace Ud. las palabras en cursiva con un sinónimo adecuado.

La Sra. Ortiz habla por teléfono con la enfermera: —Quiero llevar a mi hijo al médico *lo más pronto posible*. Desde hace dos días tiene una *tos convulsiva* y un *resfriado* muy grande. Le he dado una *medicina*, no *recuerdo* el nombre, pero tiene un *precio* altísimo. Yo creo que es algo *serio* y no sé si es *transmisible*. Tiene una *temperatura* muy alta y creo que sería bueno que el médico le pusiera una *inyección*.

C.   Complete las frases siguientes con la forma del verbo que corresponde a los sustantivos en cursiva.
MODELO: *complicación - complicar*

El verano pasado fui al Ecuador. Antes de salir me dieron una *vacuna*. Es necesario . . . . antes de viajar al extranjero. La *inmunización* sirve sólo para ciertos tipos de enfermedades, así que mi cuerpo no tenía suficiente *protección*. Para . . . . mi cuerpo y . . . . contra la bacteria, me puse tres vacunas. En mi segunda semana en el Ecuador tuve una *picadura*. Creo que me . . . . una araña. Como *indicación* de mi *enfermedad*, sentía un *dolor* intenso en el pie. Esto me . . . . que la picadura me había . . . . y creía que me iba a . . . . mucho. Como el *desarrollo* de la enfermedad era rápido, fui a hacerme un *examen* médico. El médico que me .... me dijo que había .... una fiebre tropical y que debía quedarme en el hospital.

D. Dé Ud. la palabra que corresponde a cada definición.

1. Acción de estar en la cama varios días para descansar.
2. Publicación breve que nos explica algo importante.
3. Segunda o tercera inyección de la misma medicina.
4. Así llamamos las enfermedades que pueden pasar de una persona a otra.
5. Sin vacuna, esta enfermedad es muy seria y causa parálisis.
6. Forma de medicina que se pone en los ojos si están irritados.
7. Acción de ponerle una segunda o tercera inyección de medicina a alguien.
8. Cuando un precio, por ejemplo, no es ni muy alto ni muy bajo.
9. La piel que se encuentra debajo del pelo de la cabeza.
10. Tipo de remedio que se aplica a la piel cuando se sufre de la varicela.

E. Escriba una frase original con cada una de las siguientes palabras o expresiones.

estar sobre aviso	quedar conforme	rascarse
la ampolla	módico	alérgico
contagioso	guardar reposo	
alarmarse	leve	

F. Dé los equivalentes en español de las frases siguientes.

1. Is a booster shot necessary with this vaccination?
2. Have you ever had measles or chicken pox?
3. She should receive a booster shot when she is fifteen months old.
4. How long has your son had this fever and this swelling?
5. Don't worry. There are normally no side effects with this medicine.
6. She seems very run down, doctor, and she does not have any appetite.
7. My neck hurts and my stomach aches.
8. It is important that you use these drops for that eye irritation.
9. I have never had whooping cough, but both of my brothers had it.
10. Doctor, these red marks on my neck itch a lot.

Actividades

Los ejercicios siguientes están destinados a ayudarle a practicar el vocabulario, las estructuras y los contenidos aprendidos en este capítulo. Concéntrese en la comunicación de sus ideas.

Primera parte—Ejercicios orales

A. ACLARACIONES. Aclare brevemente en español el sentido de las palabras en cursiva.

1. El médico de mi hija me dio un *folleto*, es decir ....,.....
2. Quería que *estuviese sobre aviso*, es decir ....
3. Vamos a ponerle una *vacuna* a Lolita, es decir ....
4. En su colegio hay dos niñas con *varicela*, es decir ....
5. El folleto explicaba los *efectos secundarios*, es decir ....
6. La niña tendrá *fiebre*, es decir ....
7. También tendrá un *leve* dolor en el brazo, es decir ....
8. La varicela puede ser bastante *peligrosa*, es decir ....

B. CONOCIMIENTOS MÉDICOS. Explique Ud. brevemente.

1. Tres de las enfermedades más contagiosas que pueden tener los niños.
2. Síntomas que normalmente acompañan a la varicela.
3. Tratamiento que debe seguir la persona que tiene varicela.
4. Vacunas importantes que debe recibir un niño durante el primer año de vida.
5. Reacciones posibles de un niño a las vacunas que forman parte de un programa de inmunizaciones.

C. SITUACIONES. Diga en español.

1. Basándose en la foto del primer diálogo de este capítulo, desarrolle una conversación con la madre de una paciente, a quien le explica el programa de inmunizaciones.
   a. Say that there are several serious contagious diseases that children can contract.
   b. Urge the mother to permit you to begin a regular immunization program so that the child can be protected.
   c. Tell her that the first vaccination combines protection against diphtheria, tetanus, and whooping cough.
   d. Go on to say that after the vaccination, she may notice a slight swelling where the injection was administered and that her child may develop a slight fever.
   e. Suggest that several vaccinations are necessary during the first year of life and also that two booster shots must be given in later years.

    f.   Conclude by informing the mother that other vaccinations are available and that the nurse will give her a pamphlet which will explain the entire program.

2.   Imagine que Ud., a pesar de su edad, acaba de recuperarse de la varicela.

    a.   Tell your boss that the doctor said you had to stay in bed and rest until you felt better.

    b.   Tell your friends that you had red marks all over your body and that they itched a great deal.

    c.   Mention that the worst part was the rash that you felt on your scalp.

    d.   Say that the doctor informed you that there were no pills or injections that one could take to cure chicken pox; the disease simply had to run its course.

    e.   Ask your friends if they have ever had chicken pox, measles, or the mumps.

D. NARRACIONES.   Cuente lo que pasó en las siguientes escenas.

1.   Basándose en la foto del segundo diálogo de este capítulo, cuéntele a la doctora por qué sospecha que su hija tiene varicela. Trate de incluir las siguientes palabras y expresiones en su narración.

    a.   sentirse mal

    b.   súbitamente

    c.   la fiebre

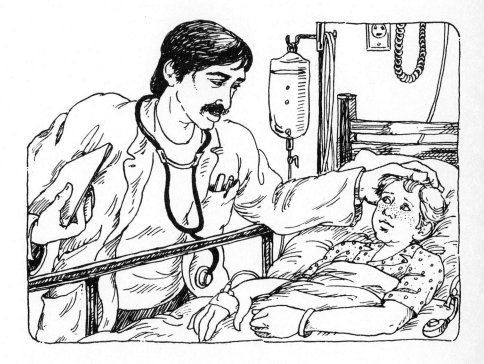

    d.   las manchas

    e.   quejarse

    f.   picar

    g.   rascarse

    h.   perder el apetito

    i.   la erupción

2. *Saludos.* Basándose en el dibujo en la página 101, desarrolle una conversación usando las expresiones siguientes.

    a.   ¿Cómo está Ud.?

    b.   ¡Hola! Me alegro de verle.

    c.   ¡Entre, por favor!

    d.   ¡Adelante! ¡Pase!

Luego invente una razón para la visita del médico al personaje en el dibujo.

E.   **INTERPRETACIONES.**   Estudien las situaciones siguientes. Asignen los papeles de cada personaje. Transformen las situaciones en diálogo e interprétenlas frente a la clase o con unos compañeros. Habrá siempre un traductor español-inglés-español.

1. Una madre llega al consultorio para que su niña reciba una vacuna contra la poliomielitis. El médico le informa que esa vacuna no es una inyección sino una vacuna oral; también le explica el resto del programa de inmunizaciones.

2. La madre de la situación 1 se preocupa porque piensa que su niña puede estar sufriendo una reacción alérgica u otra cosa de mayores consecuencias. El médico le dice que no se preocupe.

3. La misma madre quiere saber si hay programas públicos que paguen parte de los gastos de todas estas vacunas. El médico le da un folleto explicativo.

4. Un padre explica que su hijo tiene los síntomas de la varicela o del sarampión. El médico le hace varias preguntas.

5. El hijo se queja de las manchas rojas que le pican y que ahora están hinchadas porque se ha rascado mucho. El médico le dice que se tome una medicina para que no tenga tanta picazón.

F.   **CONVERSACIONES.**   Varios estudiantes desarrollarán diálogos basados en las siguientes situaciones.

1. Una madre llama por teléfono a la maestra de su niña para informarle que su hija tiene varicela y para sugerirle que, puesto que es una enfermedad muy contagiosa, debe vigilar a los demás niños por unos días.

2. Una madre trata de convencer a su hija, que sufre de varicela, de que no se rasque aunque le piquen mucho las manchas.

3. Un muchacho de ocho años se ha recuperado de la varicela, y acaba de volver a la escuela. Todos hablan de los síntomas de aquella enfermedad y también de otras enfermedades que algunos de los chicos han sufrido.

4. Un médico conversa con una pareja sobre el plan de inmunizaciones que él sugiere para el bebé. Los padres están un poco preocupados por el número de vacunas que recibirá un niño tan pequeño.

5. Una enfermera habla con una madre sobre el mejor modo de informarse sobre las inmunizaciones que debe recibir su hijo y de recordar cuáles son las vacunas que ya recibió y cuáles son las que le faltan.

G. MESA REDONDA. Un médico, una enfermera, y un funcionario del Departamento de Salud Pública participan en una discusión sobre la importancia de un buen programa de inmunizaciones para todos los niños, la necesidad de anotar todas las vacunas recibidas y el programa que existe para las personas que no tienen suficiente dinero para pagar al médico.

H. PRESENTACIONES PÚBLICAS. Explique en 150 palabras.

1. Ud. es un médico que informa a un grupo de estudiantes jóvenes cómo pueden transmitirse las enfermedades contagiosas.
2. Ud. es una enfermera que trabaja en el Departamento de Salud Pública. La han invitado a hablar a una clase de parejas jóvenes sobre la importancia de que sus hijos sigan un programa de inmunizaciones y que reciban todas las dosis de refuerzo necesarias.

Segunda parte—Ejercicios escritos

A. OTROS PUNTOS DE VISTA.

1. Escriba sobre los síntomas de la varicela desde el punto de vista de un niño que ha tenido esta enfermedad.
2. Describa desde la perspectiva de una madre los efectos secundarios que experimentó su hija después de recibir dos vacunas en el consultorio del médico.
3. Escriba desde el punto de vista de una maestra sobre un caso de varicela que ha contraído uno de los alumnos de la clase.

B. EXPERIENCIAS Y OPINIONES. Escriba Ud. en español una composición contando sus experiencias (pueden ser ficticias) o expresando su opinión sobre los temas indicados.

1. Las preocupaciones que tuve cuando de pronto le subió la temperatura a mi hijo.
2. Lo difícil que era no rascarme cuando tenía la varicela.
3. Lo bueno y lo malo de tener que guardar cama cuando se es niño y se tiene la varicela.
4. Por qué es importante llevar la cuenta de las vacunas que forman parte de un programa de inmunizaciones y de las fechas en que deben administrarse.

La medicina popular [1]

Origen de la medicina popular

La medicina popular, practicada especialmente en las zonas rurales de muchas partes de Hispanoamérica, es una mezcla de conceptos españoles, indios y modernos acerca de las enfermedades y el modo de curarlas.

En el siglo XVI, los misioneros que curaban a los indios enfermos les enseñaron la teoría hipocrática[2] de las enfermedades, corriente entre los médicos españoles de aquel tiempo. Según esta teoría, toda sustancia[3] se compone de alguno de los cuatro elementos—tierra, agua, aire y fuego—y posee por lo tanto la cualidad de seco, mojado, frío o caliente, respectivamente. Mojado y seco, así como frío y caliente[4], son cualidades opuestas; sin embargo, si alguna de estas cualidades predomina, el cuerpo se enferma. Para curar un cuerpo enfermo, es necesario restablecer el equilibrio del sistema consumiendo alimentos y remedios que tengan la cualidad opuesta a la que provocó la enfermedad.

La medicina popular de México ha asimilado gran parte de la teoría hipocrática sobre las enfermedades. Así, se considera que la enfermedad es el resultado de un desequilibrio en el organismo. Los indios conservaron también el contraste frío-caliente de la teoría hipocrática, pero no aceptaron la distinción mojado-seco. Prefirieron sustituirla por la distinción fuerte-débil[5] y añadieron la creencia de que las emociones fuertes son otra fuente[6] de desequilibrio en el cuerpo.

¿Por qué se enferma una persona?

Según las creencias de la medicina popular, el cuerpo humano se esfuerza por mantener un calor equilibrado, pero a veces es atacado por fuerzas externas más fuertes. Así, una persona puede contraer una enfermedad si se expone a una temperatura solar muy alta, a un baño caliente o al fuego, si consume alimentos o bebidas calientes en exceso, o incluso si experimenta[7] emociones fuertes, como miedo, enojo, envidia o gozo[8]. De modo semejante, el frío puede causar una enfermedad al entrar en el cuerpo en la forma de brisas o "aires" que afectan la cabeza y la parte superior del tronco. El frío también puede causar enfermedades al tener al individuo en contacto con el agua, el hierro o el acero[9], o al consumir por descuido alimentos o bebidas muy fríos.

La fuerza y la debilidad son otras cualidades opuestas que amenazan[10] el equilibrio del cuerpo sano. La debilidad está presente en una persona que ya está enferma por otras causas y es congénita[11] en los bebés y en los niños. La enfermedad más común que se deriva de la debilidad de los niños es el "mal de ojo,"[12] caracterizado por náuseas, fiebre, diarrea y llanto prolongado. Según la creencia popular, cualquier persona que es fuerte puede causar el "mal de ojo" al tocar o estar cerca de la víctima, 35 aunque sea sin querer.

Se considera que la sangre tiene un papel importante en la salud de la persona. Se puede describir a un individuo en términos de la condición de su sangre. Una persona de sangre fuerte goza de gran vigor y buena salud, mientras que alguien con sangre débil tiene una naturaleza enfermiza[13]. La sangre normal puede debilitarse al 40 exponerse el cuerpo a los malos aires o a sustancias frías.

Las dos grandes categorías de enfermedades

La medicina popular divide las enfermedades en dos grandes categorías: naturales y sobrenaturales[14]. Las enfermedades naturales se atribuyen a causas ordinarias como la destrucción del equilibrio frío-calor o fuerza-debilidad en el cuerpo. Las enfermedades sobrenaturales pueden ser causadas por el "mal de ojo," el miedo, o la brujería[15]. Los 45 brujos tienen el poder suficiente para mandar el "nagual" (brujo transformado en un animal), para introducir objetos foráneos[16] en el cuerpo de una persona y para provocar el "mal de ojo."

Para prevenir las enfermedades naturales, la medicina popular aconseja mantener una dieta equilibrada entre los alimentos fríos y los calientes, conforme al concepto 50 del equilibrio de los contrarios. La prevención de las enfermedades sobrenaturales requiere una conducta social cuidadosa[17]. Así, en el caso del "mal de ojo," puesto que las cualidades débiles de un niño no pueden cambiarse, es preciso evitar que el niño tenga contacto con personas fuertes, sobre todo con desconocidos.

"Folk Medicine," *Area Handbook for Mexico*, 1970 (U.S. Government Printing Office: Washington, D.C.) Traducido y adaptado al español por los autores.

---

1. **la medicina popular**   *popular or folk medicine*
2. **la teoría hipocrática**   *the Hippocratic theory, a theory of medicine based on the teachings of Hippocrates (born 460 B.C.), called the father of medicine*
3. **sustancia**   *substance*
4. **mojado y seco.... frío y caliente**   *wet and dry... cold and hot*
5. **fuerte-débil**   *strong-weak*
6. **fuente**   *source*
7. **si experimenta**   *if he experiences*
8. **gozo**   *joy*
9. **hierro o acero**   *iron or steel*
10. **amenazan**   *threaten*
11. **congénita**   *congenital*
12. **mal de ojo**   *evil eye*
13. **enfermiza**   *sickly*
14. **sobrenaturales**   *supernatural*
15. **brujería**   *witchcraft*
16. **objetos foráneos**   *foreign objects*
17. **una conducta social cuidadosa**   *a careful social conduct*

PREGUNTAS SOBRE LA MEDICINA POPULAR

1. ¿De qué es una mezcla la medicina popular?
2. ¿Cómo llegó la teoría hipocrática a América?
3. ¿Cuál era la base de la teoría?

4.   Según la medicina popular, ¿cómo se restablece el equilibrio en un cuerpo enfermo?

5.   ¿Qué no aceptaron los indios de la teoría, y cómo la cambiaron?

6.   ¿Cuáles son algunas cosas que pueden provocar un exceso de calor?

7.   ¿Qué son los "aires"?

8.   ¿Quiénes son débiles por naturaleza?

9.   ¿Qué es el "mal de ojo"?

10.   ¿Cuáles son las dos grandes categorías de las enfermedades?

A.   Indique si las siguientes declaraciones son ciertas o falsas, y si son falsas, diga por qué lo son.

1.   En la medicina popular se mantiene la salud al seguir una dieta de alimentos fríos.

2.   Puesto que los niños son débiles por naturaleza, deben evitar contacto con personas fuertes.

3.   Una persona fuerte puede hacerle daño a una persona débil sin querer.

4.   En la época de la conquista los indios no aceptaron nada de la teoría hipocrática.

5.   Dos conceptos opuestos de la teoría hipocrática eran lo pesado y lo liviano.

TEMAS PARA DEBATE O COMPOSICIÓN

1.   ¿Influye la salud psíquica en la salud física?

2.   ¿Se practica la medicina popular en las sociedades desarrolladas?

CAPÍTULO 7

Enfermedades venéreas

Un caso de sífilis

Vocabulario esencial

el antibiótico   *antibiotic*
Los antibióticos destruirán todos los gérmenes.

el ardor   *burning sensation*
El paciente siente ardor cuando orina.

el cerebro   *brain*
Sin tratamiento, la sífilis atacará el cerebro.

la llaga   *sore, wound*
El paciente tenía llagas en el miembro.

molesto(a)   *bothersome, upsetting, embarrassing*
Es un poco molesto hablar de este tema.

la sífilis   *syphilis*
El examen de sangre indicó que el paciente tenía sífilis.

el tratamiento   *treatment*
El paciente quería saber qué tratamiento debería seguir.

Diálogo 1: Sífilis

Doctor:	Buenos días, ¿en qué puedo ayudarle?
Rafael:	Bueno… Esto es difícil y molesto. No sé cómo explicarle, doctor.
Doctor:	¿Qué síntomas tiene?
Rafael:	Bueno, siento ardor al orinar y también tengo algunas lesiones en el miembro.
Doctor:	¿Cuándo comenzaron los síntomas?
Rafael:	No sé exactamente, pero creo que hace como una semana y media.
Doctor:	(Mientras le hace un reconocimiento del área genital.) Sí, tiene llagas en el pene. Es característico de la sífilis. Probablemente tiene una infección urinaria también.
Rafael:	Eso me temía yo. ¿Y ahora qué tengo que hacer?
Doctor:	En primer lugar, conocer los riesgos que corre. La sífilis puede tener efectos en el corazón y en el cerebro.
Rafael:	¿Qué tratamiento tendré que seguir? ¿Por cuánto tiempo?
Doctor:	La enfermera le pondrá una inyección de antibióticos ahora. Deberá volver la próxima semana.
Rafael:	¿Eso es todo? ¿Qué más debo hacer?
Doctor:	Tiene que ir también al laboratorio para hacerse un examen de sangre. Necesitamos ciertos datos para nuestra oficina y el laboratorio. Aquí tiene los formularios.

♣♣♣

Ciertas enfermedades requieren una gran sinceridad entre los miembros de una pareja.

SYPHILIS

Doctor:	Good morning. What can I help you with?
Rafael:	Well… This is difficult and upsetting. I don't know how to explain it, doctor.
Doctor:	What symptoms do you have?
Rafael:	Well, I feel a burning sensation when I urinate and I have some sores on my penis.
20 *Doctor:*	When did the symptoms begin?
Rafael:	I don't know exactly but I believe about a week and a half ago.
Doctor:	(While he does an examination of the genital area.) Yes, you have some sores on your penis. This is characteristic of syphilis. You probably have a urinary infection, also.
25 *Rafael:*	That's what I was afraid of. And what do I have to do now?
Doctor:	In the first place, you should know the risks you are exposed to. Syphilis can affect your heart and your brain.
Rafael:	What treatment will I have to get? For how long?

Doctor:	The nurse will give you a shot of antibiotics now. You should come back next week.
Rafael:	Is that all? What else do I have to do?
Doctor:	You also have to go to the laboratory to have a blood analysis. We need some data from you for our office and the laboratory. Here are the forms.

Preguntas

1.   ¿Qué síntomas ha notado Rafael?
2.   ¿Cuánto tiempo hace que tiene esos síntomas?
3.   ¿Por qué sospecha el médico que Rafael tiene sífilis?
4.   ¿Qué órganos puede dañar la sífilis?
5.   ¿Cómo combatirán la enfermedad?
6.   ¿Qué tipo de examen le harán?
7.   ¿Cuándo debe volver Rafael al consultorio del médico?

Herpes genital

Vocabulario esencial

la ampolla   *blister*
Uno de los síntomas del herpes son ampollas en la zona genital.

deprimido(a)   *depressed*
He notado que el paciente está deprimido.

la erupción   *rash*
La paciente tenía una erupción en la zona genital.

el fluido   *fluid*
El médico examinó una muestra del fluido.

el granito   *sore*
A la paciente le han aparecido unos granitos en la zona genital.

tomar (las debidas) precauciones   *to take (the necessary) precautions*
Si Ud. no toma las debidas precauciones tendrá complicaciones.

Diálogo 2: Herpes genital

Doctora:	Buenas tardes, señorita, ¿cómo está usted?
Srta. Ruiz:	Pues… Yo creo que tengo algo muy serio.
Doctora:	Veamos. ¿Qué síntomas ha notado?
Srta. Ruiz:	Esta última semana he notado unos granitos en el área genital y siento como un ardor al orinar.
Doctora:	¿Ha sentido otro malestar?

Las amistades son siempre una gran ayuda.

Srta. Ruiz: Bueno... No me siento muy bien. Los granitos me duelen y me pican bastante.

Doctora: (Mientras la examina.) Sí, puedo ver que hay una erupción en la zona genital. Tiene ampollas con fluido.

Srta. Ruiz: ¿Qué cree usted que es, doctora?

Doctora: Me temo que sea herpes genital.

Srta. Ruiz: ¿Herpes? ¡Qué terrible! ¿Qué voy a hacer ahora? Pero me va a hacer exámenes para estar segura, ¿verdad?

Doctora: Sí. Primero le sacaré fluido de una de las ampollas para analizarlo inmediatamente. Después le haremos un examen de sangre.

Srta. Ruiz: Doctora, el herpes es incurable, ¿verdad?

Doctora: Hasta ahora, sí. Pero usted puede vivir una vida normal si toma las debidas precauciones.

Srta. Ruiz: Y el herpes es contagioso, ¿verdad?

Doctora: ¡Sí, y por ahí deben empezar sus cuidados!

GENITAL HERPES

Doctor: Good afternoon, Miss. How are you?

Miss Ruiz: Well... I think I have something very serious.

Doctor:	Let's see. What symptoms have you noticed?
Miss Ruiz:	This last week I have noticed sores on my genital organs and a kind of burning sensation when I urinate.
Doctor:	Have you felt any other discomfort?
Miss Ruiz:	Well… I don't feel very good. The sores hurt and itch quite a bit.
Doctor:	(While she examines her.) Yes, I can see that there is a rash in the genital area. You have blisters with fluid.
Miss Ruiz:	What do you think it is, doctor?
Doctor:	I am afraid it is genital herpes.
Miss Ruiz:	Herpes? How terrible! What am I going to do now? But you are going to do some tests to be sure, aren't you?
Doctor:	Yes, first I will drain some fluid from one of the blisters to analyze it immediately. Then we will do a blood test on you.
Miss Ruiz:	Doctor, herpes is incurable, isn't it?
Doctor:	Up to now, yes. But you can live a normal life if you take the necessary precautions.
Miss Ruiz:	And herpes is contagious, isn't it?
Doctor:	Yes, and that's where your cautions should begin!

Preguntas

1. ¿Qué síntomas tiene la señorita Ruiz?
2. ¿Qué sospecha la doctora?
3. ¿Qué exámenes le harán a la paciente?
4. ¿Existe cura para el herpes genital?
5. ¿Podrá llevar una vida normal la paciente?
6. ¿Es contagioso el herpes genital?

Narración: Enfermedades venéreas

Rafael Ordaz, un joven de 23 años, va a consultar al doctor Alba, médico en una clínica de enfermedades venéreas del Departamento de Salud Pública. Antes de comenzar con el examen, el médico le pide que le explique los síntomas que ha notado.

Desde hace una semana más o menos, Rafael siente ardor al orinar, y ha notado
5   pequeñas heridas en el pene. El médico le hace un reconocimiento del área genital. Nota una erupción en esa zona y pequeñas llagas en el miembro, síntomas que indican que Rafael ha contraído la sífilis. Es una enfermedad transmitida sexualmente que, de no recibir tratamiento adecuado, puede causar daños permanentes en el corazón o en el cerebro. Rafael, bastante preocupado, quiere saber si hay tratamiento
10   para la enfermedad. El doctor le explica que la inyección de antibióticos que le pondrá la enfermera normalmente mata todos los gérmenes de la sífilis y es lo único que necesita hacer. Deberá volver dentro de una semana para confirmar la cura. Durante el tratamiento, Rafael debe abstenerse de contacto sexual y no debe tomar bebidas alcohólicas ni hacer ejercicios violentos.

15   Antes de salir del consultorio, el médico le explica a Rafael que tendrá que darle a la enfermera el nombre de todas las personas con quienes ha tenido relaciones sexuales porque necesitarán tratamiento también. Le entrega finalmente un folleto con informaciones acerca de la enfermedad. Rafael se sorprende cuando lee que en los Estados Unidos se documentan casi cien mil casos de sífilis al año.

🐛🐛🐛

20   La señorita Catalina Ruiz, en la sala de consulta de una doctora especialista en enfermedades venéreas, le explica que ha solicitado hora porque últimamente ha notado ardor al orinar y una picazón en unos granitos que le han aparecido en la zona genital. La doctora le hace un reconocimiento del área y le dice que es posible que haya contraído el herpes genital. Con un instrumento especial rompe una de las ampollas
25   para examinar el líquido y confirmar el diagnóstico. Desgraciadamente, se trata del herpes genital.

   La paciente se siente muy deprimida porque sabe que no hay cura para la enfermedad en estos momentos. La doctora le informa, sin embargo, que aunque el herpes es incurable, si se toman las debidas precauciones se puede llevar una vida
30   completamente normal. Debe recordar que la enfermedad es contagiosa solamente cuando aparecen las ampollitas.

   Para combatir la erupción y la picazón que causa, la doctora le dará unas pastillas y una crema especial que debe aplicarse dos veces al día. Por supuesto, debe evitar todo contacto sexual hasta que desaparezcan los síntomas.

35   La señorita Ruiz querría saber si puede tener hijos. La doctora le explica que el único problema que puede surgir es que no pueda tener un parto vaginal y que deban hacerle una cesárea. Al acercarse la fecha del parto, le harán exámenes para saber si la enfermedad está activa. Si tiene erupciones, le harán una cesárea para evitar que el bebé contraiga la enfermedad. Fuera de esa posible complicación, puede tener
40   familia sin problemas.

   Antes de terminar la visita, la señorita Ruiz debe ir al laboratorio para hacerse un examen de sangre.

Preguntas

1.   ¿Qué síntomas ha notado Rafael?
2.   ¿Qué diagnostica el médico?
3.   ¿Qué complicaciones pueden surgir si no se cura la sífilis?
4.   ¿Cómo se matan los gérmenes de la sífilis?
5.   ¿Por qué debe dar información Rafael acerca de las personas con quienes ha tenido contacto sexual?
6.   ¿Qué enfermedad ha contraído Catalina?
7.   ¿Cómo determinó la doctora que se trataba de esta enfermedad?
8.   ¿Por qué está deprimida la paciente?
9.   ¿Qué medicamentos le receta la doctora? ¿Para qué?
10.   ¿Pueden tener hijos las mujeres que padecen de herpes genital?
11.   ¿Qué complicaciones pueden tener?
12.   ¿Qué síntoma indica que el herpes genital está activo?

Notas gramaticales

Para un repaso de los puntos gramaticales más importantes de este capítulo, consúltese *Gramática para la comunicación* de esta misma serie. Algunas estructuras empleadas en los diálogos de este capítulo son:

—infinitivo: formas y usos

—participio pasado: formas y usos

—oraciones condicionales con *si*

—adjetivos y pronombres demostrativos

Lista de vocabulario

SUSTANTIVOS

abstención, la   *abstention*
ardor, el   *burning sensation*
bacteria, la   *bacteria*
cerebro, el   *brain*
cura, la   *cure*
curación, la   *cure*
chancro, el   *chancre, venereal sore or lesion*
entrega, la   *delivery*
erupción, la   *rash*
especialista, el (la)   *specialist*
especialización, la   *specialization*
espinilla, la   *pimple, blackhead*
germen, el   *germ*
granito, el   *sore; small pimple*
herida, la   *wound, injury*
herpes, el   *herpes*
lesión (herpética), la   *lesion, sore (pertaining to herpes)*
llaga, la   *sore, wound*
microbio, el   *microbe*
miembro (viril), el   *penis, private part*
órgano (sexual), el   *sexual organ*
pene, el   *penis*
sífilis, la   *syphilis*
tratamiento, el   *treatment*

VERBOS

abstenerse de   *to abstain from, to refrain from*
aplicar(se)   *to apply (to oneself), to put on (oneself)*
arder   *to burn*
confirmar   *to confirm*
curar   *to cure*
deprimir   *to depress*
entregar   *to deliver*
tratarse de   *to be a question (matter) of*

ADJETIVOS Y ADVERBIOS

adecuado(a)   *adequate*
cesáreo(a)   *Caesarean*
deprimido(a)   *depressed*
desgraciadamente   *unfortunately*
genital   *genital*
incurable   *incurable*
labial   *labial*
molesto(a)   *bothersome, upsetting, embarrassing*
venéreo(a)   *venereal*
vergonzoso(a)   *embarrassing; shameful; bashful, shy*

OTRAS EXPRESIONES

enfermedades transmitidas sexualmente, las   *sexually transmitted diseases*
enfermedades venéreas, las   *venereal diseases*
infección urinaria, la   *urinary infection*
herpes genital (herpes simplex II), el   *genital herpes*

herpes labial (herpes simplex I), **el** *labial herpes*	**sala de consulta, la** *doctor's office*
operación cesárea, la *Caesarean operation*	**sangre mala (slang), la** *syphilis*
	tomar las debidas precauciones *to take the necessary precautions*

Ejercicios de adquisición de vocabulario

Los ejercicios siguientes están destinados a ayudarle a adquirir y recordar el vocabulario de este capítulo. Concéntrese en el significado de las palabras.

A. Complete Ud. las siguientes frases usando la forma apropiada de las palabras que aparecen a continuación.

deprimido	contraer	la crema
venéreo	adecuado	el germen
el área	la ampolla	entregar
el especialista	la cura	el cerebro
orinar	la sala de consulta	la erupción

1. Todos los síntomas indican que Ud. ha .... el herpes genital.
2. Le picará menos si se aplica .... dos veces al día.
3. Mi amigo consultó con .... en enfermedades venéreas.
4. Haremos un análisis del líquido que está dentro de .... para ver qué enfermedad tiene Ud.
5. Cuando supe que tenía herpes, me puse muy triste, muy ....
6. Si no recibe Ud. el tratamiento correcto, la sífilis puede afectar el corazón y ....
7. Juan me dijo que está preocupado porque siente un ardor al ....
8. Veo que tiene .... en el área genital.
9. Vuelva Ud. dentro de dos semanas y le haremos otro examen para estar seguros de que .... es completa.
10. ¿Cómo se llama la medicina que mata .... de la sífilis?

B. Reemplace Ud. las palabras en cursiva con un sinónimo adecuado.

El gobierno ha abierto un *consultorio* público para el tratamiento de las *enfermedades venéreas* en todas las ciudades grandes del país. Quiere *asegurarse* de que las personas que se encuentren en la *triste* situación de sufrir de *herpes simplex II* o de tener cualquier otra enfermedad venérea en el órgano *sexual*, puedan curar su *lesión* y, sobre todo, evitar contagios de la población.

C. Complete las frases siguientes con la forma del verbo que corresponde a los sustantivos en cursiva.
MODELO: la especialización—especializar

En un folleto explicativo de las enfermedades venéreas, se dice que los primeros síntomas son la *aparición* de una *picazón*, olor en la zona genital y *ardor* al

orinar. Si .... estos síntomas, es decir, al enfermo le ....
las partes genitales, hay un olor en la zona genital, y le .... al orinar,
todo eso indica que posiblemente tenga una *enfermedad* venérea. Es fácil
.... por contagio. El *tratamiento* debe empezar inmediatamente;
hay que .... al paciente con urgencia. Las *curas* seguirán hasta la
desaparición de los síntomas. Para .... , hay que seguir un plan y
tener paciencia hasta que .... la enfermedad.

D. Dé Ud. la palabra que corresponde a cada definición.

1. Acción de dejar de usar o hacer alguna cosa, como, por ejemplo, de tomar bebidas alcohólicas.
2. Zona del cuerpo infectada por el herpes simplex II.
3. Acción de conseguir más información para estar seguro de algo.
4. Persona que tiene profundos conocimientos de un campo de estudio.
5. Nombre que se da a la sífilis en el español coloquial.
6. Expresión que hoy día se usa mucho en lugar de decir "enfermedades venéreas."
7. Se dice cuando la enfermedad no tiene cura.
8. Lugar de la oficina donde el médico examina al paciente.
9. Operación necesaria cuando las circunstancias no permiten un parto vaginal.
10. Nombre que se da al herpes simplex I.

E. Escriba una frase original con cada una de las siguientes palabras o expresiones.

hace como dos semanas	abstenerse de	el ardor
desgraciadamente	la lesión	desaparecer
tratarse de	curar	
orinar	el germen	

F. Dé los equivalentes en español de las frases siguientes.

1. Do you feel a burning sensation when you urinate?
2. It is important that you refrain from having sexual relations during the treatment period.
3. The rash and the itch began about two weeks ago.
4. You will have to give us the names of all of the people with whom you have had sexual contact.
5. Without adequate treatment, you may develop problems with your heart.
6. These sores normally appear in the genital or labial areas.
7. Take three pills per day and apply this cream to the infected area in the morning and in the evening.
8. Is there a treatment for syphilis or is it incurable?
9. I must take a sample of the fluid in one of these blisters in order to be sure.
10. One can live a completely normal life with herpes if one takes the necessary precautions.

Actividades

Los ejercicios siguientes están destinados a ayudarle a practicar el vocabulario, las estructuras y los contenidos aprendidos en este capítulo. Concéntrese en la comunicación de sus ideas.

Primera parte—Ejercicios orales

A. **ACLARACIONES.** Aclare brevemente en español el sentido de las palabras en cursiva.

1. Cuando una persona tiene *sífilis* o *herpes*, es decir ....
2. Se siente muy *deprimido*, es decir ....
3. No sabe cuándo *contrajo* la enfermedad, es decir ....
4. Siempre debemos evitar la *bacteria*, es decir ....
5. Su vida va a cambiar *radicalmente*, es decir ....
6. Es bueno visitar a un *especialista*, es decir ....
7. Debemos curar la *lesión* lo antes posible, es decir ....

B. **CONOCIMIENTOS MÉDICOS.** Explique Ud. brevemente.

1. Síntomas de que se puede quejar una persona que piensa que tiene una enfermedad venérea.
2. Exámenes que se hacen para determinar si una persona ha contraído una enfermedad venérea.
3. Tratamiento que sugiere un médico para la sífilis.
4. Tratamiento que sugiere un médico para el herpes.
5. Complicaciones que pueden surgir cuando una persona que tiene sífilis no recibe tratamiento médico adecuado.
6. Cuatro precauciones que debe tomar una persona que ha contraído herpes.

C. **SITUACIONES.** Diga en español.

1. Ud. tiene una amiga de veinte años que teme que haya contraído una de las enfermedades que se transmiten sexualmente.
   a. Tell the receptionist at the Public Health Office that you want to make an appointment with one of the doctors regarding some symptoms your friend has recently developed.
   b. Tell the doctor that your friend is worried because she has had some sores in the genital area for about a week.
   c. Say that she has some sores and a rash which bother her a great deal.
   d. Ask if there is a permanent cure for syphilis, or if she will experience discomfort for the rest of her life.
   e. Question the doctor about the complications that may arise in a future pregnancy.

2. Usted es un consejero que trabaja en una clínica de salud pública.
    a. Tell a group of young people that they should be aware that there are several diseases which are transmitted by sexual activity.
    b. Suggest that it is wise for them to know the symptoms of these diseases in order to protect themselves better.
    c. Say that if people suspect that they may have contracted such a disease, they should contact a doctor at once because prompt treatment is very important.
    d. Mention that at this time no known cure exists for herpes, although some of the discomfort may be alleviated with certain medications.
    e. Report to the group that in the United States alone, over one hundred thousand cases of syphilis are confirmed each year.

D. NARRACIONES.

1. Cuente Ud. al doctor por qué cree que Ud. puede tener una enfermedad venérea; trate de incluir las siguientes palabras y expresiones en su narración.
    a. hace como dos semanas
    b. el ardor
    c. orinar
    d. la herida
    e. el órgano sexual
    f. la erupción

g. el área genital
h. preocupado
i. el daño permanente
j. el corazón
k. el cerebro

2. *Expresando órdenes/mandatos.* Basándose en el dibujo desarrolle una conversación usando las expresiones siguientes.
a.   Por favor, traiga / haga / coja
b.   Por favor, firme / ponga
c.   Por favor, recoja / escriba
d.   Por favor, lea / guarde

Luego cuente para qué quería la doctora la historia clínica de su paciente.

E.   INTERPRETACIONES.   Estudien las situaciones siguientes. Asignen los papeles de cada personaje. Transformen las situaciones en diálogo e interprétenlas frente a la clase o con unos compañeros. Habrá siempre un traductor español-inglés-español.

1. Una mujer llega a la clínica con su hija de dieciséis años que posiblemente ha contraído una enfermedad venérea.
2. Después de oír que su hija tiene sífilis, la madre de la situación 1 le pregunta al médico sobre el tratamiento; quiere saber también si su hija ya ha sufrido daños permanentes.
3. Un hombre nota que tiene erupciones en la boca que parecen ser ampollas; consulta con un médico sobre el caso.
4. Un médico le informa a un joven que tiene sífilis que tendrá que darle a la enfermera los nombres de las personas con quienes ha tenido relaciones sexuales últimamente. Le explica por qué.
5. Una joven que tiene herpes genital quiere saber si puede tener familia en el futuro.

F.   CONVERSACIONES.   Varios estudiantes desarrollarán diálogos basados en las siguientes situaciones.

1. Una joven conversa con una amiga de la misma edad sobre unos síntomas que ha desarrollado recientemente; sospecha que tiene herpes.
2. Un médico le explica a una paciente lo que tendrá que hacer para confirmar el diagnóstico preliminar de que ella tiene herpes genital.
3. Un hombre que ha contraído la sífilis le pregunta al médico sobre el tratamiento que debe seguir y le expresa su temor de que quizá ya haya ocurrido algún daño permanente.
4. Un consejero le explica a una clase de nivel secundario los síntomas principales del herpes.
5. Un hombre que tiene sífilis quiere saber qué precauciones debe tomar durante el período de tratamiento.
6. Un investigador del Departamento de Salud Pública llama por teléfono a una persona que tuvo contacto sexual con otra persona que ha contraído la sífilis.

G. MESA REDONDA.   Un médico y una enfermera que trabajan en una clínica del Departamento de Salud Pública presentan sus ideas sobre lo serias que son las enfermedades que se transmiten sexualmente. Luego hablan con los que están presentes.

H. PRESENTACIONES PÚBLICAS.   Explique en 150 palabras.

1.   Ud. es un trabajador social del Departamento de Salud Pública y está en una clase de una escuela secundaria donde debe hablar brevemente sobre las enfermedades venéreas entre los jóvenes.
2.   Ud. es un médico que se dirige a un grupo de personas que sufren de herpes. Les da consejos sobre las medicinas que existen que pueden aliviar los síntomas y les explica algunas de las precauciones que deben tomar cuando la enfermedad está en estado activo.

Segunda parte - Ejercicios escritos

A.   OTROS PUNTOS DE VISTA.

1.   Escriba Ud. desde el punto de vista de una madre sobre los síntomas que tiene su hija que ha contraído el herpes.
2.   Describa los problemas de un amigo que cree que tiene una enfermedad venérea.
3.   Escriba un informe sobre un caso de una enfermedad venérea desde el punto de vista de un empleado del Departamento de Salud Pública.

B.   EXPERIENCIAS Y OPINIONES.   Escriba Ud. en español una composición contando sus experiencias (pueden ser ficticias) o expresando su opinión sobre los temas indicados.

1.   Lo que le dije a mi mejor amigo cuando me dijo que creía que tenía herpes.
2.   La conversación que tuve con una amiga mía cuando supe que ella había tenido relaciones sexuales con un hombre que tenía sífilis.
3.   El miedo que sentía un amigo cuando el médico le dijo que tenía herpes labial.

CAPÍTULO 8

El alcoholismo

El Alcoholismo

Vocabulario esencial

el ala (f.) de desintoxicación   *detoxification wing*
Los alcohólicos están en el ala de desintoxicación del hospital.

desmayar(se)   *to faint*
El hombre cayó al suelo y se desmayó.

el lavado de estómago   *pumping of the stomach*
Al alcohólico le hicieron un lavado de estómago de inmediato.

recuperar(se)   *to recover*
El enfermo se recuperó rápidamente.

la sirena   *siren*
La ambulancia tocaba la sirena.

sudar   *to perspire, to sweat*
El enfermo sudaba mucho.

la transfusión de sangre   *blood transfusion*
Ese paciente necesita una transfusión de sangre.

Diálogo 1: El alcoholismo

Enfermero:	Cálmese, señora. Puede usted sentarse aquí. Yo iré en la parte de delante de la ambulancia. Vamos a poner la sirena para llegar antes. No se alarme.
Sra. Mora:	Ay, gracias. ¿Usted cree que está muy grave?
5 *Enfermero:*	Creo que está recuperándose.
Sra. Mora:	¡Ay, Dios mío, qué calamidad más grande! (Llegan al hospital y llevan al enfermo a la sala de emergencias. Su esposa lo acompaña.)
Doctor:	A ver, señora, cuénteme, ¿qué ha pasado?
Sra. Mora: 10	Pues, mire usted. Aquí mi esposo, que llegó a casa y pum, se me cayó al suelo.
Doctor:	Sí, veo que tiene una contusión en la cabeza.
Sra. Mora:	Y antes de desmayarse, empezó a vomitar con sangre. Además, sudaba y sudaba muchísimo.
Doctor:	¿Respiraba normalmente?
15 *Sra. Mora:*	No. Respiraba como si tuviera asma.
Doctor:	¿Ha notado algo extraño últimamente en su marido?
Sra. Mora:	Sí. Estas últimas semanas ha tomado mucho y lo he notado muy deprimido.
Doctor: 20	Bueno. Primero le haremos un lavado de estómago y después una transfusión de sangre. Averiguaremos de dónde sale la sangre.

¿De qué forma cree Ud. que Al-Anon ayuda a los miembros de una sociedad?

Sra. Mora: ¿Lo van a dejar en el hospital?

Doctor: Sí, señora, tenemos que internarlo. Quedará en el ala de desintoxicación, por ahora. No tenga cuidado, está en buenas manos.

❀ ❀ ❀

ALCOHOLISM

Paramedic: Calm yourself, ma'am. You may sit down here. I'll ride in the front of the ambulance.
We'll turn on the siren to get there quickly. Don't be alarmed.

Mrs. Mora: Oh, thank you. Do you think he's seriously ill?

Paramedic: I believe he's recovering.

25 Mrs. Mora: Oh, my God, what a calamity! (They arrive at the hospital, and they take the sick
person to the emergency room.)

Doctor: All right, ma'am, tell me, what happened?

Mrs. Mora: Well, look. My husband here came home and bam, he fell down on the floor.

Doctor: Yes, I see that he has a bruise on his head.

30 Mrs. Mora: And before fainting, he started vomiting and there was blood in it. Also, he was
sweating and sweating a lot.

Doctor: Was he breathing normally?

Mrs. Mora: No, he was breathing as if he had asthma.

Doctor: Have you noticed anything strange in your husband lately?

30	*Mrs. Mora:*	Yes. These last few weeks he has been drinking a lot and he seemed to be very depressed.
	Doctor:	Well. First we will pump his stomach and then we will give him a blood transfusion. We will find out where the blood is coming from.
	Mrs. Mora:	Are you going to keep him in the hospital?
35	*Doctor:*	Yes, ma'am, we have to hospitalize him. He will stay in the detoxification wing for the time being. Don't worry, he is in good hands.

Preguntas

1. ¿Quién acompaña al señor Mora en la ambulancia?
2. ¿Por qué toca la sirena la ambulancia?
3. ¿Qué le ocurrió al señor Mora?
4. ¿Qué nota el doctor en la cabeza?
5. ¿Qué otros síntomas tiene?
6. ¿Qué cambios ha notado la esposa en las últimas semanas?
7. ¿Qué le hará el médico antes de internarlo?
8. ¿Dónde lo internarán?

Una cura de desintoxicación

Vocabulario esencial

el(la) alcohólico(a)   *alcoholic*
A los alcohólicos les cuesta reconocer que están enfermos.

la clínica   *clinic*
Él necesita internarse en una clínica para el tratamiento del alcoholismo.

el gasto   *expense, cost*
Mi compañía de seguros paga los gastos de todo tratamiento médico.

Diálogo 2: Desintoxicación

	Sra. Mora:	Buenas tardes, doctor. Vine con mi marido…
	Doctor:	Sí, sí, pasen. Tomen asiento, por favor. Les pedí a los dos que vinieran porque el tema es muy delicado.
	Sr. Mora:	Pero, doctor, me siento mucho mejor. Ya no estoy enfermo.
5	*Doctor:*	Ese precisamente es el problema, Sr. Mora. Usted tiene una enfermedad muy grave y creo que debe ingresar en una clínica.
	Sra. Mora:	¡Ay, doctor, no me asuste! ¿Qué tiene mi marido?
	Doctor:	Su marido sufre de alcoholismo.

¿Cree que las botellas de licor o vino debieran llevar una advertencia sobre los peligros del alcohol?

Sr. Mora:	Mire, doctor, gracias por sus preocupaciones, pero yo ya soy muy mayorcito y me sé cuidar solo.
Doctor:	Sr. Mora, uno de los síntomas del alcohólico es que se niega a reconocer que está enfermo.
Sr. Mora:	Si yo quisiera dejar de beber, lo haría.
Sra. Mora:	Mira, Jorge, puede ser que el doctor tenga razón. ¿Cuántas veces me has dicho que ya no vas a beber nunca más y…mira.
Doctor:	En mi opinión, debería internarse en una clínica para el tratamiento del alcoholismo.
Sra. Mora:	¿Usted cree que el seguro pagará esos gastos?
Doctor:	Deben averiguarlo. Muchas compañías cubren este tratamiento.

🙟🙟🙟

DETOXIFICATION

Mrs. Mora:	Good afternoon, doctor. I came with my husband…
Doctor:	Yes, yes, come in. Take a seat, please. I asked both of you to come because the subject is very delicate.

Mr. Mora:	But, doctor, I feel much better. I am not sick any more.
5 *Doctor:*	That is precisely the problem, Mr. Mora. You have a serious disease, and I believe that you must enter a clinic.
Mrs. Mora:	Oh, doctor, don't scare me! What does my husband have?
Doctor:	Your husband suffers from alcoholism.
Mr. Mora:	Look, doctor, thanks for your concern, but I am a big boy now and I know how to take care of myself.
10 *Doctor:*	Mr. Mora, one of the symptoms of an alcoholic is that he refuses to admit that he is sick.
Mr. Mora:	If I wanted to stop drinking, I would do it.
Mrs. Mora:	Look, Jorge, it may be that the doctor is right. How many times have you told me that you are not going to drink anymore and…look.
15 *Doctor:*	In my opinion, he should check into a clinic for the treatment of alcoholism.
Mrs. Mora:	Do you think the insurance will pay for those expenses?
Doctor:	You should find out about that. Many companies cover this treatment.

Preguntas

1. ¿Por qué visitan los Mora al doctor?
2. ¿Cómo se siente el señor Mora ahora?
3. ¿Cuál es el problema de los alcohólicos?
4. ¿Qué le recomienda el doctor al Sr. Mora?
5. ¿Está de acuerdo el Sr. Mora con el doctor?
6. ¿Quién pagará el tratamiento de la clínica?

Narración: Alcoholismo

El señor Jorge Mora tuvo vómitos con sangre y perdió el conocimiento. Su esposa, asustada, se puso en contacto con el médico de la familia, quien aconsejó que llamaran al personal paramédico. El personal paramédico llegó y transportó al señor Mora a la sala de emergencia. La señora Mora acompañó a su esposo en la ambulancia.

5   La señora habla ahora con el médico, explicándole lo que ocurrió. Su esposo estaba en la sala de estar y de pronto comenzó a vomitar. Cuando fue a verlo, notó que había sangre en los vómitos. Su esposo tenía los ojos sin brillo, estaba empapado de sudor y gritaba de modo espantoso; además, respiraba con dificultad, como si tuviera asma. Finalmente cayó al suelo, lastimándose la cabeza. No era ésta la primera

10 vez que había bebido demasiado, pero nunca antes había tenido una reacción semejante. La señora Mora añade que estas últimas semanas ha notado que su esposo, muy deprimido y sin apetito, ha estado bebiendo más que de costumbre.

El doctor informa a la señora Mora que internarán a su esposo en el ala de desintoxicación del hospital. Primero, le colocarán un tubo que llega hasta el estómago

15 para hacer un lavado de estómago con agua fría. En seguida le harán una transfusión de sangre para reponer la que ha perdido con los vómitos. Finalmente, le examinarán el estómago con un gastroscopio para ver exactamente de dónde salía la sangre.

Verán también si el golpe que recibió al caer ha tenido consecuencias en la zona cerebral.

20   Al día siguiente, el doctor conversa con los Mora. La contusión en la cabeza es leve, sin mayores consecuencias. Más graves son las hemorragias internas que ha sufrido el paciente y su estado general de desnutrición, síntomas que revelan un caso claro de alcoholismo. El señor Mora cree que el doctor está exagerando. Es verdad que él bebe, pero no puede aceptar que él sea alcohólico.

25   El doctor no exageraba. Por de pronto receta un tranquilizante, una dieta especial y unas inyecciones de vitaminas y minerales para combatir la anemia del paciente. El doctor les explica que la desnutrición, e incluso a veces la anemia declarada, son características típicas del alcoholismo. Cuando se consume alcohol el organismo recibe calorías vacías, casi sin ningún contenido nutritivo. Además, al contrario de lo

30   que piensa la mayoría de la gente, el alcohol funciona como un sedante, no como un estimulante. Por eso, no dan ganas de comer. El médico les da hora a los Mora para la semana siguiente.

❀❀❀

Una semana más tarde, en el consultorio, el médico explica que el tratamiento de un alcohólico no lo afecta sólo a él sino a toda la familia. El señor Mora protesta

35   que él ya no está enfermo, que con el tratamiento que le ha dado el doctor se siente muy bien y que no cree que haya necesidad de ningún tratamiento especial. El médico le hace ver que el problema más grave que tienen los alcohólicos es admitir que padecen de una enfermedad, porque consideran que es un signo de debilidad moral admitir que son alcohólicos. El doctor piensa que lo mejor es que el señor

40   Mora se interne en una clínica de las que se especializan en el tratamiento de los alcohólicos. Allí estará bajo el cuidado de especialistas que le ayudarán a desintoxicar su sistema y a resolver los problemas psicológicos que lo han llevado a beber en exceso.

El paciente reacciona negativamente otra vez, diciendo que es ya una persona

45   mayor, que sabe cuidarse solo y que puede dejar de beber en cualquier momento, si él quiere. La esposa trata de calmarlo, recordándole que a pesar de todas sus promesas anteriores todavía no ha dejado de beber. El señor Mora reconoce que el doctor tiene razón y comienza a comprender la gravedad de su situación.

A la señora Mora le preocupa el costo de ese tratamiento en una clínica

50   especializada. El doctor repite que el alcoholismo es una enfermedad y que por eso algunas compañías de seguros pagan tal como si el paciente estuviera internado en un hospital. Les aconseja, pues, a los Mora que consulten con su agente de seguros para saber cuál es la regla de su compañía de seguros. El doctor también recomienda que se pongan en contacto con alguna de la agencias de la comunidad que prestan

55   ayuda y dan consejos al alcohólico y a su familia. Les pide que antes de irse se lleven unos panfletos que les darán más información sobre el alcoholismo, el tratamiento que se debe seguir y las agencias de la comunidad que se ocupan de este problema. Los dos se despiden del doctor, quien les desea mucha suerte con el tratamiento.

Preguntas

1.   ¿Por qué está el señor Mora en una ambulancia?
2.   ¿Qué síntomas tenía el señor Mora durante el ataque alcohólico?

3. ¿Qué cambios ha notado la esposa últimamente en la conducta de su marido?

4. ¿Qué tratamiento de urgencia le administran al señor Mora?

5. ¿Dónde lo internan?

6. ¿Qué síntomas indican que el paciente sufre de alcoholismo?

7. ¿Por qué no tiene ganas de comer el alcohólico?

8. ¿Cómo reacciona el señor Mora cuando el doctor diagnostica que es alcohólico?

9. ¿Dónde debería internarse el paciente?

10. ¿Por qué deben consultar a su agente de seguros los Mora?

11. ¿Qué agencia de la comunidad deben visitar el paciente y su familia? ¿Por qué?

Notas gramaticales

Para un repaso de los puntos gramaticales más importantes de este capítulo, consúltese *Gramática para la comunicación* de esta misma serie. Algunas estructuras empleadas en los diálogos de este capítulo son:

—pretérito: verbos con cambios en la raíz y con cambios ortográficos

—tiempos perfectos en presente e imperfecto

—imperfecto de subjuntivo

—adjetivos descriptivos

Lista de vocabulario

SUSTANTIVOS

agencia, la *agency*
agente, el (la) *agent*
ala, el (f.) *wing*
alcohólico(a), el (la) *alcoholic*
alcoholismo, el *alcoholism*
anemia, la *anemia*
calamidad, la *calamity*
caloría, la *calorie*
característica, la *characteristic*
clínica, la *clinic*
comunidad, la *community*
consejero(a), el (la) *adviser, counselor*
consejo, el *advice*
consumo, el *consumption*
debilidad, la *weakness, debility*
desintoxicación, la *detoxification*
desmayo, el *faint, fainting spell*

desnutrición, la *malnutrition, undernourishment*
estimulante, el *stimulant*
estómago, el *stomach*
exageración, la *exaggeration*
gastroscopio, el *gastroscope*
gravedad, la *seriousness*
grito, el *shout, scream*
hemorragia, la *hemorrhage; heavy bleeding*
lavado, el *pumping; wash*
mineral, el *mineral*
organismo, el *organism, body (as a system)*
padecimiento, el *suffering*
promesa, la *promise*
recuperación, la *recuperation, recovery*

resolución, la resolution, solution
sedante, el sedative
signo, el sign, signal
sirena, la siren
sistema, el system
sudor, el perspiration, sweat
suelo, el floor
susto, el fright, scare
tranquilizante, el tranquilizer
transfusión, la transfusion
transporte, el transportation
tubo, el tube
vitamina, la vitamin

VERBOS

aconsejar to advise, to counsel
admitir to admit
asustar to frighten, to scare
averiguar to find out
citar to make an appointment; to make a date
consumir to consume
desintoxicar(se) to sober (oneself) up, to detoxify (oneself)
desmayar(se) to faint
desnutrir(se) to undernourish (oneself)
empapar(se) to soak (oneself)
especializar(se) to specialize
estimular to stimulate
exagerar to exaggerate
gritar to shout, to scream
lastimar(se) to injure (oneself)
padecer (de) to suffer
reaccionar to react

recuperar(se) to recuperate, to recover
resolver (ue) to solve, to resolve
sudar to perspire, to sweat
transportar to transport

ADJETIVOS Y ADVERBIOS

anémico(a) anemic
empapado(a) soaked
estomacal pertaining to the stomach
interno(a) internal
paramédico(a) paramedical
(p)sicológico(a) psychological
sedativo(a) sedative
típico(a) typical
vacío(a) empty

OTRAS EXPRESIONES

ala de desintoxicación, el (f.) detoxification wing
al contrario de unlike
a pesar de in spite of
dar ganas de (comer) to have the desire (to eat)
en exceso in excess
lavado de estómago, el pumping of the stomach
personal paramédico, el paramedical personnel
por de pronto for the moment
sala de estar, la living room
sin brillo dull, glazed over
transfusión de sangre, la blood transfusion

Ejercicios de adquisición de vocabulario

Los ejercicios siguientes están destinados a ayudarle a adquirir y recordar el vocabulario de este capítulo. Concéntrese en el significado de las palabras.

A. Complete Ud. las siguientes frases usando la forma apropiada de las palabras que aparecen a continuación. Use el artículo que convenga.

fuerte	citar	la contusión
aconsejar	el personal paramédico	el alcohólico
en absoluto	asustar	dar ganas
vacío	empapado	la hemorragia
la transfusión	al contrario	vomitar

1. Creíamos que era una cosa seria porque cuando él ...., vimos que había sangre.
2. Esto es perfectamente normal; no me sorprende ....
3. Doctora, yo sé que bebo demasiado, pero no soy ....
4. Le hicieron .... para reponerle la sangre que había perdido.
5. El especialista de la clínica le puede .... mejor que yo acerca de su problema.
6. Si no fuera por ...., yo me habría muerto en la calle.
7. Siento unos dolores muy .... en el costado.
8. El médico me dijo que había perdido bastante sangre debido a .... internas.
9. Cuando mi hermano se cayó al suelo, nos .... a todos.
10. Tenía tanto calor que la ropa estaba .... de sudor.

B. Reemplace Ud. las palabras en cursiva con un sinónimo adecuado.

En un artículo de periódico sobre la *desnutrición* en ciertos países, se hablaba también sobre cómo *sufren* algunas personas que *tienen deseos* de poseer un *cuerpo* elegante. Algunos *contraen* la enfermedad conocida como anorexia. Estas personas se quedan *sin fuerzas* y continuamente tienen *miedo* de *subir de peso*. A veces llegan a *dañarse* hasta el punto de morir.

C. Complete las frases siguientes con la forma del sustantivo que corresponde a los verbos en cursiva.
MODELO: calmar - el calmante

La ambulancia vino anoche a llevar a un vecino al hospital. El muchacho se había *intoxicado* con pastillas y no *reaccionaba* a nada. La .... les parecía a sus amigos como algo bastante serio; pensaban que quizá fue una .... a varios problemas personales. Los amigos le hicieron *vomitar* pero se *asustaron* cuando vieron que no podían *resolver* la situación. Los .... normalmente hubieran sacado las pastillas, pero el .... de los amigos hizo más difícil que encontraran una .... al problema. Sabían que el muchacho *padecía* de los nervios, un .... que le hacía tener un carácter serio. Ellos le habían *aconsejado* ir a un médico pero él nunca hizo caso de sus .... La ambulancia *transportó* al muchacho al hospital; el .... se hizo en cinco minutos. Los médicos *tranquilizaron* a los amigos porque iban a desintoxicarlo sin problemas. La .... no se notó en nuestra casa hasta que el muchacho regresó sano y salvo del hospital.

D. Dé Ud. la palabra que corresponde a cada definición.

1. Unidad de calor que se asocia con el consumo de alimentos.
2. Pérdida de mucha sangre.
3. Enfermedad de la sangre que le deja a uno sin vitalidad.
4. Acción de explicarle o sugerirle a otro lo que debe hacer.
5. Lugar del hospital u otra institución donde cuidan a los alcohólicos.
6. Instrumento que se inserta por la boca para inspeccionar visualmente el estómago.
7. Clase de droga que excita los nervios y aviva el organismo.
8. Aparato en el exterior de una ambulancia que produce sonido y advierte a los automovilistas que hay una emergencia.
9. Los que atienden a los enfermos o accidentados y les ofrecen cuidado al transportarlos al hospital.
10. Darle miedo o terror a uno.

E. Escriba una frase original con cada una de las siguientes palabras o expresiones.

sin brillo	al contrario de	empapado de
el alcoholismo	estomacal	consumir
exagerar	padecer	
la desnutrición	por de pronto	

F. Dé los equivalentes en español de las frases siguientes.

1. When he wakes up, he will feel tired and weak.
2. They placed him in the detoxification wing of the hospital.
3. The doctor told us that she had internal bleeding and that she probably has anemia.
4. When she fell, she hit her head and lost consciousness.
5. It is important to treat your malnutrition right away; you need a special diet with many vitamins and minerals.
6. Your problems are physical and psychological; you will receive help at the clinic.
7. Many people believe that alcohol is a stimulant, but it functions as a sedative.
8. You have a bruise on your head; I need to examine you further.
9. She will not admit that she is an alcoholic, which is normal.
10. He vomited blood, had trouble breathing, and began to perspire a great deal.

Actividades

Los ejercicios siguientes están destinados a ayudarle a practicar el vocabulario, las estructuras y los contenidos aprendidos en este capítulo. Concéntrese en la comunicación de sus ideas.

Primera parte—Ejercicios orales

A.   *ACLARACIONES.* Aclare brevemente en español el sentido de las palabras en cursiva.

1.   Fue al *ala de desintoxicación* del hospital, es decir . . . .
2.   Hay cuatro pacientes que vienen a *desintoxicarse*, es decir . . . .
3.   Todos han tomado algún tipo de droga *en exceso*, es decir . . . .
4.   Algunos han sufrido *hemorragias*, es decir . . . .
5.   Estos pacientes se sienten *débiles*, es decir . . . .
6.   También sienten algo como un *vacío* en la cabeza, es decir . . . .
7.   La *desnutrición* es frecuente en estos casos, es decir . . . .
8.   Se les dan *sedantes* cuando es necesario, es decir . . . .

B.   *CONOCIMIENTOS MÉDICOS.* Explique Ud. brevemente.

1.   Indicaciones sicológicas o físicas de que una persona tiene serios problemas con el alcohol.
2.   Algunos síntomas físicos manifestados durante un ataque alcohólico.
3.   Tratamiento de urgencia que recibe un alcohólico en el hospital.
4.   Explicaciones y consejos relativos a la dieta que le da el médico a un alcohólico.
5.   Recomendaciones para el tratamiento de un alcohólico después que sale del hospital.
6.   Razones por las cuales el tratamiento de un alcohólico afecta a toda la familia.

C.   *SITUACIONES* Diga en español.

1.   Ud. es uno de los padres de un adolescente que ahora se encuentra en la sala de emergencia después de un ataque alcohólico.
     a.   Tell the doctor that your son has been drinking in excess for approximately six months but that you had no idea that the problem was this serious.
     b.   Explain that when you returned home from work you found your son unconscious on the floor.
     c.   Go on to say that he had vomited and that there appeared to be blood in the vomit.
     d.   Inform the doctor that your son had apparently hit his head on the floor and that you could not determine if he had suffered a head injury.

e. Say that after he awoke, he was breathing with some difficulty, almost as though he had asthma, and that he was soaked in sweat.

f. Mention that during the previous two weeks you had been quite worried because your son had lost his appetite and that his eyes seemed dull and lifeless.

2. Basándose en la foto del primer diálogo de este capítulo, desarrolle una conversación con la familia de un alcohólico. Haga el papel del médico.

a. Tell the family that the successful treatment of an alcoholic involves not just the patient but all of the family.

b. Respond to the patient's protests by affirming that he indeed does need to recognize that he has a sickness, that he is an alcoholic, and that he needs the help of his family and also that of specialists in order to overcome his problem.

c. Explain that the treatment of alcoholism involves both physical and psychological care.

d. Recommend to the patient that he enter a clinic for the treatment of alcoholics; mention that only there can he receive adequate help in the detoxification of his system and in understanding why he drank excessively.

e. Respond to a question of the patient by explaining that his normal health insurance may pay for this treatment since alcoholism is now generally considered to be a disease.

f. Conclude by informing the family that they all need to try to understand alcoholism as well as they can; suggest that they should read about it and take advantage of certain community agencies that help in these matters.

D. NARRACIONES. Cuente lo que pasó en las siguientes escenas.

1. Basándose en la foto del segundo diálogo de este capítulo cuéntele al médico lo que ocurrió cuando su esposo volvió a casa muy borracho de una fiesta y sufrió un ataque alcohólico. Trate de incluir las siguientes palabras y expresiones en su narración.

a. vomitar
b. la sangre
c. empapado de sudor
d. perder el conocimiento
e. lastimarse la cabeza
f. poco apetito

2. *Haciendo ofrecimientos.* Basándose en el dibujo desarrolle una conversación usando las expresiones siguientes.

a. ¿Qué quiere tomar....?
b. ¿Le gustaría probar....?
c. ¿Le gustaría algo de tomar/comer....?
d. ¿Qué le gustaría tomar/beber/comer....?

Luego invente una razón para el encuentro de las dos mujeres.

E. INTERPRETACIONES. Estudien las situaciones siguientes. Asignen los papeles de cada personaje. Transformen las situaciones en diálogo e interprétenlas frente a la clase o con unos compañeros. Habrá siempre un traductor español-inglés-español.

1. Con la ayuda de una maestra y de su madre, una joven de diez y siete años se ha dado cuenta de que es una alcohólica. Ha llegado con su madre a la clínica.
2. El personal paramédico llega al hospital con una mujer que se desmayó en un bar después de haber bebido demasiado.
3. Un hombre de negocios decide hablar francamente con su médico acerca de su problema con las bebidas alcohólicas. Se ha dado cuenta de que bebe en exceso.
4. Un médico le explica a un paciente que es muy probable que su seguro pague el tratamiento especial que él necesita. También menciona otros servicios que hay en la comunidad.

F. CONVERSACIONES. Varios estudiantes desarrollarán diálogos basados en las siguientes situaciones:

1. Una mujer le relata al médico el susto que experimentó cuando su esposo sufrió un fuerte ataque alcohólico.
2. Un médico habla con la esposa de la situación 1 del tratamiento que recibió su esposo en la sala de emergencia y de lo que se tendrá que hacer en las próximas horas.

3. Un médico le explica a un hombre que parece ser alcohólico lo importante que es reconocer el problema y seguir un tratamiento especial. El hombre protesta al principio.
4. Un hombre habla con su médico sobre los problemas físicos y mentales que le ha causado el alcoholismo.
5. La esposa de un alcohólico conversa con el médico de la familia sobre el tratamiento especial que necesitará su esposo en los próximos meses.

G. ENTREVISTAS. Dos locutores de la televisión han invitado a participar en su programa a dos médicos, uno que trabaja en una sala de emergencia y otra que trabaja en una clínica especial para alcohólicos. La entrevista consiste en una conversación sobre los problemas y el tratamiento de los alcohólicos.

H. PRESENTACIONES PÚBLICAS. Explique en 150 palabras.

1. Ud. es un médico y debe dar una conferencia ante un grupo de estudiantes de medicina del cuarto año sobre los problemas del alcoholismo en la sociedad de hoy. Trate de sugerir algunas soluciones al final.
2. Ud. está frente a un grupo de adultos de la Sociedad de Alcohólicos Anónimos y debe admitir públicamente su problema con el alcohol y expresar su deseo de dejar de beber.

Segunda parte—Ejercicios escritos

A. OTROS PUNTOS DE VISTA.

1. Describa Ud. desde el punto de vista de un hijo los problemas que tenía su padre antes de internarse en una clínica para alcohólicos.
2. Escriba desde la perspectiva de un marido acerca de los muchos cambios que notó en su esposa después que ella pasó varios meses en el programa llamado Alcohólicos Anónimos.

B. EXPERIENCIAS Y OPINIONES. Escriba Ud. en español una composición contando sus experiencias (pueden ser ficticias) o expresando su opinión sobre los temas indicados.

1. Cuando me di cuenta de que mi mejor amiga era una alcohólica.
2. Lo difícil que fue admitir que yo era alcohólico y pedir ayuda a mi médico.
3. Lo que aprendí sobre los servicios públicos que se ofrecen a los alcohólicos.
4. Por qué es muy importante que toda la familia ayude al alcohólico con su problema.
5. La experiencia que me convenció de que muchos alcohólicos pueden superar su problema.

El reumatismo

Extensión y costo de las enfermedades reumáticas

En la actualidad se considera al reumatismo como la principal causa de invalidez a nivel mundial.[1] Los datos al respecto son dramáticos: solamente en los Estados Unidos se perdieron 27 millones de días-hombre[2] en un año por culpa de la artritis. Los trabajadores, víctimas de males reumáticos, perdieron por este motivo casi cinco
5 billones de dólares en sueldos y salarios.

Por si esto fuera poco, en ese mismo período los pagos por incapacidad laboral[3] alcanzaron el billón de dólares, equivalentes al 15 por ciento de los pagos que manda el Seguro Social por enfermedades reumáticas a los trabajadores en los Estados Unidos. Considerando globalmente el problema, se estima[4] que los costos de las
10 enfermedades reumáticas representan para ese país casi catorce billones de dólares al año. El dato resulta preocupante[5], pero lo es más el hecho de que lejos de desaparecer o frenarse[6], va en aumento.

La necesidad de controlar los gastos y los problemas sociales de la artritis

Los expertos sostienen que ante esta realidad resulta imprescindible[7] combatir las consecuencias de la artritis y controlar los gastos que ocasiona a los sectores de salud
15 pública y a la economía. Siempre es mejor, y desde luego posible, el desarrollo de programas preventivos y de rehabilitación.

El impacto de los males reumáticos no se centra exclusivamente en los aspectos de tipo económico, sino que se extiende a otros de tipo psicológico y social. El número de personas que sufren hoy discriminación a causa de ciertas enfermedades
20 crónicas invalidantes[8] como las enfermedades reumáticas, la artritis y la artrosis, es muy alto y la sensibilización de la sociedad para evitar esa discriminación, es un proceso lento y costoso.

Diferencias según la edad y el sexo

Por otra parte, resulta preocupante que el reumatismo, además del dolor y las inca-pacidades[9] que causa, constituye una enfermedad a la que casi ninguna persona
25 mayor de 60 años escapa. La forma de reumatismo más común en personas de edad es la osteoartritis que ataca los huesos y los cartílagos de las extremidades, aunque puede extenderse a todo el cuerpo. Además, el mal puede aparecer desde la niñez y

aún dentro del ciclo intrauterino. El hecho se comprueba citando el caso de la artritis reumatoidea juvenil que afecta a uno de cada 400 adolescentes.

30   Los especialistas señalan que según el tipo de enfermedad reumática, la incidencia varía[10] de acuerdo al sexo. Sostienen que la gota[11] es más común entre los varones, en tanto que la artritis afecta más al sexo femenino, en una proporción de tres a uno.

Avances científicos revolucionarios

Aunque no existe por ahora una cura definitiva para las enfermedades reumáticas, se han encontrado nuevos tratamientos para combatir las molestias[12] y el dolor. Algunos
35 están destinados a prevenir o corregir los problemas deformantes. Un médico británico, Sir John Charnley, cirujano ortopédico[13] y pionero en la reposición[14] de partes del esqueleto humano, ha proporcionado alivio[15] a incontables víctimas de la artritis. Su invento la "cadera Charnley"[16] es hoy la pieza artificial más usada en todo el mundo.

    En la actualidad la intervención quirúrgica[17] de "partes Charnley" tiene tanto
40 éxito[18] que en el 90% de los casos los pacientes pueden abandonar la cama al tercer día después de la operación y participar en casi cualquier actividad de la vida diaria.

    "El drama del reumatismo," *Visión* (México), 15/29 de diciembre de 1981

---

1. **invalidez a nivel mundial** *disability world-wide*
2. **días-hombre** *work-days*
3. **incapacidad laboral** *work disability*
4. **se estima** *it is estimated*
5. **preocupante** *worrisome*
6. **lejos de…frenarse** *far from… stopping*
7. **imprescindible** *essential*
8. **invalidantes** *crippling*
9. **incapacidades** *disabilities*
10. **la incidencia varía** *the incidence varies, the rate varies*
11. **la gota** *gout*
12. **las molestias** *the discomforts*
13. **cirujano ortopédico** *orthopedic surgeon*
14. **la reposición** *the replacement*
15. **alivio** *relief*
16. **cadera Charnley** *the Charnley hip*
17. **intervención quirúrgica** *surgical intervention*
18. **tiene tanto éxito** *is so successful*

PREGUNTAS SOBRE EL REUMATISMO

1. ¿Cuál es la principal causa de invalidez a nivel mundial?
2. En los Estados Unidos, ¿qué cantidad se pierde económicamente debido a las enfermedades reumáticas?
3. ¿Qué por ciento de los pagos de Seguro Social van a las personas que sufren una incapacidad laboral?
4. ¿Es posible controlar la artritis actualmente?
5. Además de los aspectos económicos, ¿qué otros problemas trae la artritis?
6. ¿Qué es la osteoartritis?
7. ¿Qué proporción de los afectados por las enfermedades reumáticas son mujeres?

8.   ¿Qué problema artrítico ataca más a los hombres?

9.   Si no existe una cura, ¿qué pueden hacer los médicos para los pacientes reumáticos?

10.   ¿Cuál fue la invención del médico británico, Sir John Charnley?

A.   Indique si las siguientes frases son ciertas o falsas, y si son falsas, diga por qué lo son.

1.   Hoy día las enfermedades reumáticas son menos frecuentes.

2.   Algunas personas sufren discriminación a causa de los efectos de la artritis.

3.   La gota se encuentra más en las mujeres que en los hombres.

4.   La artritis afecta también a los niños e incluso a los bebés.

5.   La cadera Charnley no ha dado buenos resultados.

TEMAS PARA DEBATE O COMPOSICIÓN

1.   Los efectos sociales y económicos de las enfermedades reumáticas.

2.   ¿Quiénes son las víctimas de la artritis y qué tratamientos necesitan?

CAPÍTULO 9

Los especialistas

El médico internista

Vocabulario esencial

la acidez   *acidity*
Después de comer siento acidez en el estómago.

el antiácido   *antacid*
Cuando tengo indigestión tomo un antiácido.

el ardor de estómago   *burning in the stomach*
El paciente siente ardor de estómago después de las comidas.

la defecación   *bowel movement, stool*
Las defecaciones del paciente son normales.

el diagnóstico   *diagnosis*
El diagnóstico indicó que el paciente tenía una úlcera.

la úlcera   *ulcer*
El hombre tiene todos los síntomas de una úlcera.

Diálogo 1: El internista

Doctora: Buenos días, señor Díaz. ¿Qué le pasa?

Sr. Díaz: Ay, pues, mire usted, doctora. Que tengo unos ardores de estómago y una acidez, que me pregunto yo si esto no será una úlcera.

Doctora: (En tono amistoso.) Bueno, bueno, a ver, ¿quién es aquí el doctor, usted o yo?

5

Sr. Díaz: No, lo digo porque mi hermano, que tiene una úlcera, tenía los mismos síntomas.

Doctora: Dígame, ¿y esos ardores, le dan a usted en algún momento concreto del día?

10 *Sr. Díaz:* Pues, sí, cuando tengo hambre. Cuando como o cuando tomo un antiácido, se me van.

Doctora: ¿Ha notado sangre en las defecaciones?

Sr. Díaz: No, nunca, gracias a Dios.

Doctora: A ver, cuénteme usted lo que suele comer cada día.

15 *Sr. Díaz:* Pues, por las mañanas, no desayuno fuerte—un cafecito y algo más. A medio día, eso sí, como una hamburguesa, papas fritas y una soda. Y por la noche, lo que tenga hecho mi mujer.

Doctora: Bueno, es probable que tenga una úlcera, pero para confirmar el diagnóstico, vamos a tener que hacerle radiografías y algunos análisis

20   especiales.

Sr. Díaz: Y esto se me pasará pronto, ¿verdad?

Doctora: Si se descubren a tiempo, las úlceras muchas veces se curan rápidamente.

❀❀❀

¿De qué tipo de problemas físicos se ocupa un médico internista?

THE INTERNIST

Doctor:	Good morning, Mr. Díaz. What's the matter?
Mr. Díaz:	Oh, well, look, Doctor. I have a burning and acidity in my stomach, and I wonder if this couldn't be an ulcer.
Doctor:	(In a friendly tone.) Well, well, let's see. Who is the doctor here, you or me?
5 Mr. Díaz:	No, I am just saying that because my brother, who has an ulcer, had the same symptoms.
Doctor:	Tell me, that burning, does it come at some set time of the day?
Mr. Díaz:	Well, yes, when I'm hungry. When I eat or when I take an antacid, it goes away.
Doctor:	Have you noticed blood in your stools?
10 Mr. Díaz:	No, never, thank heaven.
Doctor:	Let's see, tell me what you usually eat every day.
Mr. Díaz:	Well, in the morning I don't have a heavy breakfast—a little coffee and something else. At midday, then yes, I have a hamburger, french fries, and a soda pop. And at night, whatever my wife has made.
15 Doctor:	Well, it is probable that you have an ulcer, but in order to confirm the diagnosis we will have to take an X-ray and do some special tests.
Mr. Díaz:	And this will soon go away, won't it?
Doctor:	If they are found in time, ulcers many times heal rapidly.

Preguntas

1. ¿Qué síntomas tiene el señor Díaz?
2. ¿Por qué cree el paciente que tiene una úlcera?
3. ¿Cuándo siente más dolores?
4. ¿Cuándo desaparecen los dolores?
5. ¿Cuántas veces al día come?
6. ¿Qué come el señor Díaz al mediodía?
7. ¿Qué necesita hacer la internista para confirmar el diagnóstico?

El oncólogo

Vocabulario esencial

extirpar   *to remove (surgically), to extirpate*
El doctor tiene que extirpar la dureza del seno derecho.

la mastectomía   *mastectomy*
La mastectomía es una operación para extirpar el cáncer al pecho.

el nódulo linfático   *lymph node*
Cuando se extirpa un seno, también se extirpan los nódulos linfáticos.

la quimioterapia   *chemotherapy*
El doctor ordenó que no le aplicaran quimioterapia a la paciente.

la radioterapia   *radiation therapy*
El doctor ordenó que le aplicaran radioterapia en la zona.

el tejido   *tissue*
El doctor cortó los tejidos.

Diálogo 2: El oncólogo

Doctor: (Mientras examina la hoja clínica.) ¿Cuánto tiempo hace que tiene esta dureza?

Sra. Sepúlveda: La noté hace como unas dos semanas mientras me examinaba los pechos en la ducha.

5 *Doctor:*   ¿Ha tenido este problema antes?

Sra. Sepúlveda: Sí, pero las durezas siempre desaparecían después de unos días.

Doctor: ¿Ha notado otra anormalidad?

Sra. Sepúlveda: No, nada especial.

Doctor: Bien. Le haremos algunos análisis para ver de qué se trata.

10   (En el consultorio de un oncólogo, después de algunas semanas de consultas y exámenes.)

Oncólogo: ¿Cómo se ha sentido últimamente, señora?

¿Qué considera Ud. una dieta saludable?

Sra. Sepúlveda: Bueno, la verdad es que me he sentido muy deprimida desde que me
                   dijeron que tenía cáncer.

15 *Oncólogo:*   Sí, la entiendo perfectamente. Pero usted tiene la ventaja de haber
                   descubierto el tumor muy temprano, y eso está a su favor.

Sra. Sepúlveda: ¿Cree usted que me tendrán que extirpar el seno?

Oncólogo: No sabemos todavía, señora. Es posible que podamos extirparle sólo
                   la dureza y luego aplicarle radiación local. No creo que sea necesario
20   hacerle una mastectomía.

Sra. Sepúlveda: Y después, ¿me van a aplicar quimioterapia?

Oncólogo: Eso lo veremos más adelante.

֍ ֍ ֍

THE ONCOLOGIST

Doctor: (While he examines the clinical chart.) How long have you had this lump?

Mrs. Sepúlveda: I noticed it about two weeks ago while I was examining my breasts in the shower.

Doctor: Have you had this problem before?

Mrs. Sepúlveda: Yes, but the lumps would always go away after a few days.

5 *Doctor:*   Have you noticed any other abnormality?

Mrs. Sepúlveda: No, nothing special.

Doctor:	All right. We will do some tests to see what it is.
	(In the office of an oncologist, after a few weeks of consultations and examinations.)
Oncologist:	How have you felt lately, ma'am?
ı̇0 *Mrs. Sepúlveda:*	Well, the truth is that I have felt very depressed since they told me that I had cancer.
Oncologist:	Yes, I understand you perfectly. But you have the advantage of having discovered the tumor very early, and that is in your favor.
Mrs. Sepúlveda:	Do you think that they will have to remove my breast?
Oncologist:	We don't know yet, ma'am. It is possible that we will only have to remove the lump
15	and apply local radiation. I don't think we will need to do a mastectomy.
Mrs. Sepúlveda:	Will they give me chemotherapy afterward?
Oncologist:	We will see about that later on.

Preguntas

1. ¿Cuándo notó la señora la dureza?
2. ¿Es la primera vez que tiene una dureza la paciente?
3. ¿Qué hará el médico antes de dar un diagnóstico?
4. ¿Por qué va la paciente al consultorio de un oncólogo?
5. ¿Cómo se ha sentido últimamente?
6. ¿Le extirparán el seno derecho?
7. ¿Por qué se siente optimista el oncólogo?
8. ¿Le aplicarán quimioterapia de inmediato?

Narración: Los especialistas

La internista: una úlcera

El señor Adolfo Díaz no se ha sentido muy bien del estómago últimamente. Teme que tenga una úlcera porque siente acidez y ardor estomacales, fuera de los dolores intensos que le vienen a veces. Además, está también preocupado porque un hermano suyo tiene los mismos síntomas y el médico ha diagnosticado que tiene una úlcera.
5 Decide consultar a la doctora Paz, médico internista.

Por las respuestas del paciente a sus preguntas, la doctora Paz se informa de que los síntomas son más intensos cuando el señor Díaz tiene hambre y desaparecen si come algo o si toma un antiácido. El paciente nunca ha notado sangre en los vómitos o en las defecaciones. La doctora se da cuenta de que la dieta del señor Díaz deja
10 mucho que desear. Come tres veces al día, pero entre las comidas siempre está tomando café o gaseosas. Todos los días al mediodía come hamburguesas y papas fritas, su plato favorito.

La internista le explica que la causa de su dolencia puede ser una úlcera, pero que no lo sabrán hasta que le saquen una radiografía y le hagan unos exámenes
15 especiales. Como son exámenes bastante complicados, será necesario que se interne en el hospital por un par de días. La recepcionista le dará la fecha oportunamente.

Entretanto, para aliviar los malestares que lo aquejan, le aconseja que cambie sus hábitos de comer. No son recomendables ni las frituras, ni los alimentos muy condimentados. Debe tratar de evitar el café y las bebidas alcohólicas. Debe tratar de comer
20   con más frecuencia: entre las comidas regulares, que deberían ser livianas, podría tomar leche o comer una rebanada de pan o una galleta.

El oncólogo: cáncer del pecho

La señora Ángela Sepúlveda, periodista de treinta y nueve años de edad, está en el consultorio del doctor Barrios, oncólogo que se especializa en cáncer del pecho. Ha llenado el formulario con su historia médica, le han tomado la presión y la temperatura y espera ahora que entre el doctor.
5   Hace unas semanas la señora Sepúlveda descubrió una dureza en el seno derecho que no desaparecía. Consultó a su médico particular, quien, después de un examen preliminar, la envió a consultar a un cirujano. El cirujano le hizo primeramente una mamografía, que indicó que la paciente tenía un tumor. Le hizo luego una biopsia para determinar si se trataba de un tumor benigno o canceroso. La biopsia indicó que
10   el tumor era canceroso y el cirujano la mandó a consultar a un especialista en cáncer, el doctor Barrios.

El doctor Barrios entra con la historia médica de la señora y con la hoja clínica. Comienza a examinar la dureza, al mismo tiempo que le hace preguntas. La paciente ha tenido pequeñas durezas antes, pero han desaparecido. Se ha formado el hábito de
15   examinarse los senos cada mes y ha notado esta dureza hace un par de semanas mientras se examinaba. No ha notado ningún otro síntoma especial. El doctor le informa que, como ella sabe, tanto la mamografía como la biopsia han indicado que tiene un tumor canceroso. La paciente le cuenta que desde que le diagnosticaron cáncer del pecho se ha sentido bastante abatida, porque sabe bien que las estadísticas
20   del índice de mortalidad de este tipo de cáncer no son optimistas. El médico le hace ver que, gracias a esos exámenes periódicos de los senos, tiene la ventaja de haber descubierto la enfermedad en una etapa temprana.

El doctor explica a la paciente que hoy en día es posible, en casos como el de ella, evitar una mastectomía. Le extirparían sólo la dureza misma y un poco del tejido
25   que la rodea. Por el momento no le aplicarán quimioterapia.

❀❀❀

A la señora Sepúlveda no tuvieron que hacerle la mastectomía. Sin embargo las semanas que siguieron a la operación fueron muy difíciles para la paciente. No se sentía con ánimo de visitar la organización de la comunidad que presta ayuda sicológica a las personas que han tenido cáncer, ni de consultar a un cirujano plástico acerca de
30   las posibilidades de quitar las cicatrices del seno afectado. Poco a poco, sin embargo, comenzó a adaptarse a su nueva situación.

Muchos meses después de la operación, la señora Sepúlveda publicó una serie de artículos en el periódico local acerca de su lucha contra la enfermedad. Describió la felicidad de saber que hasta ese momento no se habían desarrollado metástasis y
35   que todo parecía indicar que el cáncer había sido extirpado totalmente. Era la historia de su victoria sobre la profunda depresión que sintió cuando supo que tenía cáncer.

Preguntas

1. ¿Por qué decide consultar a la doctora Paz el señor Díaz?

2. ¿Cuántas veces al día come el señor Díaz? ¿Por qué?

3. ¿Por qué deberá internarse en el hospital el señor Díaz?

4. ¿Qué recomendaciones con respecto a la dieta le hace la doctora?

5. ¿Cómo pueden evitarse las úlceras?

6. Describa sus hábitos de comer.

7. ¿Dónde tiene una dureza la Sra. Sepúlveda? ¿Cuándo la notó?

8. ¿A cuántos médicos ha consultado la Sra. Sepúlveda antes de consultar al doctor Barrios?

9. ¿Qué indicó la mamografía? ¿Y la biopsia?

10. ¿Qué operación le harán a la Sra. Sepúlveda?

11. ¿Por qué no tiene ánimo la señora Sepúlveda para consultar a un cirujano plástico después de la operación?

12. ¿Qué agencias de la comunidad puede visitar la paciente?

13. ¿Sobre qué escribe la Sra. Sepúlveda algunos meses después de la operación?

14. ¿Sabe usted cuáles son los tipos de cáncer más comunes?

Notas gramaticales

Para un repaso de los puntos gramaticales más importantes de este capítulo, consúltese *Gramática para la comunicación* de esta misma serie. Algunas estructuras empleadas en los diálogos de este capítulo son:

—preposiciones

—expresiones impersonales

—expresiones indefinidas y su negación correspondiente

—pronombres relativos

—*hacer* en expresiones temporales

Lista de vocabulario

SUSTANTIVOS

acidez, la acidity
antiácido, el antacid
biopsia, la biopsy
cáncer, el cancer
cicatriz, la scar
cirujano(a), el (la) surgeon
cirugía, la surgery
condimento, el spice, seasoning
defecación, la stool, defecation

depresión, la depression
dolencia, la ailment, ache
estadística, la statistic
etapa, la stage, phase
excremento, el excrement
fritura, la fried food
galleta, la cracker; cookie
gaseosa, la soda pop
hábito, el habit

hamburguesa, la *hamburger*
índice, el *ratio, rate; index; index finger*
internista, el (la) *internist*
mamografía, la *mammograph; mammography*
mastectomía, la *mastectomy*
metástasis, la *metastasis, spreading*
mortalidad, la *mortality*
músculo, el *muscle*
nódulo, el *nodule, node*
oncología, la *oncology*
oncólogo(a), el (la) *oncologist*
papa, la *potato*
quimioterapia, la *chemotherapy*
quiste, el *cyst*
radioterapia, la *radiotherapy*
reconstrucción, la *reconstruction*
serie, la *series*
soda, la *soda pop; soda*
tumor, el *tumor*
úlcera, la *ulcer; sore*

VERBOS

aquejar *to distress, to afflict*
condimentar *to add spice or seasoning*
extirpar *to remove (surgically), to extirpate*

freír (i) *to fry*
reconstruir *to reconstruct*

ADJETIVOS Y ADVERBIOS

abatido(a) *depressed, dejected*
benigno(a) *benign*
canceroso(a) *cancerous*
condimentado(a) *spicy, seasoned*
frito(a) *fried*
intenso(a) *intense*
linfático(a) *lymphatic*
pectoral *pectoral, pertaining to the chest*
plástico(a) *plastic*
preliminar *preliminary*
recomendable *recommendable, recommended*

OTRAS EXPRESIONES

al día *per day, each day; up to date*
al mismo tiempo *at the same time*
a su favor *in your (his, her) favor*
a tiempo *on time*
dejar mucho que (desear) *to leave a great deal (to be desired)*
índice de mortalidad, el *mortality rate*
nódulo linfático, el *lymph node*

Ejercicios de adquisición de vocabulario

Los ejercicios siguientes están destinados a ayudarle a adquirir y recordar el vocabulario de este capítulo. Concéntrese en el significado de las palabras.

A. Complete Ud. las siguientes frases usando la forma apropiada de las palabras que aparecen a continuación.

la serie	tener hora	canceroso
intenso	el excremento	pasajero
el alivio	desde hace tiempo	la galleta
el cuello	la soda	recomendable
condimentado	reconstruir	a su favor

1. Señora, Ud. tiene una úlcera; debe dejar de comer comida . . . .
2. Cuando tengo sed, tomo . . . . ; no me gusta tomar agua.
3. Mañana, a las tres de la tarde, yo . . . . con el médico.
4. Tome dos pastillas antes de cada comida y Ud. sentirá bastante . . . .
5. El dolor no es constante; es muy . . . .
6. Recomiendo que coma dos . . . . cada dos horas porque no se debe tener el estómago vacío con una úlcera.
7. El laboratorio también analizará una muestra de su . . . . para ver si hay sangre en él.
8. El examen determinará si el tumor es benigno o . . . .
9. No, este problema no es reciente; lo tengo . . . .
10. Si los síntomas siguen muy . . . . , llámeme en dos días y le haremos unos exámenes en el hospital.

B. Reemplace Ud. las palabras en cursiva con un sinónimo adecuado.

Después de su *operación* mi abuelo no se sentía bien. *Frecuentemente* pedía agua y no quería tomar ninguna *comida* aunque no perdió su *costumbre* de tomar *gaseosa* cada día. Le *molestaban varias* partes del cuerpo. Por ejemplo, dolor *agudo* en el pecho. También parecía un poco *deprimido*.

C. Complete las frases siguientes con la forma del verbo que corresponde a los sustantivos en cursiva.
MODELO: *palpitación - palpitar*

Las *recomendaciones* que dio la doctora sobre los *alimentos* del bebé en los primeros seis meses de su vida dan una *confirmación* a la tesis que afirman la importancia de la alimentación de la madre. La doctora . . . . que la madre . . . . al bebé con su leche, ... así que la leche materna contiene el mejor alimento. No quiso dar su *autorización* para el uso de *condimentos* ni *frituras* para la madre. Dijo que no . . . . que las comidas de la madre se . . . . fuertemente ni que se . . . . , porque eso podía afectar, entre otras cosas, la frecuencia de la *defecación* del bebé. El bebé . . . . con más frecuencia si la alimentación de la madre no es correcta.

D. Dé Ud. la palabra que corresponde a cada definición.

1. Especialista en la diagnosis y el tratamiento del cáncer.
2. Lo que se añade a la comida para darle buen sabor.
3. Remedio que se toma para neutralizar un exceso de ácido en el estómago.
4. Comida preparada en grasa o aceite hirviendo.
5. Muy triste o deprimido.
6. Partes del cuerpo hechas principalmente de fibras que se contraen y se relajan voluntaria o involuntariamente.
7. Cortar y sacar alguna parte del cuerpo durante una operación.
8. Cálculos a base de numeración.
9. Hinchazón, a veces cancerosa, que se forma anormalmente en alguna parte del cuerpo.
10. Nombre de un examen de laboratorio en que se corta y se saca una parte del cuerpo para examinarla con el fin de diagnosticar un problema de salud.

E. Escriba una frase original con cada una de las siguientes palabras o expresiones.

el antiácido	el indice de mortalidad	la mamografía
la quimioterapia	extirpar	el cirujano
aquejar	pectoral	
benigno	al mismo tiempo	

F. Dé los equivalentes en español de las frases siguientes.

1. Do you eat a lot of fried or very spicy food?
2. The pain comes and goes; it is not constant.
3. I believe your stomach pains will be alleviated if you take an antacid and eat more regularly.
4. I only eat once a day because I am trying to lose weight.
5. Your symptoms indicate an ulcer; more tests are needed.
6. The mammograph shows a small cancerous tumor in your left breast.
7. Frequently, when women find a lump in a breast, it is nothing more than a cyst.
8. Your eating habits leave a lot to be desired.
9. After the operation, you may want to consult a plastic surgeon.
10. This is nothing serious, but continue examining your breasts every month.

Actividades

Los ejercicios siguientes están destinados a ayudarle a practicar el vocabulario, las estructuras y los contenidos aprendidos en este capítulo. Concéntrese en la comunicación de sus ideas.

Primera parte—Ejercicios orales

A. ACLARACIONES.   Aclare brevemente en español el sentido de las palabras en cursiva.
1.   Nadie quiere tener una *úlcera*, es decir . . . .
2.   Es bueno evitar *frituras*, es decir . . . .
3.   Tampoco se deben comer muchos alimentos fuertemente *condimentados*, es decir . . . .
4.   A veces se recomienda tomar una cucharada de *antiácido*, es decir . . . .
5.   Se debe comer menos hamburguesas y *al mismo tiempo* más frutas frescas, es decir . . . .
6.   Le dijo el médico a mi tía que tenía un quiste *benigno*, es decir . . . .
7.   La paciente decidió consultar a un *oncólogo*, es decir . . . .
8.   El doctor dijo que no creía que era necesario *extirpar* el quiste en este momento, es decir . . . .

B. CONOCIMIENTOS MÉDICOS.   Explique Ud. brevemente.

1.   Documentos que llena el paciente y exámenes que le hacen antes que hable directamente con el médico.
2.   Diferentes médicos a quienes puede consultar una persona que tiene un tumor canceroso.
3.   Procedimientos típicos que sigue un cirujano al examinar a un paciente cuando sospecha que éste tiene cáncer.
4.   Síntomas típicos que indican la posibilidad de una úlcera.
5.   Hábitos que pueden contribuir al desarrollo de una úlcera.
6.   Consejos que le dan a una persona que tiene una úlcera.

C. SITUACIONES.   Diga en español.

1.   Ud. es una mujer que tiene un tumor en el seno derecho.
   a.   Tell the cancer specialist that you recently discovered a hard lump in your right breast; indicate how long you have known this.
   b.   Mention that the surgeon did take a mammograph and perform a biopsy.
   c.   Inform the oncologist that the surgeon recommended that you consult with him after it was discovered that the lump was a cancerous tumor.
   d.   Tell the doctor that you had frequently felt small lumps in your breast but that they had always disappeared promptly.
   e.   Respond to a question by answering that you have not felt any pain nor any other special symptom.

f. Ask the doctor what other women have done to make themselves feel better and readjust to life after a mastectomy.

2. Basándose en la foto del primer diálogo de este capítulo, desarrolle una conversación con una paciente. Ud. cree que ella puede tener una úlcera.

a. Inform the patient that you believe she has an ulcer, but that the diagnosis will not be complete until you take some X-rays and do several other exams.

b. Go on to say that the examinations that must be performed require that the patient stay in the hospital for several days.

c. Tell the patient that your receptionist will make all of the arrangements and that she will inform her when she should report to the hospital.

d. Urge the patient to change her eating and drinking habits in order to alleviate the pain.

e. Suggest that she must avoid fried or spicy foods and also alcoholic beverages.

f. Tell her to eat more regularly and to try to drink a glass of milk or eat a cracker between meals if possible.

D. NARRACIONES. Cuente lo que pasó en las siguientes escenas.

1. Basándose en la foto del segundo diálogo de este capítulo, aconseje a un paciente que deje de comer comidas rápidas y que cuide su alimentación. Trate de incluir las siguientes palabras y expresiones en su narración.

  a.   cambiar
  b.   condimentos
  c.   frituras
  d.   el café
  e.   las bebidas alcohólicas
  f.   tomar leche

2.   *Pidiendo permiso.* Basándose en el dibujo de la página 149 desarrolle una conversación usando las expresiones siguientes.

  a.   ¿Puedo....?
  b.   ¿Me permite....?
  c.   ¿Me deja....?
  d.   ¿Sería posible que yo....?
  e.   ¿Podría yo....?

Luego cuente qué ocurrió y qué dijo el abuelo.

E.   INTERPRETACIONES.   Estudien las situaciones siguientes. Asignen los papeles de cada personaje. Transformen las situaciones en diálogo e interprétenlas frente a la clase o con unos compañeros. Habrá siempre un traductor español-inglés-español.

1.   Una mujer llega a la clínica de su médico familiar temerosa de que tenga un problema serio; acaba de descubrir una dureza en el seno.
2.   Después de un examen preliminar, el médico de la situación 1 le recomienda a su paciente que consulte con un cirujano. Hablan brevemente de lo que le hará el cirujano.
3.   La mujer de las situaciones 1 y 2 habla con un oncólogo sobre los resultados de los exámenes hechos por el cirujano y el mismo especialista.
4.   Un hombre joven consulta al médico de la familia porque durante las últimas dos semanas ha sufrido intensos dolores de estómago. Cree que tiene una úlcera.
5.   El hombre de la situación 4 conversa con su médico sobre las razones por las cuales tiene los síntomas de una úlcera. Recibe unos consejos sobre sus hábitos de comer y beber.

F.   CONVERSACIONES.   Varios estudiantes desarrollarán diálogos basados en las siguientes situaciones.

1.   Una señora mayor de edad conversa con su hija sobre el temor que siente porque le han aparecido unas durezas en el seno derecho.
2.   Un especialista en cáncer le informa a su paciente que tiene un pequeño tumor canceroso en el pecho izquierdo; le dice que necesitará una mastectomía.
3.   Una señora, a quien operaron de cáncer hace un año, habla con una amiga que pronto tendrá la misma operación; le explica que la operación resultó bien y que un cirujano plástico le reconstruyó el seno.
4.   Una madre trata de enseñarle a su hijo de ocho años a alimentarse mejor. Le explica que es posible que sufra una úlcera en el futuro si sigue alimentándose de la misma manera.

5. Una señora de treinta y cinco años, que sufrió de una úlcera hasta hace poco, le explica a una amiga cómo eran los dolores y qué tuvo que hacer para curarse.

G. MESA REDONDA.   Una cirujana, un oncólogo, un consejero y una mujer que ha tenido una mastectomía hablan de la necesidad de que todas las mujeres se examinen los senos todos los meses y qué deben hacer si notan algo irregular, como una dureza, por ejemplo. También hablan de la mastectomía y las posibilidades para las mujeres que tienen esta operación. Luego los que están presentes hacen preguntas y comentarios.

H. PRESENTACIONES PÚBLICAS.   Explique en 150 palabras.

1. Ud. es una mujer que tuvo cáncer de seno hace un año. Está frente a un grupo de mujeres jóvenes y habla con ellas sobre la necesidad de que se examinen los senos regularmente y sobre su propia lucha contra el cáncer.
2. Ud. es el maestro de una clase de salud en una escuela secundaria. El tema de hoy es la dieta. Ud. contrasta los buenos y los malos hábitos alimenticios y explica las consecuencias que puede sufrir una persona que come mal.

Segunda parte—Ejercicios escritos

A. OTROS PUNTOS DE VISTA.

1. Describa Ud. la operación en el seno y la condición presente de una paciente desde el punto de vista de su hermana.
2. Escriba desde la perspectiva de una persona recién recuperada de una úlcera sobre sus malos hábitos alimenticios anteriores y de cuánto sufrió antes de curarse.

B. EXPERIENCIAS Y OPINIONES.   Escriba Ud. en español una composición contando sus experiencias (pueden ser ficticias) o expresando su opinión sobre los temas indicados.

1. El miedo que sentí cuando el médico me dijo que tenía un tumor canceroso y que necesitaría una operación.
2. Por qué decidió mi hermana examinarse los senos todos los meses.
3. El apoyo que recibí de una organización de mi ciudad que presta ayuda a las mujeres que han tenido una mastectomía.
4. Las razones por las cuales tengo una úlcera.
5. Lo que aprendí sobre el modo de comer y de beber después de sufrir una úlcera.

CAPÍTULO 10

Dos casos médicos de urgencia

Dosis excesiva de drogas

Vocabulario esencial

la droga   *drug*
En algunos casos, una dosis excesiva de drogas puede ser fatal.

el frasco   *vial*
No encontraron ningún frasco en el dormitorio.

inconsciente   *unconscious*
El joven está inconsciente y apenas respira.

la mascarilla de oxígeno   *oxygen mask*
Al joven le colocaron una mascarilla de oxígeno para ayudarlo a respirar.

mezclar   *to mix*
Es muy peligroso mezclar alcohol y drogas.

Diálogo 1: Drogas

(Dos enfermeros bajan de una ambulancia y entran en la casa de la familia Agosín.)

Madre:	Hagan algo por mi hijo, por favor. Parece que ha dejado de respirar. ¡Ay, Dios mío!
Enfermero 1:	No se preocupe, señora, el joven está respirando. (Le pone la mascarilla de oxígeno a José Agosín.)
Enfermero 2:	¿Saben ustedes qué ha tomado? ¿Han encontrado algún frasco de píldoras en el cuarto?
Madre:	No sabemos, señor. Es un niño muy sano y nunca lo hemos visto así.
Padre:	Yo lo noté un poco extraño cuando llegó a la casa. Subió a su cuarto sin decir nada.
Enfermero 2:	¿Cuánto tiempo hace que está inconsciente?
Madre:	Muy poco. Hace un rato bajó de su cuarto llorando.
Padre:	Sí, y nos pidió que llamáramos al médico.
Enfermero 1:	Tenemos que llevarlo al hospital de inmediato. Parece que su hijo ha mezclado alcohol y algún tipo de drogas.
Madre:	¡No puede ser! Mi hijito no haría nunca una cosa así. ¡Dios mío!

❀❀❀

DRUGS

(Two paramedics get out of an ambulance and go into the Agosín's home.)

Mother:	Please do something for my son. It seems that he has stopped breathing. Oh, my God!
1st Paramedic:	Don't worry, ma'am, the young man is breathing. (He puts an oxygen mask on José Agosín.)
2nd Paramedic:	Do you know what he has taken? Have you found any pill vials in the room?

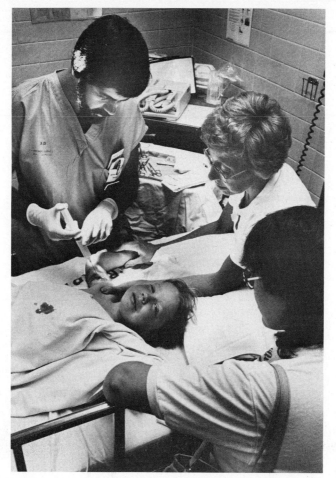

Los médicos en la sala de emergencia, ¿a qué especialidad pertenecen?

Mother:	We don't know. He is a very good boy, and we have never seen him like this.
Father:	I noticed that he seemed a little strange when he came home. He went up to his room without saying anything.
10 *2nd Paramedic:*	How long has he been unconscious?
Mother:	Just a short time. A while ago he came down from his room crying.
Father:	Yes, and he asked us to call the doctor.
1st Paramedic:	We must take him to the hospital immediately. It seems that your son has mixed alcohol and some type of drugs.
15 *Mother:*	That cannot be! My son would never do something like that. Good heavens!

Preguntas

1. ¿Por qué está preocupada la madre?
2. ¿Qué objeto le colocan al joven para ayudarlo a respirar?

3.   ¿Saben los padres qué ha tomado el muchacho?

4.   ¿Qué comportamiento extraño notó el padre?

5.   ¿Cuánto tiempo ha estado el joven inconsciente?

6.   ¿Por qué tendrán que llevarlo a la sala de emergencia?

Accidente automovilístico

Vocabulario esencial

el calmante   *sedative*
Le pusieron un calmante a la enferma para que no sintiera el dolor.

la cortadura   *cut*
La paciente había perdido mucha sangre a causa de una cortadura.

desconectar   *to disconnect*
La aguja del suero se desconectó varias veces.

la pelvis   *pelvis*
La mujer se fracturó el hueso de la pelvis.

Diálogo 2: Un accidente

Sra. Robles:	¿Dónde estoy? ¿Qué ha pasado? ¡Ay, ay, ay! ¿Quién es usted?
Enfermera:	Usted ha tenido un accidente, señora, pero ahora está bien. Tranquilícese.
Doctor:	Las radiografías indican que se ha roto la pelvis y que también tiene una fractura en la pierna derecha. ¿Cómo se siente?
Sra. Robles:	Muy mal, doctor. Me duele todo el cuerpo y me siento cada vez más débil.
Doctor:	Por lo que veo, tiene una cortadura en la pierna y ha perdido un poco de sangre. No se preocupe, todo pasará. Pronto se sentirá mejor.
Enfermera:	¡Otra vez! No se mueva, señora, por favor. Ésta es la segunda vez que se le desconecta la aguja del suero. Cálmese.
Doctor:	(A la enfermera.) Comience a hacerle una transfusión de sangre.
Enfermera:	¿Le pongo la inyección con el calmante ahora mismo, doctor?
Doctor:	Sí, y limpie la herida otra vez, por favor.

5 (línea)   10 (línea)

❀❀❀

CAR ACCIDENT

Mrs. Robles:	Where am I? What has happened? Ohhh, ohhh, ohhh! Who are you?
Nurse:	You have had an accident, ma'am, but now you are all right. Be calm.
Doctor:	The X-rays indicate that you broke your pelvis and that you have a fracture of your right leg. How are you feeling?

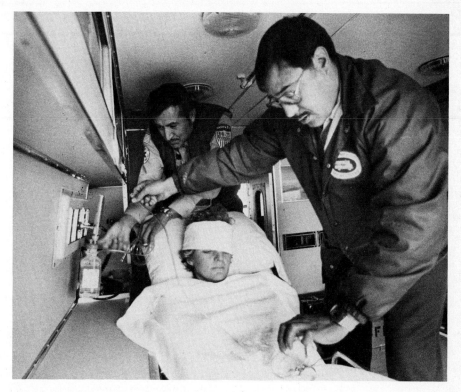

Describa Ud. la función de un paramédico.

5	*Mrs. Robles:*	Very bad, doctor. My whole body aches, and I am feeling weaker and weaker.
	Doctor:	I can see that you have a cut on your leg and have lost a little blood. Don't worry, everything will be all right. You'll soon feel better.
	Nurse:	Not again! Don't move, ma'am, please. This is the second time that the I.V. needle has become disconnected. Be calm.
10	*Doctor:*	(To the nurse.) Begin the blood transfusion on her.
	Nurse:	Should I give her the shot with the sedative right now, doctor?
	Doctor:	Yes, and clean the wound again, please.

Preguntas

1. ¿Dónde está la señora Robles? ¿Por qué?
2. ¿Qué indican las radiografías?
3. ¿En qué partes del cuerpo siente dolores la paciente?
4. ¿Por qué ha perdido sangre?
5. ¿Por qué se le desconecta la aguja del suero?
6. ¿Qué inyección le colocan?

Narración: Dos casos médicos de urgencia

Son las diez de la noche. La ambulancia del personal paramédico se detiene frente a la casa de la familia Agosín. El dueño de casa está esperando en la puerta y lleva a los dos enfermeros a la sala de estar, donde está su hijo, inconsciente.

5 La madre, sentada en el sofá junto al joven, se ve notablemente alterada y preocupada. Les pide a los paramédicos que hagan algo por su hijo porque a ella le parece que ha dejado de respirar. Uno de los enfermeros le asegura que su hijo está respirando y le coloca la mascarilla de oxígeno para facilitar la respiración. El otro enfermero pregunta si saben qué ha tomado el joven o si han encontrado algún frasco de píldoras en el cuarto.

10 Los padres no saben nada. José es aparentemente un muchacho muy sano que nunca les ha dado ningún problema. Lo único que recuerdan es que lo notaron un poco extraño esta tarde cuando volvió a casa. Subió a su cuarto sin decir nada, lo que no hace nunca. Les dicen a los enfermeros que no hace mucho tiempo que está inconsciente. Hace unos minutos bajó de su cuarto llorando. Dijo que se sentía mal y que necesitaba un médico. Llamaron al médico de la familia, quien les dijo que era urgente que llamaran al personal paramédico.

15

Los enfermeros les comunican que tendrán que llevarlo al hospital de inmediato. Irá con el oxígeno puesto y le mantendrán el suero. El joven tiene el pulso muy débil. Al parecer el joven ha mezclado alcohol y algún tipo de drogas fuertes.

20 Los enfermeros ponen al muchacho en la camilla, lo suben a la ambulancia, y se dirigen velozmente al hospital cercano. Camino del hospital, le ponen sondas para tratar de limpiarle el estómago lo antes posible. Le sacan también sangre, que colocan en un tubito, para que la analice el personal del laboratorio. Al llegar al hospital, bajan la camilla y entran en la sala de emergencia.

25 Los enfermeros le entregan el tubo con la muestra de sangre a la enfermera de la sala de emergencia. El médico los interroga y se informa de lo que ha ocurrido. El joven está respondiendo bien al tratamiento. Está recuperando el pulso lentamente.

El doctor examina al muchacho, quien permanece inconsciente, y después de recibir el resultado de los exámenes, decide administrarle una inyección para contra-

30 rrestar el efecto causado por las drogas y el alcohol.

🏵 🏵 🏵

La señora Alicia de Robles, que ha sido atropellada por un automóvil, es llevada a la sala de emergencia por el personal paramédico. La enfermera de la sala de emergencia, notando que la señora está prácticamente en un estado de choque nervioso, le pide que se calme y que trate de no hablar. La señora se queja; quiere saber dónde está y

35 por qué está allí; al parecer no recuerda bien lo que ocurrió. Le explican que ha tenido un accidente automovilístico, pero que debe tratar de hablar lo menos posible.

En ese momento entra el doctor con las radiografías que indican que la paciente ha tenido una fractura en la pelvis y en la pierna derecha. La señora Robles se queja de dolores terribles en todo el cuerpo; les dice que se siente cada vez más débil. El

40 doctor le explica que tiene una cortadura en la pierna y ha perdido un poco de sangre. No debe preocuparse. Es mejor que descanse por el momento.

La paciente siente mucho dolor y no puede mantenerse quieta. En uno de esos movimientos bruscos se le ha desconectado la aguja del suero. La vuelven a conectar y se preparan para tratar la herida y la fractura de la pierna. Siguiendo las instrucciones

45 del doctor, la enfermera le hace una transfusión de sangre, le pone la inyección con el sedante y limpia una vez más la herida. El doctor le pone puntos en la herida. Finalmente, le enyesan la pierna.

Preguntas

1. ¿Para qué le administran oxígeno a José?
2. ¿Es José un drogadicto?
3. ¿Se comportó normalmente por la tarde? Explique.
4. ¿Adónde llevan al muchacho los enfermeros?
5. ¿Qué tratamiento de urgencia le hacen dentro de la ambulancia?
6. ¿Cómo contrarresta el doctor el efecto de la droga?
7. ¿Por qué han llevado a la señora Robles a la sala de emergencia?
8. ¿Qué indican las radiografías?
9. ¿Ha sufrido hemorragias la señora?
10. ¿Por qué se le desconecta la aguja del suero?
11. ¿Qué le hacen para cerrar la herida?
12. ¿Qué le hacen para tratar la fractura de la pierna?

Notas gramaticales

Para un repaso de los puntos gramaticales más importantes de este capítulo, consúltese *Gramática para la comunicación* de esta misma serie. Algunas estructuras empleadas en los diálogos de este capítulo son:

—tiempos progresivos

—gerundio: formas y usos

—adjetivos y pronombres posesivos

—*pero, sino*

Lista de vocabulario

SUSTANTIVOS

administración, la administration
aguja, la needle
automóvil, el automobile
calmante, el sedative, tranquilizer
camilla, la stretcher
cortadura, la cut
droga, la drug
drogadicto(a), el (la) drug addict
dueño(a), el (la) owner
frasco, el vial, small bottle

inconsciencia, la unconsciousness
interrogación, la interrogation
mascarilla, la mask
mezcla, la mixture
narcótico, el narcotic
oxígeno, el oxygen
paramédico, el paramedic
permanencia, la permanence; stay, sojourn
pulso, el pulse

punto, el   stitch; point
sonda, la   tube (for drainage);
    probe
sutura, la   suture, stitch

VERBOS

administrar   to administer
atropellar   to knock down, to run
    over
conectar   to connect
contrarrestar   to counteract, to stop
desconectar   to disconnect
detener(se)   to stop, to detain
    (oneself)
drogarse   to take drugs; to take an
    overdose of drugs
interrogar   to interrogate, to
    question
mezclar   to mix
permanecer   to remain, to stay
suturar   to suture, to stitch (up)

ADJETIVOS Y ADVERBIOS

alterado(a)   upset, disturbed
aparentemente   apparently
atropellado(a)   knocked down, run
    over

automovilístico(a)   relative to
    automobiles
brusco(a)   brusque, sudden, abrupt
cercano(a)   nearby
excesivo(a)   excessive
extraño(a)   strange, rare, curious
inconsciente   unconscious
quieto(a)   still, motionless; calm
sano(a)   healthy; good, wholesome
urgente   urgent
velozmente   rapidly

OTRAS EXPRESIONES

ataque de nervios, el   shock
cada vez más débil   weaker and
    weaker, weaker each time
camino de   on the way to
choque nervioso, el   shock
frente a   in front of
junto a   beside, together with
lo antes posible   as soon as possible
mascarilla de oxígeno, la   oxygen
    mask
sin sentido   unconscious
volver a (conectar)   to (connect)
    again

Ejercicios de adquisición de vocabulario

Los ejercicios siguientes están destinados a ayudarle a adquirir y recordar el vocabulario de este capítulo. Concéntrese en el significado de las palabras.

A. Complete Ud. las siguientes frases usando la forma apropiada de las palabras que aparecen a continuación.

permanecer	camino de	la dosis
la mascarilla	lo antes posible	cercano
sano	el punto	la sonda
cada vez más	desconectar	el frasco
atropellar	extraño	drogarse

1. No la lleven al hospital lejano sino al ....
2. Es urgente; tráigame .... el antibiótico que le pedí.
3. Me parece que no se está recuperando bien; está .... débil.
4. Póngale .... en la cara; necesita respirar oxígeno
5. Esa herida es seria; tendremos que ponerle varios ....
6. Creo que tendrá que .... en el hospital por tres o cuatro días.
7. Le voy a recetar .... bastante fuerte porque Ud. tiene una infección seria.
8. ¡Qué lástima que se le haya perdido .... que tenía las píldoras!
9. Los paramédicos le administrarán líquidos .... hospital.
10. La paciente ya no necesita usar esos tubos; los puede ....

B. Reemplace Ud. las palabras en cursiva con un sinónimo adecuado.

Vi caer al niño de la bicicleta y *rápidamente* me acerqué para *preguntarle* si se había *hecho daño*. El niño estaba *sin sentido*. Varias personas *se detuvieron*. Pensé que era *muy importante* estar *tranquilo*. Dije que llamaran a una ambulancia *cuanto antes*. El niño *se quedó* en el sitio en que había caído hasta que vino la ambulancia. Probablemente le tuvieron que poner *puntos*.

C. Complete las frases siguientes con la forma del verbo que corresponde a los sustantivos en cursiva.
MODELO: la depresión - deprimir.

La *recuperación* del niño fue muy lenta. .... de una caída es difícil. El doctor recomendó la *administración* de una *droga*. Fue necesario .... unas pastillas para .... le y para que no sintiera dolor. El *análisis* del médico manifestó que el niño sufrió una *fractura* del brazo y una *cortadura* en la cara que necesitaba una *sutura*. Para .... al niño el doctor le sacó rayos X y comprobó que se .... el brazo y se .... la cara, la cual necesitaba .... El médico, durante la *interrogación* del padre, le dijo que recomendaba la *permanencia* del niño en el hospital. Cuando .... a la madre, ella le dijo que .... con su hijo en el hospital.

D. Dé Ud. la palabra que corresponde a cada definición.

1. Estar sin sentido.
2. Cantidad de medicina que debe tomar el paciente a intervalos fijos.
3. Cama portátil en que se transporta a un enfermo o a un accidentado.
4. Persona que depende de las drogas y que sufre si no las tiene con regularidad.
5. Recipiente pequeño en que se guardan las píldoras o las tabletas.
6. Persona adiestrada en transportar y, bajo la supervisión de un médico, tratar a los enfermos y a las víctimas de un accidente.
7. Acción de chocar y tumbar a una persona con un vehículo.
8. Con calma y sin mucho movimiento.
9. Relativo al automóvil.
10. Aparato que se aplica a la cara para que el paciente respire algún gas como el oxígeno.

E. Escriba una frase original con cada una de las siguientes palabras o expresiones.

el choque nervioso	junto a	atropellar
alterado	drogarse	la aguja
contrarrestar	la ambulancia	
el oxígeno	cada vez más	

F. Dé los equivalentes en español de las frases siguientes.

1. It seems that the patient is responding to the drug; she is recovering her pulse now.
2. I hope that he has not mixed drugs and alcohol; that is very dangerous.
3. Before I arrived, the paramedics had placed him in the ambulance and had left for the nearby hospital.
4. We will have to stitch up the wound and then place a cast on the broken bone.
5. Please be calm. Try not to talk too much. Relax.
6. Give her a sedative, clean the wound, and then we will take X-rays of her leg.
7. He has lost a great deal of blood; do you think a transfusion is necessary?
8. She seemed ill when I arrived home so I decided to call the paramedics.
9. His mother is very worried because he has been a healthy boy; nothing like this has happened before.
10. The X-rays indicate that you have fractured your left leg.

Actividades

Los ejercicios siguientes están destinados a ayudarle a practicar el vocabulario, las estructuras y los contenidos aprendidos en este capítulo. Concéntrese en la comunicación de sus ideas.

Primera parte—Ejercicios orales

A. **ACLARACIONES.** Aclare brevemente en español el sentido de las palabras en cursiva.

1. Un estudiante de medicina tuvo un *ataque de nervios*, es decir...............
2. Había tenido que trabajar *excesivamente* en los últimos días, es decir ....
3. Sus compañeros lo vieron dar un salto *brusco*, es decir ....
4. Le pusieron una *mascarilla*, es decir ....
5. Con una *aguja* le inyectaron una *droga*, es decir ....
6. *Se recuperó* lentamente, es decir ....

B. **CONOCIMIENTOS MÉDICOS.** Explique Ud. brevemente.

1. Síntomas que puede tener una persona que ha tomado una dosis excesiva de narcóticos.
2. Tratamientos de emergencia que se pueden administrar a un drogadicto en crisis.
3. Exámenes que se hacen para determinar el tipo de droga que ha tomado una persona.
4. Tratamiento que el personal paramédico puede darle a la víctima de un accidente automovilístico antes de llevarla al hospital.

C. **SITUACIONES.** Diga en español.

1. Ud. es el padre de un joven que acaba de sufrir una crisis a causa de una dosis excesiva de narcóticos. Habla con los paramédicos.
   a. Plead with the paramedics to do something for your child; mention that you believe he is having difficulty breathing.
   b. Say that you have not found any bottles with pills and that your child has never had any problems with drugs.
   c. Inform them that when your child returned home earlier, he appeared to be ill.
   d. Explain that after a short while he came downstairs crying and that he asked to see the doctor.
   e. Go on to say that your son seemed to be dizzy and that he then fell.
2. Basándose en la foto del primer diálogo de este capítulo, desarrolle una conversación con la madre de una paciente que acaban de traer a la sala de emergencia.

a. Calm down the patient. Tell her it won't hurt.
b. Explain that she had an accident and that she should try not to move.
c. Inform the mother that the X-rays indicate she has fractured an arm and also a serious cut.
d. Tell the nurse that the patient has disconnected the I.V. twice by making sudden movements.
e. Let the mother know that you will give the child a blood transfusion in order to replace the blood she has already lost.
f. Go on to say that you will also stitch up the cut and put her arm in a cast.

D. NARRACIONES.   Cuente lo que pasó en las siguientes escenas.

1. Basándose en la foto del segundo diálogo de este capítulo, imagine que Ud. es paramédico. Explíquele a un colega el tratamiento que le dio a la víctima de una dosis excesiva de drogas antes de transportarla al hospital. Trate de incluir las siguientes palabras y expresiones en su narración.
    a. la sala de estar
    b. inconsciente
    c. la mascarilla de oxígeno
    d. la respiración
    e. el suero
    f. el pulso
    g. la camilla

      h.   la ambulancia
      i.   el frasco de píldoras

2.   *Promesas.* Basándose en el dibujo desarrolle una conversación usando las expresiones siguientes.

      a.   Prometo....
      b.   Le aseguro a Ud. que....
      c.   Me comprometo a....
      d.   Tendré listo....
      e.   Cuente conmigo para....
      f.   Estaré allí sin ninguna duda....

   Luego cuente lo que ocurrió en la escena.

E.   INTERPRETACIONES.   Estudien las situaciones siguientes. Asignen los papeles de cada personaje. Transformen las situaciones en diálogo e interprétenlas frente a la clase o con unos compañeros. Habrá siempre un traductor español-inglés-español.

1.   Una mujer llega con su esposo en una ambulancia. El esposo está en estado de coma a causa de haber tomado al mismo tiempo dos medicinas incompatibles.
2.   Un médico habla con los padres de una drogadicta momentos después de haberle administrado tratamiento de emergencia.
3.   Los paramédicos entran con un joven de trece años que ha sido atropellado por un coche mientras montaba en bicicleta. Parece que se ha roto el brazo y no lleva identificación. El médico habla con él mientras hace su diagnóstico, y trata de averiguar quién es.
4.   Un médico habla con la esposa de un hombre que se fracturó la pierna en un accidente. Le explica el tratamiento y le contesta sus preguntas.

F.   CONVERSACIONES.   Varios estudiantes desarrollarán diálogos basados en las siguientes situaciones.

1.   Los padres de un adolescente creen que su hijo está tomando drogas. Hablan de los cambios que han notado en él.
2.   La enfermera de la escuela les informa a los padres que su hija llegó a la escuela drogada.
3.   En la sala de emergencia un médico trata de calmar a la madre de un muchacho que está bajo los efectos de narcóticos. La señora está casi histérica porque es la primera vez que el muchacho ha tomado una dosis excesiva de drogas.
4.   Una enfermera trata de calmar a la víctima de un accidente automovilístico mientras espera que llegue el médico con el resultado de las radiografías.
5.   Ud. llega al sitio donde ha habido un accidente y las dos víctimas le explican cómo se sienten.

G.   MESA REDONDA.   Un médico, un paramédico, una enfermera y un ex-drogadicto hablan de las consecuencias físicas y mentales de tomar drogas. Hablan también de las repercusiones en la vida familiar y en la sociedad en general. Luego, los que están presentes hacen preguntas y comentarios.

H. PRESENTACIONES PÚBLICAS.   Explique en 150 palabras.

1. Ud. es médico en una sala de emergencia y un grupo de padres le ha pedido que hable sobre algunas de las consecuencias que resultan del abuso de las drogas y del alcohol entre los estudiantes.

2. Ud. es una enfermera que trabaja en una sala de emergencia. Está frente a un grupo de estudiantes de medicina y les explica los problemas relacionados con las víctimas de accidentes, especialmente a causa del temor o del pánico.

Segunda parte—Ejercicios escritos

A. OTROS PUNTOS DE VISTA.

1. Describa Ud. desde la perspectiva de una joven de dieciséis años la terrible experiencia que tuvo el verano pasado cuando sin darse cuenta tomó una bebida drogada.

2. Escriba desde el punto de vista de una esposa sobre lo que pasó el día anterior cuando caminaba con su esposo por una calle del centro y éste fue atropellado por una motocicleta. También mencione el tratamiento que recibió y su condición actual.

B. EXPERIENCIAS Y OPINIONES.   Escriba Ud. en español una composición contando sus experiencias (pueden ser ficticias) o expresando su opinión sobre los temas indicados.

1. Lo terrible que fue cuando una vez estaba solo y la medicina que tomé me causó una reacción violenta.

2. Lo que hice cuando mi amiga se enfermó mucho a causa de una dosis excesiva de bebidas alcohólicas.

3. El peor accidente que ha habido en mi familia.

4. Cuando me llevaron en ambulancia al hospital.

5. La ayuda que traté de prestar a la víctima de un accidente automovilístico.

El papel del padre en el parto

En la actualidad[1] es cada vez más frecuente que el padre esté presente durante el nacimiento del bebé. Aunque este fenómeno es relativamente reciente, en muchas otras culturas es normal que una amiga o un miembro de la familia acompañe a la madre durante el parto.

5   El tener el apoyo[2] del padre durante el parto tiene ventajas no sólo psicológicas sino también médicas. Un estudio reciente realizado en Guatemala y publicado en la *Revista médica de la Nueva Inglaterra*, informaba que las madres que daban a luz[3] acompañadas de una *doula*, una amiga, tenían menos complicaciones y un parto más corto que aquellas que daban a luz sin tal compañía. Además, se veían más alertas
10 después del parto y acariciaban[4] a su bebé, le sonreían y le hablaban más durante la primera hora después del nacimiento.

    Estudios de esta naturaleza muestran cómo los sentimientos pueden influir en el funcionamiento de nuestro organismo. Cuando el ser humano siente temor, el sistema nervioso se prepara para una reacción de emergencia y la persona está predispuesta a
15 "luchar o a escapar"[5]; esta reacción es de gran ayuda cuando hay que hacer frente a un grave peligro, pero dificulta extraordinariamente el dar a luz a un bebé. El cansancio que sigue a una "batalla" dificulta también prestar atención al recién nacido y comenzar a darle los cuidados afectivos que necesita. Contar con el apoyo de un compañero, el esposo en este caso, ayuda a disminuir el temor del parto y hace que el organismo de
20 la madre reaccione de modo mucho menos traumático.

    La sola presencia del esposo durante el parto es ya de una gran ayuda. Sus palabras y su actitud tranquilizadora[6] no puede impedir tensión que la madre sufre durante esos momentos, pero sí evita[7] que se sienta sola. El reconocer una cara, una presencia en medio del ambiente hospitalario hace que aumente la capacidad de
25 dominio de la madre y la seguridad en sí misma.

Primera etapa: contracciones irregulares

En las primeras etapas del parto, cuando las contracciones uterinas son irregulares y relativamente suaves, el principal papel del padre es hacerle compañía a su esposa. Deben decidir si se trata de los dolores de parto[8] y si es por lo tanto necesario ir al hospital. Pueden hablar del parto que se avecina[9] y del nacimiento del nuevo miembro
30 de la familia; esta conversación aleja de la mente de la madre la preocupación de las continuas contracciones. Puede darse el caso también de que la ansiedad de la pareja se manifieste durante estas etapas primeras. Por eso, es conveniente haber hecho con anticipación los preparativos adecuados: tener una maleta preparada, tener a mano el

teléfono del médico obstetra, y saber exactamente qué hacer una vez que comiencen
35 los dolores del parto.

Etapa de transición: contracciones regulares

Durante la etapa activa del parto, cuando las contracciones uterinas se intensifican, el
marido puede ayudar a relajarse a su esposa. Le puede avisar cuando nota que los
músculos voluntarios se contraen demasiado, para que los relaje. Durante este período
de transición—cerviz casi completamente dilatada, contracciones constantes y dolores
40 que parecen interminables—puede aconsejarle que tome las contracciones una por
una. Éste es el período cuando la parturienta[10] más necesita que la alienten y tranqui-
licen. Es también el momento en que puede pedir que le den calmantes[11]. Es conveniente que la pareja haya decidido con anterioridad qué prefiere hacer con respecto a
calmantes y anestesia. Es también importante recordar que la experiencia real puede
45 ser diferente de la que ambos esposos habían anticipado y deben estar dispuestos a
aceptar lo que les recomiende el médico en esos momentos.

Segunda etapa: dilatación completa y nacimiento

Durante la segunda etapa del parto, que va desde la dilatación[12] completa de la cerviz
hasta el nacimiento del bebé, el marido debe continuar recordándole a su esposa el
ritmo en la respiración. Puede ayudarla mucho el guiarla para que puje como practi-
50 caron durante las clases prenatales. El esposo debe hablar con frecuencia a su esposa
y crearle imágenes positivas de lo que están viviendo, así como animarla cuando sus
fuerzas se debiliten.

Cuando llega el momento del alumbramiento[13], el padre puede compartir con
su esposa los primeros minutos con el recién nacido, período de intensa emoción en
55 que comienzan ya a formarse los lazos afectivos[14] con el recién nacido y en que se
fortalecen los lazos emocionales entre los esposos.

La mayoría de las parejas considera que fue una experiencia positiva el que el
padre haya también participado en el parto. Aunque raras veces las cosas ocurren
como se habían planeado, los esposos piensan que se entendieron bien durante el
60 parto y que esos momentos que vivieron los han hecho sentirse más próximos el uno
al otro.

Por Paula Adams Hillard y J. Randolph Hillard, "The Father's Role in Childbirth,"
Parents, December 1983.

---

1. **en la actualidad** *nowadays*
2. **apoyo** *support*
3. **daban a luz** *gave birth*
4. **acariciaban** *caressed*
5. **luchar o a escapar** *fight or flight*
6. **tranquilizadora** *reassuring*
7. **evita** *avoids*
8. **dolores de parto** *labor pains*
9. **se avecina** *approaches*
10. **parturienta** *woman in labor*
11. **calmantes** *pain relievers*
12. **dilatación** *dilation*
13. **alumbramiento** *childbirth*
14. **lazos afectivos** *affective bonds*

PREGUNTAS

1. ¿Ha sido siempre común en la cultura norteamericana que el marido acompañe a la mujer durante el parto?

2. ¿Qué demostró el estudio realizado en Guatemala?

3. ¿Cómo reacciona el organismo ante el temor?

4. ¿Qué preparativos debe hacer la pareja de antemano?

5. ¿Cuál es la primera etapa del parto? ¿Cuál es el papel del padre durante esta etapa?

6. ¿Por qué se caracteriza la etapa de transición? ¿Cómo puede el marido ayudar a su esposa durante esta etapa?

7. ¿Qué puede hacer el padre en el momento del nacimiento del bebé?

8. ¿Qué opina Ud. sobre la participación del padre durante el parto?

TEMAS PARA DEBATE O COMPOSICIÓN

1. ¿Por qué, cree Ud., hay actualmente más interés entre los hombres en acompañar a la esposa durante el parto?

2. Beneficios y posibles problemas de permitir que el marido entre en la sala de partos.

Vocabulario español-inglés

This Spanish-English end vocabulary contains all of the words and expressions that appear in the content of this book. It also includes the most frequently used vocabulary employed in the health professions. Each Spanish translation for a given English term appears as a separate entry.

Stem changes and spelling changes of verbs are indicated in parentheses after the infinitive entry. For a complete review of stem changes of indicative and subjunctive verb forms see *Gramática para la comunicación.*

A

abatido(a) depressed, dejected
abdomen abdomen
abortar to abort; to miscarry
aborto m. abortion; miscarriage
—*aborto accidental* miscarriage
absoluto(a) absolute
—*en absoluto* absolutely not, not at all
abstención f. abstention
abstenerse de to abstain from, to refrain from
abusar (de) to abuse; to rape
abuso m. abuse
ácaro m. mite
accidental accidental
accidente m. accident
aceite m. oil
—*aceite de hígado de bacalao* cod liver oil
—*aceite de ricino* castor oil
—*aceite mineral* mineral oil
acelerar to accelerate, to speed up
acidez f. acidity
ácido m. acid
—*ácido ascórbico* ascorbic acid
—*ácido bórico* boric acid
aconsejar to advise

adecuado(a) adequate
adelgazar to lose weight, to become thin
adicto(a) m./f. addict
adicto(a) addicted
administración f. administration
administrador(a) m./f. administrator
administrar to administer
admitir to admit
afectado(a) affected, afflicted
afectar to affect
afrodisíaco m. aphrodisiac
agencia f. agency
agente m./f. agent
agrandar(se) to grow, to become large
agua f. water
—*agua con sal* saline solution
—*agua salina* saline solution
agudo(a) acute, sharp, keen
aguja f. needle
ahora now
—*de ahora en adelante* from now on
ala f. wing
—*ala de desintoxicación* detoxification wing
alargar(se) to lengthen, extend
alarmarse to become alarmed
alcohol m. alcohol
alcohólico(a) m./f. alcoholic
alcohólico(a) alcoholic

alcoholismo m. alcoholism
alergia f. allergy
alérgico(a) allergic
alerta alert
alimentar(se) to eat, to feed, to nourish (oneself)
alimenticio(a) nourishing, nutritive; relative to food
alimento m. food
aliviar to alleviate, to soothe
alivio m. alleviation, relief, easing
almohadilla higiénica f. sanitary napkin
almorranas f. hemorrhoids
alterado(a) upset, disturbed
alucinación f. hallucination
amanecer (zc) to wake up in the morning; to dawn
ambiental environmental
ambiente m. environment
ambulancia f. ambulance
amígdalas f. tonsils
amigdalitis f. tonsillitis
amnésico(a) amnesiac
ampolla f. blister
analgésico m. analgesic
análisis m. analysis
analizar to analyze
anemia f. anemia
anémico(a) anemic
anestesia f. anesthesia
anestesista m./f. anesthetist
anestético m. anesthetic

anestesiología f.   anesthesiology
anestesiólogo(a)
   m./f.   anesthesiologist
aneurisma m./f.   aneurysm
anfetamina f.   amphetamine
angina f.   angina
   —*angina pectoris*   angina
   pectoris
anillo m.   ring (IUD)
ano m.   anus
anorexia f.   anorexia
anormal   abnormal
anotación f.   note, observation
anotar   to make a note of, to jot
   (down)
antebrazo m.   forearm
anteojos m.   eyeglasses
ante todo   above all
antes   before
   —*cuanto antes*   as soon as
   possible
   —*lo antes posible*   as soon as
   possible
antibiótico m.   antibiotic
antiácido m.   antacid
anticoagulante m.   anticoagulant
anticonceptivo m.   contraceptive
anticuerpo m.   antibody
antídoto m.   antidote
antiespasmódico
   m.   antispasmodic
antígeno m.   antigen
antihistamina f.   antihistamine
antihistamínico m.   antihistamine
antiséptico m.   antiseptic
antitoxina f.   antitoxin
antojo m.   craving, caprice, whim
anuria f.   anuria
aparato m.   apparatus, device
   —*aparato auditivo*   hearing
   aid
   —*aparato intrauterino*   IUD,
   intrauterine device
aparecer (zc)   to appear, to show
   up
aparentemente   apparently
apéndice m.   appendix,
   appendage
apendicitis f.   appendicitis
apetito m.   appetite
aplicar(se)   to apply (to oneself),
   to put on (oneself)
apoyo m.   support

aquejar   to distress, to afflict
arco (del pie) m.   arch (of foot)
arder   to burn
ardor m.   burning (sensation)
área f.   area
armario m.   chest (for storage);
   closet
arreglar   to arrange, to fix
arreglo m.   arrangement,
   agreement
arriesgar   to risk
arrítmico(a)   arrhythmic
arteria f.   artery
arterioesclerosis
   f.   arteriosclerosis
articulación f.   joint
artrítico(a)   arthritic
artritis f.   arthritis
   —*artritis-reumatoidea*   rheumatoid arthritis
asegurado(a) m./f.   policyholder
asegurar(se)   to assure (oneself),
   to guarantee
aseo m.   hygiene; cleanliness,
   neatness
   —*aseo personal*   personal
   hygiene
asfixia f.   suffocation
así   thus, so
   —*así y todo*   even so
asma f.   asthma
   —*asma bronquial*   bronchial
   asthma
asmático(a)   asthmatic
aspirina f.   aspirin
astemia f.   asthemia
astringente m.   astringent
asustar   to frighten, to scare
ataque m.   attack
   —*ataque al corazón*   heart
   attack
   —*ataque cardíaco*   heart attack
   —*ataque de nervios*   shock
   —*ataque (epiléptico)*   seizure
atender (ie)   to take care of; to
   wait on
atrasado(a)   behind schedule,
   late
atrasar(se)   to be late, to be slow,
   to be behind
atrofia f.   atrophy
atropellado(a)   knocked down,
   run over

atropellar   to knock down, to run
   over
audífono m.   hearing aid
audiología f.   audiology
audiólogo(a) m./f.   audiologist
aumentar   to increase, to augment
automóvil m.   automobile
automovilístico(a)   pertaining to
   automobiles
autorización f.   authorization,
   permission
autorizar   to authorize
averiguar   to find out
ayuda f.   enema; help, aid
axila f.   armpit
azufre m.   sulphur

B

bacteria f.   bacteria
bacteriología f.   bacteriology
bacteriólogo(a)
   m./f.   bacteriologist
bajar   to descend, drop, lower
   —*bajar de peso*   to lose weight
bálsamo m.   balsam
bañar(se)   to bathe (oneself)
baño m.   bath
barbilla f.   chin
barbiturato m.   barbiturate
barbitúrico m.   barbiturate
barriga f.   belly
bastón m.   cane
bazo m.   spleen
bebé m.   baby
bencedrina f.   benzedrine
benigno(a)   benign
bicarbonato de soda m.   bicarbonate of soda, baking soda
bilioso(a)   bilious
biopsia f.   biopsy
bizco(a)   cross-eyed
blindaje contra la radiación
   m.   radiation shield
boca f.   mouth
   —*boca abajo*   face down
   —*boca arriba*   face up
bocio m.   goiter
bolsa f.   bag, sack; purse
   —*bolsa de agua*   water bag
borde m.   side, edge
botella f.   vial; bottle
boticario(a) m./f.   druggist
botulismo m.   botulism

brazo m.   arm

brillo m.   brightness, shine, sparkle
   —**sin brillo**   dull, glazed

bromuro m.   bromide

bronconeumonía
   f.   bronchopneumonia

bronquio m.   bronchial tube

bronquitis f.   bronchitis

brusco(a)   brusque, sudden

bueno(a)   good
   —**lo bueno es**   the good thing
   (part) is

bursitis f.   bursitis

búster m.   booster shot

busto m.   bust, breast

C

cabello m.   hair (of head)

cabestrillo m.   sling

cabeza f.   head

cada   each
   —**cada vez más**   more and
   more
   —**cada vez más débil**   weaker
   and weaker

cadera f.   hip

caer(se)   to fall (down)

caída f.   fall

calambre m.   cramp

calamidad f.   calamity

calamina f.   calamine

calcio m.   calcium

cálculo m.   stone, gallstone
   —**cálculo biliario**   gallstone
   —**cálculo en el riñón**   kidney
   stone
   —**cálculo en la
   vejiga**   gallstone

calmante m.   sedative, tranquilizer

calmar(se)   to calm (oneself)
   down

caloría f.   calorie

callo m.   corn (on foot)

cama f.   bed
   —**guardar cama**   to stay in bed

cambio de vida m.   menopause

camilla f.   stretcher

camino m.   road, way
   —**camino de**   on the way to

canal m.   canal, duct, passageway
   —**canal seminal**   seminal duct,
   vas deferens
   —**canal vaginal**   vaginal canal

cáncer m.   cancer

canceroso(a)   cancerous

cansancio m.   tiredness, weariness, fatigue

cansar(se)   to tire (oneself)

cantidad f.   quantity, amount

capilar m.   capillary

cápsula f.   capsule

cara f.   face

característica f.   characteristic

carbón activado m.   activated
   charcoal

cardíaco(a)   cardiac
   —**problema cardíaco**   heart
   trouble
   —**soplo cardíaco**   heart
   murmur

cardiología f.   cardiology

cardiólogo(a) m./f.   cardiologist

carne f.   flesh, meat

cartera f.   handbag, purse,
   pocketbook

cartílago m.   cartilage

caso m.   case

caspa f.   dandruff

cataplasma de mostaza f.   mustard plaster

cataratas f.   cataracts

catarro m.   common cold
   (illness)

causa f.   cause

causar   to cause

cavidad f.   cavity

ceguera f.   blindness

ceja f.   eyebrow

célula f.   cell

cera f.   wax

cercano(a)   nearby

cerebral   cerebral
   —**conmoción cerebral**
   concussion
   —**lesión cerebral**   brain injury

cerebro m.   brain

cervical   cervical

cerviz f.   cervix

cesáreo(a)   Caesarean
   —**operación cesárea**   Caesarean operation

ciática f.   sciatica

cicatriz f.   scar

ciego(a)   blind

cielo raso m.   ceiling

cigarrillo m.   cigarette

cintura f.   waist

circulación f.   circulation

circular   to circulate

circulatorio(a)   circulatory

cirrosis f.   cirrhosis

cirujano(a) m./f.   surgeon
   —**cirujano(a) plástico(a)**
   plastic surgeon

cirugía f.   surgery

cita f.   appointment; date

citar   to make an appointment; to
   make a date

citólogo(a) m./f.   cytologist

clavícula f.   clavicle, collar bone

clínica f.   clinic

clínico(a)   clinical

clítoris m.   clitoris

clorofila f.   chlorophyll

coágulo m.   clot
   —**coágulo de sangre**   blood
   clot

cocaína f.   cocaine

codeína f.   codeine

codo m.   elbow

cojera f.   lameness

cojo(a)   lame

cólera f.   cholera

colesterol m.   cholesterol

cólico m.   colic

colitis f.   colitis

colocar   to put, to place

colon m.   colon
   —**colon espástico**   spastic
   colon

columna f.   column
   —**columna vertebral**   spinal
   column, backbone

coma m.   coma

combatir   to combat, to fight

comezón f.   itch

cómodo(a)   comfortable

compañía f.   company
   —**compañía de seguros**   insurance company

complicación f.   complication

complicar   to complicate

comportamiento m.   behavior

comportar(se)   to behave
   (oneself)

compresa f.   compress; sanitary
   napkin
   —**compresa fría**   cold pack

comprimido m.   tablet

comunidad f.   community
concusión f.   concussion
condimentado(a)   spicy, seasoned
condimentar   to add spice or seasoning
condimento m.   spice, seasoning
condón m.   condom, rubber
conectar   to connect
confirmación f.   confirmation
confirmar   to confirm
conforme   alike; in agreement; satisfied
 —**quedar conforme**   to come to agreement
congelación f.   frostbite
congénito(a)   congenital
congestión f.   congestion
 —**congestión nasal**   nasal congestion
congestionado(a)   congested
conjuntivitis f.   conjunctivitis
conmoción f.   shock; tremor; earthquake
 —**conmoción cerebral** concussion
 —**conmoción nerviosa**   nervous shock
conocimiento m.   knowledge; consciousness
 —**perder el conocimiento**   to lose consciousness
consciente   conscious
consejero(a) m./f.   adviser
consejo m.   advice
constatar   to confirm, to prove
constipación f.   cold, head cold
consulta f.   checkup, visit (to doctor)
consultar   to consult
consultorio m.   doctor's office
consumir   to consume
consumo m.   consumption
contagioso(a)   contagious
contaminación f.   contamination, pollution
contaminar   to contaminate, to pollute
contracción f.   contraction
contraceptivo m.   contraceptive
contraceptivo(a)   contraceptive
contraer   to contract, to catch (a disease)

contrario(a)   contrary
 —**al contrario de**   unlike
contrarrestar   to counteract, to stop
control m.   control
 —**control de la natalidad** birth control
contusión f.   contusion, bruise
contusionar(se)   to bruise (oneself)
conveniente   convenient, suitable
convulsión f.   convulsion
corazón m.   heart
correr   to run
 —**correr un riesgo**   to run a risk
corresponder   to correspond, to relate
cortadura f.   cut
cortar(se)   to cut (oneself)
cortisona f.   cortisone
costado m.   side (of torso)
 —**costado derecho**   right side
 —**costado izquierdo**   left side
costar (ue)   to cost
 —**costarle (ue) a uno**   to be difficult for someone
coste m.   cost, price
costilla f.   rib
costo m.   cost, expense
costra f.   scab
costumbre f.   custom, habit
 —**de costumbre**   normally
coyuntura f.   joint
cráneo m.   skull
crema f.   cream, ointment
crisis f.   crisis
 —**crisis nerviosa**   nervous breakdown
crítico(a)   critical
crónico(a)   chronic
cuarto m.   room
 —**cuarto privado**   private room
cubrir   to cover
cucharada f.   spoonful
cucharadita f.   teaspoonful
cuchillada f.   gash, stab
cuello m.   neck
 —**cuello de la matriz**   neck of the womb, cervix
cuenta f.   bill; account
cuenta gotas   eyedropper
cuerda f.   chord

 —**cuerda vocal**   vocal cord
cuerdo(a)   sane
cuero m.   skin, hide; leather
 —**cuero cabelludo**   scalp
cuerpo m.   body
cuidado m.   care, caution, carefulness
 —**bajo los cuidados de**   under the care of
 —**con cuidado**   carefully
 —**tener cuidado(s)**   to take care, to be careful
cuidadosamente   carefully
cura f.   cure
curación f.   cure
curar   to cure
curita f.   band aid
cursillo m.   course, mini-course
curso m.   course, direction, flow
 —**seguir (i) el curso**   to run the course
cutis m.   skin (of the face)

CH

chancro m.   chancre, venereal sore or lesion
choque m.   crash, collision; jolt; shock
 —**choque nervioso**   shock

D

dañar(se)   to injure (oneself)
daño m.   damage, injury
dañoso(a)   harmful
dar   to give
 —**dar a luz**   to give birth
 —**dar de alta**   to release (from a hospital, etc.)
 —**dar ganas de**   to desire to
 —**dar la orden**   to give the order
 —**darle a uno**   to get (as in a disease)
 —**darle hora (a uno)**   to give an appointment (to someone)
dato m.   datum, piece of information, fact
de   of, from
 —**de vez en cuando**   from time to time
debido(a)   proper, appropriate
 —**debidas precauciones** proper precautions

débil weak
—*cada vez más débil* weaker and weaker
debilidad f. weakness, debility
decaído(a) run-down, weak
dedo m. finger
defecación f. defecation, bowel movement
defecar to defecate
defecto m. defect
—*defecto de nacimiento* birth defect
defensa f. defense
deforme deformed
dejar to let, to allow; to leave behind
—*dejar de (fumar)* to stop smoking
—*dejar mucho que (desear)* to leave a great deal (to be desired)
de juicio sano sane
delgado(a) thin
demencia f. dementia
demente demented
dentista m./f. dentist
depender (de) to depend (on, upon)
depresor m. tongue depressor
—*depresor de la lengua* tongue depressor
depresión f. depression
deprimido(a) depressed
deprimir to depress
derecho(a) right; straight
dermatitis f. dermatitis
dermatología f. dermatology
dermatólogo(a) m./f. dermatologist
derrame biliar m. biliary spill
derrame (cerebral) m. stroke
desaparecer (zc) to disappear
desaparición f. disappearance
desarrollar(se) to develop (oneself)
desarrollo m. development
desconectar to disconnect
desfigurado(a) deformed, disfigured
desgarradura f. laceration
desgraciadamente unfortunately
deshidratación f. dehydration
deshidratar(se) to become dehydrated

desinfectante m. disinfectant
desintoxicación f. detoxification
—*ala de desintoxicación* detoxification wing
desintoxicar(se) to sober (oneself) up, to detoxify (oneself)
desmayar(se) to faint
desmayo m. faint, fainting spell
desnutrición f. malnutrition, undernourishment
desnutrido(a) undernourished
desnutrir(se) to undernourish (oneself)
desodorante m. deodorant
desventaja f. disadvantage
desvestir(se) (i) to undress (oneself)
detallado(a) detailed
detalle m. detail
detener(se) to stop (oneself), to detain (oneself)
detenidamente slowly, at length; carefully, deliberately
dextrosa f. dextrose
día m. day
—*al día* per day, each day
diabetes f. diabetes
diabético(a) diabetic
diafragma m. diaphragm
—*diafragma anticonceptivo* diaphragm
diagnosis f. diagnosis
diagnosticar to diagnose
diagnóstico m. diagnosis
diarrea f. diarrhea
diente m. tooth
dieta f. diet
—*dieta alimenticia* nourishing diet
dietista m./f. dietician
difteria f. diphtheria
difunto(a) dead
digitalina f. digitalin
dilatación f. dilation
dilatado(a) dilated
dilatar(se) to dilate
dirigir(se) to direct (oneself), to go
disco m. disc; phonograph record
—*disco desplazado* slipped disc
discutir to discuss; to argue
disentería f. dysentery

—*disentería amibiana* amebic dysentery
dislocación f. sprain, dislocation
dislocado(a) sprained, dislocated
dislocar(se) to sprain, to dislocate
dispepsia f. dyspepsia
disponible available
dispositivo m. device, mechanism
—*dispositivo intrauterino* intrauterine device, IUD
dispuesto(a) willing, ready
—*estar dispuesto(a)* to be willing
distrofia muscular f. muscular dystrophy
diurético m. diuretic
diverticulitis f. diverticulitis
doctor(a) m./f. doctor, physician
dolencia f. ailment, ache; complaint
doler (ue) to hurt
dolor m. pain
—*dolor de cabeza* headache
—*dolor de estómago* stomach-ache
—*dolor de garganta* sore throat
—*dolor del oído* earache
dorso de la mano m. back of the hand
dosis f. dose, dosage
—*dosis de refuerzo* booster
droga f. drug, medicine
—*drogas alucinógenas, DAL* LSD
drogadicto(a) m./f. drug addict
drogarse to take an overdose of drugs
droguero(a) m./f. druggist
ducha f. shower; douche
—*ducha (interna)* douche
dueño m. owner
dureza f. hard spot, lump; hardness
duro/a de oído slightly deaf, hard of hearing

E

eczema f. eczema
efecto m. effect

—efecto secundario side effect

eficacia f. efficacy, effectiveness

eficaz efficacious, effective

ejercicio m. exercise

—hacer ejercicios to exercise

electrocardiograma m. electrocardiogram

embarazar(se) to become pregnant, to make pregnant

—estar embarazada to be pregnant

embarazo m. pregnancy

embolia f. embolism

emergencia f. emergency

empapado(a) soaked

empapar(se) to soak (oneself)

empeine m. instep (of foot); groin

emplasto frío m. cold pack

emplear to employ, to use

empleo m. employment, use

emulsión f. emulsion

en in, on, upon

—en cuanto a with respect to, in terms of

encefalitis f. encephalitis

encinta pregnant

—estar encinta to be pregnant

endocrinología f. endocrinology

endocrinólogo(a) m./f. endocrinologist

enema f. enema

enfermar(se) to become sick

enfermedad f. sickness, illness

—enfermedad cardíaca heart disease

—enfermedad del corazón heart disease

—enfermedad transmitida sexualmente sexually transmitted disease

—enfermedad tropical tropical disease

—enfermedad venérea venereal disease

enfermería f. infirmary, hospital

enfermero(a) m./f. nurse

—enfermero(a) diplomado(a) registered nurse

—enfermero(a) práctico(a) practical nurse

enfermo(a) m./f. sick person

enfermo(a) sick, ill

enfisema f. emphysema

engordar to gain weight, to put on weight

enhorabuena f. congratulations

entrega f. delivery

entregar to deliver

envenenamiento m. poisoning

envenenar to poison

enyesar to put in plaster, to put in a cast

epidemiología f. epidemiology

epidemiólogo(a) m./f. epidemiologist

epilepsia f. epilepsy

epiléptico(a) epileptic

episiotomía f. episiotomy (incision of the perineum)

equilibrio m. equilibrium

—perder (ie) el equilibrio to lose equilibrium, balance

erupción f. rash; eruption, outbreak

escalera f. ladder, stairway

escalofríos m. chills

escápula f. scapula, shoulder blade

escarlatina f. scarlet fever

escayola f. plaster, cast

escayolar to put in plaster, to put in a cast

esclerosis f. sclerosis

escorbuto m. scurvy

escroto m. scrotum

escudo m. shield (IUD)

esfuerzo m. effort

esófago m. esophagus

espalda f. back (anat.)

espantar to frighten, to scare

espanto m. fright, terror

espantoso(a) frightful, terrifying, dreadful

espasmo m. spasm

espasmódico(a) spasmodic, spastic

espástico(a) spastic

especialista m./f. specialist

—especialista en enfermedades venéreas venereologist

especialización f. specialization

especializar(se) to specialize

espéculo m. speculum

espina dorsal f. spinal column

espinazo m. backbone, spine

—espinazo cervical cervical spine

espinilla f. pimple, blackhead

espiral f. spiral (IUD)

—espiral intrauterina intrauterine loop

espuma f. foam

esqueleto m. skeleton

estadística f. statistic

estado m. state, condition

—estar en estado to be pregnant

estar to be

—estar para (dar a luz) to be about (to give birth)

—estar sobre aviso to be warned, to be informed

estéril sterile

esternón m. breastbone

estetoscopio m. stethoscope

estimulante m. stimulant

estimular to stimulate

estomacal pertaining to the stomach

estómago m. stomach

estreñido(a) constipated

—estar estreñido(a) to be constipated

estreñimiento m. constipation

estreñirse to become constipated

estribo m. footrest, stirrup

estupendo(a) stupendous, marvelous

etapa f. stage, phase

evitar to avoid

exageración f. exaggeration

exagerar to exaggerate

examen m. examination

—examen general general exam

—examen de rutina routine exam

—hacerse un examen to have an examination

examinar to examine

excesivo(a) excessive

exceso m. excess

—en exceso in excess

exceso de peso overweight

excremento m. excrement

exigencia f. exigency, demand, requirement

exigir to require, to demand

expectorante m. expectorant
experimentar to experience; to experiment
extirpar to remove (surgically)
extraño(a) strange, rare, curious
extremidad f. limb

F

facciones f. features
facilitar to facilitate
falta f. lack
   —**falta de peso** underweight
faltar to lack, to be missing
   —**faltar a** to miss, to be absent
   —**faltar poco (tiempo)** to be almost over
familiar pertaining to family
   —**planificación familiar** family planning
faringe f. pharynx
farmacéutico(a) m./f. druggist
farmacia f. pharmacy
farmacología f. pharmacology
farmacólogo(a) m./f. pharmacologist
fatal fatal
fatiga f. fatigue
favor m. favor
   —**a su favor** in your (his, her) favor
felicidades f. congratulations
felicitaciones f. congratulations
felicitar to congratulate
fenobarbital m. phenobarbital
feto m. fetus
fibrosis quística f. cystic fibrosis
fibrositis f. fibrositis
fiebre f. fever
   —**fiebre amarilla** yellow fever
   —**fiebre del heno** hay fever
   —**fiebre escarlatina** scarlet fever
   —**fiebre reumática** rheumatic fever
   —**fiebre tifoidea** typhoid fever
fielmente faithfully
firma f. signature
firmar to sign
físico(a) physical
fisiología f. physiology
fisioterapeuta m./f. physiotherapist
fisioterapia f. physical therapy

flatulencia f. flatulence
flebitis f. phlebitis
flema f. phlegm
fluido m. fluid, liquid
fluir to flow
flujo m. flow, discharge
fobia f. phobia
folleto m. pamphlet
formulario m. form
fractura f. fracture
fracturado(a) fractured; broken
fracturar(se) to fracture
frasco m. vial, small bottle
freír to fry
frente f. forehead, brow
frente m. front, front part
   —**frente a** in front of, facing
fricción f. rub
frito(a) fried
fritura f. fried food
frotación f. rub, rubbing
frotis de Papanicolaou m. Pap smear
fruta f. fruit
fuera outside, out
   —**fuera de** outside of, except for
fuerte strong
fuerza f. strength, force
fumar to smoke
funcionar to function, to work
furúnculo m. boil

G

gafas f. eyeglasses
galleta f. cracker; cookie
ganglio m. ganglion
gangrena f. gangrene
garganta f. throat
gasa f. gauze
gaseosa f. soda pop
gastar to spend
gasto m. expense, expenditure, cost
gastritis f. gastritis
gastroenterología f. gastroenterology
gastroenterólogo(a) m./f. gastroenterologist
gastroscopio m. gastroscope
genética f. genetics
genético(a) genetic
genital genital

   —**órgano genital** genital organ
geriatra m./f. geriatric specialist
geriatría f. geriatrics
germen m. germ
germicida m. germicide
gerontología f. gerontology
gerontólogo(a) m./f. gerontologist
ginecología f. gynecology
ginecólogo(a) m./f. gynecologist
glándula f. gland
   —**glándula linfática** lymph gland
   —**glándula pituitaria** pituitary gland
   —**glándula salival** salivary gland
glaucoma m. glaucoma
globo del ojo m. eyeball
golpe m. blow, bump; hit
golpear(se) to hit (oneself)
goma f. rubber, condom
gonorrea f. gonorrhea
gordo(a) fat, overweight
gota f. drop; gout
   —**gotas para la tos** cough drops
gotero m. eye dropper
gráfico m. graph, diagram, chart
granito m. sore; small pimple
grano m. pimple
gratis free of charge, gratis
grave grave, serious, severe
gravedad f. seriousness
gripe f. flu
   —**gripe asiática** Asiatic flu
gritar to shout, to scream
grito m. shout
grueso(a) thick
guante m. glove
   —**guantes de goma** rubber gloves
guardar to keep, to hold; to protect
   —**guardar cama** to stay in bed
   —**guardar reposo** to rest

H

habitación f. room
hábito m. habit
hacer to do, to make
   —**hace como (dos horas)** about (two hours) ago

—hacer falta to be needed, to be lacking

hamburguesa f. hamburger

halitosis f. halitosis

hematología f. hematology

hematólogo(a) m./f. hematologist

hembra f. female

hemofilia f. hemophilia

hemorragia f. hemorrhage, heavy bleeding

hemorroides f. hemorrhoids

hepatitis f. hepatitis

herida f. wound, injury

herido(a) injured

hernia f. hernia

heroína f. heroin

herpes m. herpes

—herpes genital (simplex II) genital herpes

—herpes labial (simplex I) labial herpes

hiedra f. ivy

—hiedra venenosa poison ivy

hielo m. ice

hierro m. iron

hígado m. liver

higiene f. hygiene

hilo dental m. dental floss

hinchar(se) to swell

hinchazón f. swelling, lump

hiperactivo(a) hyperactive

hipertensión f. hypertension

—hipertensión arterial high blood pressure

hiperventilación f. hyperventilation

hipocondría f. hypochondria

hipocondríaco(a) hypochondriac

hipoglicemia f. hypoglycemia

hipotensión arterial f. low blood pressure

histeria f. hysteria

histólogo(a) m./f. histiologist

historial m. medical history

hoja f. sheet (of paper); leaf

—hoja clínica medical chart

hombro m. shoulder

homeópata m./f. homeopathist

hondo(a) deep, deeply

honorario(s) m. honorarium, professional fee

hora f. hour

—tener hora con to have an appointment with

hormón(a) m./f. hormone

hueso m. bone

I

impedir (i) to impede; to stop, to prevent

importante important

—lo importante que es how important it is

inactivo(a) dormant

incapacitado(a) disabled

incisión f. incision

inconsciencia f. unconsciousness

inconsciente unconscious

incurable incurable

índice m. index; index finger; ratio, rate

—índice de mortalidad mortality rate

indigestión f. indigestion

infarto m. infarct

infección f. infection

—infección de serpigo athlete's foot

infección urinaria urinary infection

infectado(a) infected

infectar to infect

infértil sterile

inflamado(a) inflamed

informar(se) to inform (oneself)

ingle f. groin

ingresar to enter, to check in

inmediato(a) immediate

—de inmediato immediately

inmunización f. immunization

inmunizar to immunize

inmunología f. immunology

inmunólogo(a) m./f. immunologist

inoculación f. inoculation, shot

inocular to inoculate

inquieto(a) uneasy, restless

inscribir to register, to enroll

insertar to insert

insolación f. sunstroke, insolation

insomnio m. insomnia

inspección f. inspection

inspeccionar to inspect

insulina f. insulin

intenso(a) intense

interior internal

internar(se) to enter, to be admitted

internista m./f. internist

interno(a) m./f. intern

interno(a) internal

interrogación f. interrogation

interrogar to interrogate, to question

intestino m. intestine

—intestino delgado small intestine

—intestino grueso large intestine

intoxicación f. intoxication, poisoning

intrauterino(a) intrauterine

—aparato intrauterino intrauterine device, IUD

—dispositivo intrauterino intrauterine device, IUD

inválido(a) disabled, handicapped

inyección f. injection, shot

—inyección de refuerzo booster shot

—poner una inyección to give a shot, injection

irregular irregular

irregularidad f. irregularity

irreversible irreversible

irritable irritable

irritación f. irritation

irritado(a) inflamed, irritated

irritar to irritate

izquierdo(a) left

J

jalea f. jelly

jaqueca f. migraine

jarabe para la tos m. cough syrup

jeringa f. syringe

jorobado(a) m./f. hunchback

juanete m. bunion

junto(a) joined, united, together

—junto a beside, together with

L

labial labial

labio m. lip

—labio leporino harelip (cleft palate)

laboratorio m. laboratory

laceración f.   laceration
lado m.   side
  —lado derecho   right side
  —lado izquierdo   left side
laringe f.   larynx
laringitis f.   laryngitis
lastimado(a)   injured
lastimar(se)   to injure (oneself)
latente   latent, dormant
latido m.   beat (of the heart)
latir   to beat (heart)
lavado m.   pumping; wash;
  enema;
  —lavado de estómago   pumping of the stomach
  —lavado vaginal   douche
laxante m.   laxative
laxativo m.   laxative
lazo m.   loop (IUD)
leche de magnesia f.   milk of
  magnesia
legumbre f.   vegetable, legume
lengua f.   tongue
lentes m.   eyeglasses
  —lente de contacto   contact
  lens
lepra f.   leprosy
lesión f.   lesion, injury
  —lesión cerebral   brain injury
  —lesión herpética   herpes sore
lesionado(a)   injured
leucemia f.   leukemia
leve   slight, light
libra f.   pound
ligamento m.   ligament
linfático(a)   lymphatic
linimento m.   liniment
linterna f.   flashlight, lantern;
  spotlight
líquido m.   liquid, fluid
lisiado(a)   crippled, handicapped
liviano(a)   light
loción f.   lotion
loco(a)   mad, crazy, insane
lubricante m.   lubricant
lumbago m.   lumbago
lunar m.   mole, birthmark;
  blemish
lupus m.   lupus

LL

llaga f.   sore, ulcer, wound
  —llaga ulcerosa   canker

llanto m.   crying, weeping
llorar   to cry

M

magulladura f.   bruise
malaria f.   malaria
malestar m.   mild discomfort
maligno(a)   malignant
mamografía f.   mammograph;
  mammography
mancha f.   spot, mark, blemish
mandíbula f.   jaw
manera f.   manner, method, way
  —de ninguna manera   in no
  way, not at all
mano f.   hand
mantener   to maintain, to support
  (economically)
  —mantener la calma   to stay
  calm
máquina f.   machine
marca f.   mark, spot
marcapaso(s) m.   pacemaker
marchar   to go along, to progess;
  to march
mareado(a)   dizzy
marear(se)   to become dizzy
mareo(s) m.   dizziness,
  seasickness
mariguana f.   marijuana
más   more
  —a lo más   at the most
masaje m.   massage
mascarilla f.   mask
  —mascarilla de oxígeno   oxygen mask
mastectomía f.   mastectomy
maternidad f.   maternity; Maternity Ward
matriz f.   womb, uterus
  —cuello de la matriz   neck of
  the womb, cervix
medicamento m.   medicine
medicina f.   medicine, drug
  —medicina interna   internal
  medicine
  —medicina veterinaria   veterinary medicine
medición f.   measurement
médico m./f.   physician, doctor
  —médico general   general
  practitioner
  —médico practicante   intern

médico(a)   medical
  —historia médica   medical
  history
medida f.   measure, measurement
medido(a)   measured
medio m.   means, way, method;
  middle, center
  —medio anticonceptivo   contraceptive method
medir (i)   to measure
médula f.   marrow
  —médula del hueso   bone
  marrow
  —médula espinal   spinal cord
mejilla f.   cheek
membrana f.   membrane
  —membrana mucosa   mucous
  membrane
meningitis f.   meningitis
menopausia f.   menopause
menos   less
  —lo menos posible   as little as
  possible
menstruación f.   menstruation,
  period
menstrual   menstrual
menstruar   to menstruate
mensual   monthly
mentol m.   menthol
mentón m.   chin
menudo(a)   small, tiny, minute
  —a menudo   often
mesa f.   table
  —mesa de examen   examination table
metadona f.   methadone
metástasis f.   metastasis
método m.   method, mode
  —método anticonceptivo
  contraceptive method
  —método del ritmo m.   rhythm
  method
mezcla f.   mixture
mezclar   to mix
microbio m.   microbe, germ
microbiología f.   microbiology
microbiólogo(a)
  m./f.   microbiologist
miembro m.   limb, member;
  penis; member (of a group)
  —miembro artificial   artificial
  limb
  —miembro viril   penis
mientras tanto   meanwhile

migraña f.   migraine

mineral m.   mineral

minuto m.   minute

—**a los pocos minutos**   after a few minutes

miope   myopic, nearsighted

miopía f.   myopia, nearsightedness

miositis f.   myositis

moco m.   mucus (nasal)

módico(a)   moderate

molesto(a)   bothersome, upsetting, embarrassing

monitor m.   monitor

mononucleosis f.   mononucleosis

mordedura f.   bite

morfina f.   morphine

moribundo(a)   dying

morir (ue)   to die

mortalidad f.   mortality

mostrar (ue)   to show

mover(se) (ue)   to move

movimiento m.   movement

muela f.   tooth

muerte f.   death

muerto(a)   dead

muestra f.   sample, specimen

muleta f.   crutch

muñeca f.   wrist; doll

murmullo m.   murmur

músculo m.   muscle

muslo m.   thigh

N

nacer (zc)   to be born

nacimiento m.   birth

nalgas f.   buttocks

narcomanía f.   drug addiction

narcótico m.   narcotic

nariz f.   nose

natalidad f.   birthrate

—**control de la natalidad**   birth control

naturaleza f.   nature

náusea(s) f.   nausea

—**tener náuseas**   to be nauseated

nene(a) m./f.   baby

nervio m.   nerve

nerviosidad f.   nervousness

nervioso(a)   nervous

—**choque nervioso**   shock

neuralgia f.   neuralgia

neurálgico(a)   neuralgic

neurastenia f.   neurasthenia

neuritis f.   neuritis

neurología f.   neurology

neurólogo(a) m./f.   neurologist

neurótico(a)   neurotic

niacina f.   niacin

nictalopía f.   night blindness

nieve f.   snow; cocaine (slang)

nitroglicerina f.   nitroglycerine

nivel m.   level

nocivo(a)   harmful

nódulo m.   nodule, node

—**nódulo linfático**   lymph node

nombre m.   name

—**a nombre de**   in the name of

normal   normal, usual

noticia f.   piece of news, news

novocaína f.   novocaine

nuez de Adán f.   Adam's apple

nutrición f.   nutrition

nutritivo(a)   nutritive

O

obesidad f.   obesity

obeso(a)   obese

obrar   to have a bowel movement; to work

oculista m./f.   oculist

odontología f.   odontology

odontólogo(a)   m./f.   odontologist

oficina f.   office

—**oficina de admisión**   admissions office

oftalmología f.   ophthalmology

oftalmólogo(a)   m./f.   ophthalmologist

oído m.   (inner) ear; hearing

—**oído interno**   inner ear

ojo m.   eye

ombligo m.   navel

oncología f.   oncology

oncólogo(a) m./f.   oncologist

omóplato m.   shoulder blade

operación f.   operation

—**operación cesárea**   Caesarean operation

operar   to operate (upon)

opio m.   opium

oportunamente   at the appropriate time

óptico(a) m./f.   optician

optometría f.   optometry

optometrista m./f.   optometrist

orden f.   order, command

—**dar la orden**   to give the order

ordenar   to order, to command; to put in order

oreja f.   ear

organismo m.   organism, body (as a system)

órgano m.   organ

—**órgano sexual**   sexual organ

—**órganos genitales**   genitals

orina f.   urine

orinar   to urinate

ortodontología f.   orthodontics

ortodontólogo(a)   m./f.   orthodontist

ortopedia f.   orthopedics

ortopedista m./f.   orthopedist

osteomielitis f.   osteomyelitis

osteópata m./f.   osteopath

osteopatía f.   osteopathy

otorrinolaringólogo(a)   m./f.   otorhinolaryngologist

ovario m.   ovary

oxígeno m.   oxygen

P

paciente m.   patient

padecer   to suffer

padecimiento m.   suffering

pagar   to pay (for)

pago m.   payment

paladar m.   palate, roof of the mouth

—**paladar hendido**   harelip (cleft palate)

paletilla f.   shoulder blade

palmadita f.   little slap, pat

páncreas m.   pancreas

pancreatitis f.   pancreatitis

panfleto m.   pamphlet, brochure

pantorrilla f.   calf (of the leg)

papa f.   potato

papera(s) f.   mumps

par m.   pair

—**un par de**   a pair of, a couple of

parálisis f.   paralysis

—**parálisis cerebral**   cerebral palsy

paralítico(a)   paralytic

paramédico(a) m./f.   paramedic
paramédico(a)   paramedical
paraplejía f.   paraplegia
parecer (zc)   to seem, to appear
—**al parecer**   apparently
parecido(a)   similar
parir   to give birth, to bear
paro cardíaco m.   cardiac arrest
párpado m.   eyelid
parte f.   part
—**por otra parte**   on the other hand, furthermore
particular   private, personal
parto m.   delivery, birth
—**sala de partos**   delivery room
pasaje m.   canal, passageway
pasajero(a)   passing, fleeting
pasársele a uno   to pass, to go away (state, effects)
pastilla f.   pill, tablet
—**pastillas para la tos**   cough drops
patología f.   pathology
patólogo(a) m./f.   pathologist
peca f.   freckle
pectoral   pectoral, pertaining to the chest
pecho m.   chest, breast
pediatra m./f.   pediatrician
pediatría f.   pediatrics
peligro m.   danger
peligroso(a)   dangerous
pelo m.   hair (of head)
pelvis f.   pelvis
penicilina f.   penicillin
pene m.   penis
pentotal de sodio m.   sodium pentothal
peor   worse
perder (ie)   to lose; to miss (bus, etc.)
—**perder (ie) el conocimiento**   to lose consciousness
—**perder (ie) el equilibrio**   to lose equilibrium
pérdida f.   loss; waste
pericarditis f.   pericarditis
periódicamente   periodically
período m.   period; menstrual period
periodontista m./f.   periodontist
perjudicial   harmful

permanecer (zc)   to remain, to stay
permanencia f.   stay
permiso m.   permission
personal m.   personnel
personal   personal, private
pertusis f.   pertussis
pesar   to weigh
—**a pesar de**   in spite of
peso m.   weight; heaviness
pestaña f.   eyelash
picadura f.   bite (insect); sting
picar   to itch; to bite (insect); to sting
picazón f.   itch
pie m.   foot
—**pie de atleta**   athlete's foot
—**pie plano**   flat foot
piel f.   skin
pierna f.   leg
píldora f.   pill
—**píldoras anticonceptivas**   contraceptive pills
piojo m.   louse
piorrea f.   pyorrhea
piso m.   floor (of a building); apartment
placenta f.   placenta
plan m.   plan
planear   to plan
planificación f.   plan, planning
—**planificación familiar**   family planning
planificar   to plan
planta del pie f.   sole of the foot
plasma m.   plasma
—**plasma sanguíneo**   blood plasma
plástico(a)   plastic
pleuresía f.   pleurisy
(p)neumonía f.   pneumonia
poder (ue)   to be able
—**no poder (ue) más**   to not be able to stand any more
podiatra m./f.   podiatrist
podiatría f.   podiatry
poliomielitis f.   poliomyelitis
pólipo m.   polyp
póliza f.   policy (insurance, etc.)
polvo m.   powder
pomada f.   pomade, ointment, salve
pómulo m.   cheekbone

poner   to put, to place
—**poner al corriente**   to inform
—**poner(se) cómodo (a)**   to make (oneself) comfortable
—**poner(se) en contacto con**   to put (oneself) in contact with
—**poner una inyección**   to give a shot, injection
poro m.   pore
posible   possible
—**lo más posible**   as much as possible
—**lo menos posible**   as little as possible
posnatal   postnatal
posponer   to postpone
postizo(a)   false, artificial
postración del calor f.   heat prostration
práctico(a)   practical
precaución f.   precaution
—**debidas precauciones**   proper precautions
precisar   to make precise
precisión f.   precision
preliminar   preliminary
prenatal   prenatal
preocuparse   to worry
présbita(e)   farsighted
prescripción f.   prescription
presente   present
—**tener presente**   to bear in mind
preservativo m.   condom, prophylactic
presión f.   pressure; blood pressure
—**presión alta**   high blood pressure
—**presión arterial**   blood pressure
—**presión baja**   low blood pressure
—**presión de la sangre**   blood pressure
—**presión sanguínea**   blood pressure
prestar   to loan
—**prestar atención**   to pay attention
prevención f.   prevention

prevenir to prevent
primeros auxilios m. first aid
privado(a) private, personal
proctología f. proctology
proctólogo(a) m./f. proctologist
producir (zc) to produce
profiláctico m. prophylactic, condom
profundo(a) profound, deep, intense
programa m. program
prolongado(a) protracted
promesa f. promise
pronto soon
　—por de pronto for the moment
proporcionar to give, to supply, to furnish
próstata f. prostate
proteína(s) f. protein
protuberancia f. lump
(p)sicología f. psychology
(p)sicológico(a) psychological
(p)sicólogo(a) m./f. psychologist
(p)sicopático(a) psychopathic
(p)sicosis f. psychosis
(p)sicosomático(a) psychosomatic
(p)sicótico(a) psychotic
(p)siquiatra m./f. psychiatrist
(p)siquiatría f. psychiatry
(p)soriasis f. psoriasis
pujar to push (from within), to strain
punto m. stitch
pulmón m. lung
pulmonía f. pneumonia
pulso m. pulse
puntada f. stitch, suture
punto m. stitch
punzada f. shooting pain
puñalada f. stab
pupila f. pupil (of the eye)
purgante m. laxative, cathartic
pus m. pus

Q

quebrar(se) (ie) to break
quebrado(a) broken
quedar(se) to remain, to stay
　—quedar conforme to come to agreement
queja f. complaint; moan, groan

quejar(se) (de) to complain
quemadura f. burn
quemazón m. burn, sunburn
quieto(a) still, motionless; calm
quimioterapia f. chemotherapy
quinina f. quinine
quiropodista m./f. chiropodist
quiropráctico(a) m./f. chiropractor
quiste m. cyst

R

rabadilla f. base of the spine
rabia f. rabies
radiografía f. X-ray
　—sacar una radiografía to take an X-ray
radiología f. radiology
radiólogo(a) m./f. radiologist
radioterapia f. radiation therapy
raquitismo m. rickets
raro(a) rare, unusual, curious
rascar(se) to scratch (oneself)
rasguño m. scratch
raspador m. scraper
raspar to scrape
rato m. while, short time
rayo equis m. X-ray
rayo X m. X-ray
reacción f. reaction
reaccionar to react
rebanada f. slice
recepcionista m./f. receptionist
receta f. prescription; recipe
recetar to prescribe
recién recently, just
recomendable recommendable
recomendación f. recommendation
recomendar (ie) to recommend
reconocer (zc) to recognize; to examine
reconocimiento m. recognition; examination
reconstrucción f. reconstruction
reconstruir to reconstruct
recostar(se) (ue) to recline, to lie back, to lean back
recto m. rectum
recuperación f. recuperation, recovery
recuperar(se) to recuperate, to recover

régimen m. diet
registro m. record, chart
regla f. period, menstruation; rule, regulation
reglamento m. regulation, rule
regularidad f. regularity
relajar(se) to relax (oneself)
remedio m. medicine; remedy
remisión f. remission
remover (ue) to remove
reposo m. rest, repose
　—guardar reposo to keep quiet, to rest
reproducción f. reproduction
reproducir to reproduce
reproductivo(a) reproductive
resfriado m. common cold (illness)
resfrío m. common cold (illness)
resistente resistant
resolución f. resolution, solution
resolver (ue) to solve, to resolve
respiración f. breath, breathing
　—respiración artificial artificial respiration
respirar to breathe
respiratorio(a) respiratory
resucitación f. resuscitation
　—resucitación boca a boca mouth-to-mouth resuscitation
retención f. retention
retener to retain
retina f. retina
reumático(a) rheumatic
reumatismo m. rheumatism
revacunar to give a booster shot
revisar to check, to go over
riesgo m. risk
　—correr un riesgo to run a risk
riñón m. kidney
rítmico(a) rhythmic
ritmo m. rhythm
robo m. robbery, theft
rodilla f. knee
rojizo(a) reddish
romper(se) to break
ronquera f. hoarseness
ropero m. closet
rostro m. face
roto(a) broken
rubéola f. rubeola, measles

rutina f.   routine
rutinario(a)   routine

S

sacar   to take out, to remove
—*sacar la lengua*   to stick out one's tongue
sacarina f.   saccharine
sal f.   salt
—*sal de Epsom*   Epsom salt
—*sales aromáticas*   smelling salts
sala f.   room
—*sala de consulta*   doctor's office
—*sala de cuidados intensivos* intensive care room
—*sala de emergencia*   emergency room
—*sala de espera*   waiting room
—*sala de estar*   living room
—*sala de partos*   delivery room
—*sala de rayos X*   X-ray room
—*sala de urgencias*   emergency room
salida f.   exit; emergence
salmuera f.   saline solution; brine
salón m.   large room
salud f.   health
saludable   healthy
sangrar   to bleed
sangre f.   blood
—*examen de sangre*   blood analysis, blood test
—*sangre mala*   syphilis (slang)
sangriento(a)   bloody
sano(a)   healthy; good, wholesome
sarampión m.   measles, rubeola
—*sarampión alemán (de tres días)*   rubella
—*sarampión común (alemán)*   German measles, rubella
sarna f.   scabies, itch
sarpullido m.   rash
secreción f.   discharge, secretion
secundario(a)   secondary
sedante m.   sedative
sedativo m.   sedative
sedativo(a)   sedative
seguir (i)   to continue; to follow

—*seguir (i) el curso*   to run the course
seguridad f.   safety, security
seguro m.   insurance; safety
—*tarjeta del seguro*   insurance card
seguro(a)   safe, secure
semejante   similar
semen m.   semen
seminal   seminal
senil   senile
senilidad f.   senility
seno m.   breast; sinus
sensación f.   sensation, feeling
sentaderas f.   buttocks
sentido m.   sense; meaning
—*sentido común*   common sense
—*sin sentido*   unconscious
sentir(se) (ie-i)   to feel
separado(a)   separate
—*por separado*   separately
serie f.   series
serio(a)   serious
servilleta f.   napkin
—*servilleta sanitaria*   sanitary napkin
severo(a)   severe
sien f.   temple
sífilis f.   syphilis
sifilítico(a)   syphilitic
signo m.   sign, signal
silla f.   chair
—*silla de ruedas*   wheelchair
sin   without
—*sin brillo*   dull, glazed
—*sin embargo*   nevertheless
—*sin mayores consecuencias*   without serious consequences
sinapismo m.   mustard plaster
síndrome m.   syndrome
síntoma m.   symptom
sinusitis f.   sinusitis
sirena f.   siren
sistema m.   system
sobaco m.   armpit
sobrepeso m.   overweight
sobresalto m.   shock; scare
soda f.   soda pop; soda
—*bicarbonato de soda*   baking soda

sofocación f.   suffocation
solanera f.   sunburn
sonambulismo m.   somnambulism
sonda f.   tube (for drainage); probe
soplo cardíaco m.   heart murmur
soportar   to bear, to endure
soporte m.   support
sordera f.   deafness
sordo(a)   deaf
sostén m.   support
subir   to climb, to go up
—*subir de peso*   to gain weight
súbitamente   suddenly
sudar   to perspire, to sweat
sudor m.   perspiration, sweat
suelo m.   floor
suero m.   I.V., serum
sufrimiento m.   suffering
sufrir   to suffer
suicida   suicidal
suicidio m.   suicide
sujetar   to hold down, to restrain
superación f.   overcoming, surmounting
superar   to overcome
superficial   superficial
surgir   to come up, to arise, to become a topic/a problem, etc.
susto m.   fright, scare
sutura f.   suture, stitch
suturar   to suture, to stitch

T

tabla f.   chart, list, table
tableta f.   tablet, pill
tal   such a
—*tal como*   just as
talón m.   heel
tamaño m.   size
tapar   to cover, to block
tarjeta f.   card
—*tarjeta de asegurado(a)*   policyholder's card
—*tarjeta del seguro*   insurance card
tartamudeo m.   stammering, stuttering
techo m.   ceiling
tejido m.   tissue

tela adhesiva f.   adhesive tape
tímpano m.   eardrum
  —tímpano perforado   perforated eardrum
temperatura f.   temperature
tendón m.   tendon
tendonitis f.   tendonitis
tener   to have
  —tener náuseas   to feel
  nauseated
  —tener presente   to bear in
  mind
tentación f.   temptation
terapeuta m./f.   therapeutist,
  therapist
terapia f.   therapy
testículo m.   testicle
tétano(s) m.   tetanus, lockjaw
tiempo m.   time;weather
  —a tiempo   on time
  —al mismo tiempo   at the
  same time
típico(a)   typical
tiroides m.   thyroid
tobillo m.   ankle
tocar   to touch
tocología   obstetrics
tocólogo(a) m./f.   obstetrician
tolerancia f.   tolerance
tolerar   to tolerate
tonsilitis f.   tonsillitis
tórax m.   thorax, chest
torcedura f.   sprain
torcido(a)   twisted
tos f.   cough
  —tos convulsiva   whooping
  cough
  —tos ferina   whooping cough
toser   to cough
toxemia f.   toxemia
tranquilizante m.   tranquilizer
tranquilizar(se)   to tranquilize
  (oneself), to calm (oneself) down
transfusión f.   transfusion
  —transfusión de sangre
  blood transfusion
transmisible   contagious,
  transmittable
transportar   to transport

transporte m.   transportation
tráquea f.   wind pipe
trasero m.   buttocks
tratamiento m.   treatment
tratarse de   to be a question (matter) of, to deal with
traumático(a)   traumatic
trombosis f.   thrombosis
trompas de Falopio f.   Fallopian
  tubes
tuberculosis f.   tuberculosis
tubo m.   tube
tumor m.   tumor

U

úlcera f.   ulcer; canker, sore
  —úlcera péptica   peptic ulcer
  —úlcera por decúbito
  bedsore
ulceración f.   ulceration
últimamente   lately
último(a)   last (in a series)
ungüento m.   balsam, ointment,
  salve
único(a)   only, sole
  —lo único   the only thing
uña f.   nail (on toe or finger)
uremia f.   uremia
urgente   urgent
urinario(a)   urinary
urología f.   urology
urólogo(a) m./f.   urologist
urticaria f.   hives
útero m.   uterus, womb

V

vacío(a)   empty
vacuna f.   vaccine, vaccination,
  shot
  —vacuna triple   DPT (Diphtheria, Polio, Tetanus)
vacunación f.   vaccination
vacunar   to vaccinate
vagina f.   vagina
vaginal   vaginal
vaginitis f.   vaginitis
valor m.   value; courage
válvula f.   valve
varicela f.   chicken pox

várices f.   varicose veins
varón m.   male
vasectomía f.   vasectomy
vaso sanguíneo m.   blood vessel
vegetal m.   vegetable
vejez f.   old age
vejiga f.   bladder
velozmente   rapidly
vello m.   hair (on body)
vena f.   vein
  —venas varicosas   varicose
  veins
venda f.   bandage, band aid
  —venda elástica   elastic
  bandage
vendaje m.   bandage
veneno m.   poison
venéreo(a)   venereal
  —enfermedad venérea   venereal disease
ventaja f.   advantage
verdura(s) f.   vegetables
vergonzoso(a)   embarrassing,
  shameful; bashful, shy
verse   to look, to seem
verruga f.   wart
vértebra f.   vertebra
vesícula biliar f.   gallbladder
vientre m.   abdomen; womb
  —hacer de vientre   to have a
  bowel movement
viril   virile
virilidad f.   virility
viruela f.   smallpox
virus m.   virus
vista f.   vision; view
  —vista borrosa f.   blurred
  vision
vitamina f.   vitamin
volver (ue)   to return
  —volver (ue) a (conectar)   to
  (connect) again
vomitar   to vomit
vomitivo m.   vomitive, emetic
vómito m.   vomit

Y

yeso m.   cast, plaster
yodo m.   iodine

Vocabulario inglés-español

This English-Spanish end vocabulary contains all of the words and expressions that appear in the Spanish to English vocabulary of this book. Additional Spanish variations are offered when appropriate.

Stem changes and spelling changes of verbs are indicated in parentheses after the infinitive entry. For a complete review of stem changes in indicative and subjunctive verb forms, see *Gramática para la comunicación.*

A

abdomen el abdomen, el vientre
able, to be poder (ue)
 —**able to stand any more, to not be** no poder (ue) más
abnormality la anormalidad
abnormal anormal
abortion el aborto
abort, to abortar
about to (give birth), to be estar para (dar a luz)
about (two hours) ago hace como (dos horas)
above all ante todo, sobre todo
absent, to be faltar (a)
absolute absoluto(a)
 —**absolutely not** en absoluto
abstain from, to abstenerse de
abstention la abstención, privación
abuse el abuso
abuse, to abusar (de)
accelerate, to acelerar
acceleration la aceleración
accident el accidente
accidental accidental
account la cuenta
ache la dolencia, el dolor
acid el ácido
acidity la acidez
activated charcoal el carbón activado
acute agudo(a), penetrante

Adam's apple la nuez de Adán
addict el (la) adicto(a)
addicted adicto(a)
adequate adecuado(a)
adhesive tape la tela adhesiva
administer, to administrar
administration la administración
administrator el (la) administrador(a)
admissions office la oficina de admisión
admitted, to be internar(se), ingresar(se)
admit, to admitir; internar, ingresar
advantage la ventaja
advice el consejo; el asesoramiento
adviser el (la) consejero(a); el (la) asesor(a)
advise, to aconsejar, dar consejos; asesorar
affected afectado(a), conmovido(a)
affect, to afectar; impresionar
afflict, to aquejar, afligir
again, to (connect) volver (ue) a (conectar)
agency la agencia
agent el (la) agente
agreement, to come to an quedar conforme; ponerse de acuerdo

aid el auxilio, el socorro; la ayuda
aid, to auxiliar, socorrer; ayudar
ailment el malestar, la dolencia
alarmed, to become alarmarse, asustarse
alcohol el alcohol
alcoholic alcohólico(a)
alcoholic el (la) alcohólico(a)
alcoholism el alcoholismo
alert alerta, despejado(a)
alike conforme; parecido, igual
allergic alérgico(a)
allergy la alergia
alleviate, to aliviar, calmar
alleviation el alivio
allow, to dejar, permitir
ambulance la ambulancia
amnesia la amnesia
amnesiac amnésico(a)
amount la cantidad
amphetamine la anfetamina
amebic dysentery la disentería amibiana
analgesic el analgésico
analysis el análisis
analyze, to analizar
anemia la anemia
anemic anémico(a)
anesthesia la anestesia
anesthesiologist el (la) anestesiólogo(a)
anesthesiology la anestesiología
anesthetic el anestético

anesthetist el (la) anestesista

aneurysm el, la aneurisma

angina la angina

—**angina pectoris** la angina pectoris

ankle el tobillo

anorexia la anorexia

antacid el antiácido

antibiotic el antibiótico

antibody el anticuerpo

anticoagulant el anticoagulante

antidote el antídoto

antigen el antígeno

antihistamine la antihistamina

antiseptic el antiséptico

antispasmodic el antiespasmódico

antitoxin la antitoxina

anuria la anuria

anus el ano

aphrodisiac el afrodisíaco

apparatus el aparato, el dispositivo

apparently aparentemente, por lo visto, al parecer

appear, to aparecer (zc) (come into view); parecer (zc) (seem)

appendicitis la apendicitis

appendix el apéndice

appetite el apetito

apply (to oneself), to aplicar(se), dedicarse a

appointment la cita, la hora

appointment (to someone), to give an darle hora (a uno)

appointment, to have an tener una cita, tener hora

appointment, to make an citar

appropriate debido(a), apropiado(a), adecuado(a)

area el área (f.)

arch (of foot) el arco (del pie)

arm el brazo

armpit la axila, el sobaco

arrangement el arreglo, la disposición

arrange, to arreglar, ordenar

arrhythmic arrítmico(a)

arteriosclerosis la arterioesclerosis

artery la arteria

arthritic artrítico(a)

arthritis la artritis

artificial artificial, postizo(a)

—**artificial limb** el miembro artificial

—**artificial respiration** la respiración artificial

ascorbic acid el ácido ascórbico

Asiatic flu la influenza (gripe) asiática

aspirin la aspirina

assure (oneself), to asegurar(se)

asthemia la astemia

asthma el asma (f.)

asthmatic asmático(a)

astringent el astringente

athlete's foot el pie de atleta, la infección de serpigo

at least a lo menos, por lo menos, al menos

at length detenidamente, extensamente

at most a lo más, a lo sumo

atrophy la atrofia

attack el ataque

audiologist el (la) audiólogo(a)

audiology la audiología

authorization la autorización

authorize, to autorizar

automobile el automóvil, carro, coche

automobile, pertaining to an automovilístico(a)

available disponible, a mano

avoid, to evitar, eludir

B

baby el bebé, el (la) nene(a)

back (anat.) la espalda

backbone el espinazo, la columna vertebral

back of the hand el dorso de la mano

bacteria la bacteria

bacteriologist el (la) bacteriólogo(a)

bacteriology la bacteriología

bag la bolsa, el saco, la cartera

—**water bag** la bolsa de agua

baking soda la soda de cocina, el bicarbonato de soda

balance el equilibrio

balance, to lose perder (ie) el equilibrio

balsam el bálsamo, el ungüento

bandage el vendaje, la venda

band aid la curita, la venda

barbiturate el barbitúrico, el barbiturato

base of the spine la rabadilla

bath el baño

bathe, to bañar(se)

be, to estar; ser

bear in mind, to tener presente, tener en cuenta

bear, to soportar, aguantar, tolerar

beat (of the heart) el latido

beat (heart), to latir

become (a topic, a problem, etc.), to surgir

bed la cama; el lecho

bedsore la úlcera por decúbito

before antes; ante

behave (oneself), to comportar(se)

behavior el comportamiento

behind (schedule) atrasado(a)

belly la barriga

benign benigno(a)

benzedrine la bencedrina

beside junto a, al lado de

bicarbonate of soda el bicarbonato de soda

biliary spill el derrame biliar

bilious bilioso(a)

bill la cuenta

biopsy la biopsia

birth el nacimiento, el parto

—**birth defect** el defecto de nacimiento

birth control el control de la natalidad

birthmark el lunar

birthrate la natalidad

bite (insect) la picadura

bite la mordedura, el mordisco

bite, to (insect) picar

bite, to morder (ue)

blackhead la espinilla

bladder la vejiga

bleeding (heavy) la hemorragia

bleed, to sangrar

blemish el lunar; la mancha

blind ciego(a)

blindness la ceguera

blister la ampolla

block, to tapar, bloquear

blood   la sangre
  *—**blood analysis***   el análisis de sangre
  *—**blood exam***   el examen de sangre
  *—**blood clot***   el coágulo de sangre
  *—**blood plasma***   el plasma sanguíneo
  *—**blood pressure***   la presión, la presión de la sangre, la presión sanguínea, la presión arterial
  *—**blood transfusion***   la transfusión de sangre
  *—**blood vessel***   el vaso sanguíneo
bloody   sangriento(a)
blow   el golpe
blurred vision   la vista borrosa
body   el cuerpo
body (as a system)   el organismo
boil   el furúnculo, tumor
bone   el hueso
bone marrow   la médula del hueso (de los huesos)
booster   la dosis de refuerzo, el búster
booster shot   la inyección de refuerzo, el búster
booster shot, to give a   poner una inyección de refuerzo, revacunar
boric acid   el ácido bórico
born, to be   nacer (zc)
bottle   la botella
bosom   los senos, el pecho, el busto
bothersome   molesto(a), fastidioso(a)
botulism   el botulismo
bowel   el intestino inferior, las entrañas
bowel movement   la defecación
bowel movement, to have a   defecar, obrar, mover(ue) el vientre, hacer de vientre
brain   el cerebro
  *—**brain injury***   la lesión cerebral
brain, pertaining to   cerebral
break, to   romper(se), quebrar(se) (ie); fracturar(se)
breast   el seno, el pecho
breastbone   el esternón

breath   la respiración
breathe, to   respirar
breathing   la respiración
brightness   el brillo
brine   la salmuera
brochure   el folleto, el panfleto
broken   quebrado(a), roto(a); fracturado(a)
bromide   el bromuro
bronchial asthma   el asma bronquial
bronchial tube   el bronquio
bronchitis   la bronquitis
bronchopneumonia   la bronconeumonía
brow   la frente
bruise   la contusión, la magulladura
bruise (oneself), to   contusionar(se), magullar(se)
brusque   brusco(a)
bump   el golpe, el porrazo, el chichón
bunion   el juanete
burn   la quemadura, el quemazón
burning (sensation)   el ardor
burn (oneself), to   quemar(se)
bursitis   la bursitis
bust   el busto, el pecho, los senos
buttocks   las nalgas, el trasero, la sentadera

C

Caesarean   cesáreo(a)
  *—**Caesarean operation***   la operación cesárea
calamine   la calamina
calamity   la calamidad
calcium   el calcio
calf (of the leg)   la pantorrilla
calm   quieto(a), tranquilo(a), calmado(a)
calmness   la quietud, la tranquilidad, la calma
calm (oneself) down, to   calmar(se), tranquilizar(se)
calorie   la caloría
canal   el canal, el pasaje
  *—**vaginal canal***   el canal vaginal
cancer   el cáncer
cancerous   canceroso(a)
cane   el bastón
canker   la úlcera, la llaga ulcerosa

capillary   el capilar
caprice   el antojo, el capricho
capsule   la cápsula
card   la tarjeta
  *—**insurance card***   la tarjeta del seguro
  *—**policyholder's card***   la tarjeta del asegurado(a)
cardiac   cardíaco(a)
  *—**cardiac arrest***   el paro cardíaco
cardiologist   el (la) cardiólogo(a)
cardiology   la cardiología
care   el cuidado
  *—**under the care of***   bajo los cuidados de
care for, to   cuidar (de)
carefully   con cuidado, cuidadosamente, detenidamente
carefulness   el cuidado
careful, to be   tener cuidado(s); ser prudente
cartilage   el cartílago
case   el caso
cast (plaster)   el yeso, la escayola
cast, to put on a   enyesar, escayolar
castor oil   el aceite de ricino
cataracts   las cataratas
catch (a disease), to   contraer
cathartic   el purgante
cause   la causa
cause, to   causar, inducir
caution   el cuidado, la cautela
cavity   la cavidad
ceiling   el techo, el cielo raso
cell   la célula
cerebral   cerebral
  *—**cerebral palsy***   la parálisis cerebral
cervical   cervical
  *—**cervical spine***   el espinazo cervical, (la espina)
cervix   la cerviz, el cuello de la matriz
chair   la silla
chancre   el chancro
characteristic   la característica, el rasgo
chart   la hoja clínica, el gráfico, la tabla, el registro
check in, to   ingresar, internar(se)
check, to (over)   revisar, examinar

checkup la consulta, el examen, el chequeo

cheek la mejilla

cheekbone el pómulo

chemotherapy la quimioterapia

chest el pecho, el tórax

chest (for storage) el armario

chest, pertaining to pectoral

chickenpox la varicela

chills los escalofríos

chin la barbilla, el mentón

chiropodist el (la) quiropodista

chiropractor el (la) quiropráctico(a)

chlorophyll la clorofila

cholera el cólera

cholesterol el colesterol

chronic crónico(a)

cigarette el cigarrillo, el pitillo

circulate, to circular

circulation la circulación

circulatory circulatorio(a)

cirrhosis la cirrosis

clavicle la clavícula

cleanliness el aseo, la higiene
  —***personal hygiene*** el aseo personal

climb, to subir, ascender (ie), montar

clinic la clínica

clinical clínico(a)
  —***clinical history*** la hoja clínica, el historial

clitoris el clítoris

closet el armario, el ropero

cocaine la cocaína, la nieve (slang)

codeine la codeína

cod liver oil el aceite de hígado de bacalao

cold (illness) el resfrío, el resfriado, el catarro, la constipación

cold pack el emplasto frío, la compresa fría

cold, to catch a resfriarse, acatarrarse, constiparse

colic el cólico

colitis la colitis

collar bone la clavícula

collision el choque, la colisión

colon el colon

coma el coma

combat, to combatir, pelear, luchar

comfortable cómodo(a), confortable

comfortable, to make (oneself) poner(se) cómodo(a)

come up (problem, topic, etc.), to surgir

command la orden, el mandato

common cold el catarro, el resfriado, el resfrío

company la compañía

complaint la queja; la dolencia (pain), el malestar (pain)

complain, to quejar(se) (de)

complication la complicación

complicate, to complicar

compress la compresa

community la comunidad

concussion la concusión, la conmoción cerebral

condition el estado, la condición, la situación

condom el condón, el preservativo, la goma (slang), el profiláctico

confirmation la confirmación, la constatación, la prueba

confirm, to confirmar, constatar

congenital congénito(a)

congested congestionado(a)

congratulate, to felicitar, dar la enhorabuena, congratular

congratulations felicitaciones, felicidades, enhorabuena

conjunctivitis la conjuntivitis

connect, to conectar; relacionarse

conscious consciente

consciousness, to lose perder (ie) el conocimiento/el sentido

constipated estreñido(a)

constipated, to be estar estreñido(a)

constipated, to become estreñirse

constipation el estreñimiento

consult, to consultar

consume, to consumir

consumption el consumo

contact lens el lente de contacto, la lentilla

contagious contagioso(a), transmisible, infeccioso

contaminate, to contaminar, infestar, contagiar

contamination la contaminación

continue, to seguir (i), continuar

contraceptive anticonceptivo(a), contraceptivo(a)

contraceptive el anticonceptivo, el contraceptivo
  —***contraceptive method*** el método (medio) anticonceptivo
  —***contraceptive pill*** la píldora anticonceptiva

contraction la contracción

contract, to contraer

contrary contrario(a)

control el control

contusion la contusión, la magulladura

convenient conveniente, cómodo(a), útil

convulsions las convulsiones

cookie la galleta, el bollo

corn (on foot) el callo

corpse el cadáver

correspond, to corresponder

cortisone la cortisona

cost el coste, el costo, el gasto

cost, to costar (ue)

cough la tos
  —***cough drops*** las gotas para la tos, las pastillas para la tos
  —***cough syrup*** el jarabe para la tos

cough, to toser

counteract, to contrarrestar

couple of, a un par de

courage el valor

course el curso
  —***mini-course*** el cursillo
  —***run the course, to*** seguir (i) el curso

cover, to tapar, cubrir, ocultar

cracker la galleta salada

cramp el calambre

crash el choque, la colisión

craving el antojo, el ansia

cream la crema

crippled incapacitado(a), lisiado(a), tullido

critical crítico(a)

cross-eyed bizco(a)

crutch la muleta

cry el llanto

cry, to llorar

cure la cura, la curación

cure, to curar

curious curioso(a); extraño(a), raro(a)

custom   la costumbre, el hábito
cut   la cortadura, el corte
cut (oneself), to   cortar(se)
cyst   el quiste
cystic fibrosis   la fibrosis quística
cytologist   el (la) citólogo(a)

D

damage   el daño
dandruff   la caspa
danger   el peligro
dangerous   peligroso(a)
date   la cita
date, to make a   citar
day   el día
  —each day   al día, cada día
  —per day   al día
dead   muerto(a), difunto(a)
deaf   sordo(a)
deafness   la sordera
deal with, to   tratar(se) de, ocu-
  parse en
debility   la debilidad, languidez
deep   profundo(a), hondo(a)
deeply   profundamente
defecate, to   defecar, obrar, mover
  (ue) el vientre
defecation   la defecación
defect   el defecto
defense   la defensa
deformed   deforme,
  desfigurado(a)
dehydration   la deshidratación
dejected   abatido(a), deprimido(a)
delivery   la entrega, la distribución
delivery (birth)   el parto
deliver, to   entregar
delivery room (birth)   la sala de
  partos
demand   la exigencia
demand, to   exigir
demented   demente, loco(a)
dementia   la demencia
dental floss   el hilo dental
dentist   el (la) dentista
deodorant   el desodorante
depend (on, upon), to   depender (de)
depressed   deprimido(a),
  abatido(a)
depression   la depresión, el
  abatimiento
depress, to   deprimir, abatir

dermatitis   la dermatitis
dermatologist   el (la)
  dermatólogo(a)
dermatology   la dermatología
descend, to   bajar, descender (ie)
desire (to), to   desear, dar ganas
  (de), querer
detail   el detalle
detailed   detallado(a)
detail, to   detallar
detain (oneself), to   detener(se)
detoxification   la desintoxicación
  —detoxification wing   el ala
  (f.) de desintoxicación
**detoxify (oneself),
  to**   desintoxicar(se)
development   el desarrollo
develop, to   desarrollar(se)
device   el aparato, el dispositivo
dextrose   la dextrosa
diabetes   la diabetes
diabetic   diabético(a)
diagnose, to   diagnosticar
diagnosis   el diagnóstico, la
  diagnosis
diagram   el diagrama, el esquema;
  el gráfico
diaphragm   el diafragma anticonceptivo, el diafragma
diarrhea   la diarrea
diet   la dieta, el régimen
dietician   el (la) dietista
diet, to   estar a dieta, estar a
  régimen
diet, to put on a   poner(lo) a uno
  a dieta
**difficult (for someone), to
  be**   costarle (ue) (a uno), serle
  difícil
digitalin   la digitalina
dilated   dilatado(a)
dilate, to   dilatar(se)
dilation   la dilatación
diphtheria   la difteria
direction   la dirección, el curso, la
  tendencia
direct (oneself), to   dirigir(se)
disabled   incapacitado(a),
  inválido(a)
disadvantage   la desventaja
disappearance   la desaparición
disappear, to   desaparecer,
  desvanecer

discharge   el flujo, la secreción
discomfort   el malestar, la
  incomodidad
disconnect, to   desconectar
discuss, to   discutir, hablar de
disinfectant   el desinfectante
dislocated   dislocado(a)
dislocate, to   dislocar(se)
dislocation   la dislocación
distress, to   aquejar, afligir
disturbed   alterado(a), perturbado
diuretic   el diurético
diverticulitis   la diverticulitis
dizziness   el vértigo, los mareos
dizzy   vertiginoso(a), mareado(a)
dizzy, to become   marear(se),
  aturdir(se)
doctor's office   el consultorio, la
  sala de consulta
dormant   latente, inactivo(a)
do, to   hacer
dosage   la dosis
dose   la dosis
douche   la ducha (interna), el
  lavado vaginal
DPT   la vacuna triple (difteria,
  poliomielitis, tétano)
drops   las gotas
drug   la droga, la medicina
  —drug addict   el (la)
  drogadicto(a)
  —drug addiction   la narcomanía, la toxicomanía
druggist   el (la) farmacéutico(a),
  el (la) boticario(a), el (la)
  droguero(a)
**drugs, to take an overdose
  of**   drogarse
duct   el canal, el pasaje
dull   sin brillo; inactivo(a),
  desanimado(a)
dying   moribundo(a)
dysentery   la disentería
dyspepsia   la dispepsia

E

each   cada
earache   el dolor del oído
ear (inner)   el oído
ear, nose, and throat specialist
  el (la) otorrinolaringólogo(a)
ear (outer)   la oreja

earthquake la conmoción, el terremoto

easing el alivio

eat, to comer, alimentar(se)

eczema el eczema

edge el borde, el margen

effect el efecto, el resultado

effective eficaz, efectivo(a)

effectiveness la eficacia, la efectividad

efficacious eficaz

efficacy la eficacia

effort el esfuerzo

effort, to make an esforzarse (ue), hacer un esfuerzo

embarrassing vergonzoso(a), embarazoso(a)

embolism la embolia

emergence la salida, la emergencia

emergency la emergencia

emergency room la sala de emergencia, la sala de urgencia(s)

emetic el vomitivo

emphysema el enfisema

employment el empleo

employ, to emplear

empty vacío(a)

emulsion la emulsión

encephalitis la encefalitis

endocrinologist el (la) endocrinólogo(a)

endocrinology la endocrinología

endure, to soportar, aguantar

enema el enema, la ayuda, el lavado

enroll, to inscribir(se), matricular(se)

enter, to (hospital, etc.) internar(se), ingresar(se)

environment el ambiente

environmental ambiental

elastic bandage la venda elástica

elbow el codo

electrocardiogram el electrocardiograma

epidemiologist el (la) epidemiólogo(a)

epidemiology la epidemiología

epilepsy la epilepsia

epileptic epiléptico(a)

episiotomy (incision of the perineum) la episiotomía

Epsom salt la sal de Epsom

equilibrium el equilibrio

equilibrium, to lose perder (ie) el equilibrio

eruption la erupción

esophagus el esófago

exaggerate, to exagerar

exaggeration la exageración

examination el examen, el reconocimiento

examination, to have an hacerse un examen

  —**blood examination** el examen de sangre

  —**general examination** el examen general

  —**routine examination** el examen de rutina

examine, to examinar, reconocer

except for excepto, fuera de, salvo

excess el exceso

  —**in excess** en exceso

excessive excesivo(a)

excrement el excremento

exercise el ejercicio

exercise, to hacer ejercicios

exigency la exigencia

exit la salida

expectorant el expectorante

expenditure el gasto

expense el gasto

experience, to experimentar, experienciar

experiment, to experimentar

eye el ojo

eyeball el globo del ojo

eyebrow la ceja

eyedropper el gotero, el cuentagotas

eyeglasses los anteojos, los lentes, las gafas

eyelash la pestaña

eyelid el párpado

F

face la cara, el rostro

  —**face down** boca abajo

  —**face up** boca arriba

facilitate, to facilitar

facing frente a

fact el dato; el hecho

fainting (spell) el desmayo

faint, to desmayar(se)

faithfully fielmente

fall la caída

fall (down), to caer(se)

Fallopian tubes las trompas de Falopio

false postizo(a), artificial, falso

family, pertaining to the familiar

family planning la planificación familiar

farsighted présbite(a), largo(a) de vista, hipermetrope

fat gordo(a)

fat, to become engordar

fatal fatal

fatigue la fatiga, el cansancio

favor el favor

  —**in your (his, her) favor** a su favor

features las facciones

feed (oneself), to alimentar(se), dar(se) de comer

feeling la sensación; el sentimiento, la emoción

feel, to sentir(se) (ie-i)

female la hembra

fetus el feto

fever la fiebre, la temperatura

fibrositis la fibrositis

find out, to averiguar, informarse de, descubrir

finger el dedo

first aid los primeros auxilios

fix, to arreglar, componer, reparar

flashlight la linterna

flat foot el pie plano

flatulence la flatulencia

fleeting pasajero(a)

flesh la carne

floor el suelo

floor (of a building) el piso

flow el flujo; el curso

flow, to fluir

flu la gripe, la influenza

fluid el fluido, el líquido

foam la espuma

follow, to seguir (i)

food el alimento, la comida

foot el pie

footrest el estribo

force la fuerza

forearm el antebrazo

forehead la frente
form el formulario
fracture la fractura
fracture, to fracturar(se)
freckle la peca
free of charge gratis, gratuito(a)
fright el susto, el espanto
frighten, to asustar, espantar, atemorizar
frightful espantoso(a)
from de
  —from now on de ahora en adelante
  —from time to time de vez en cuando, a veces
frostbite la congelación
front el frente, el principio
front part el frente, la parte delantera
fried frito(a)
fried food la fritura
fruit la fruta
fry, to freír
function (mechanically, etc.), to funcionar
furnish, to proporcionar, suministrar
furthermore por otra parte, además

G

gain weight, to subir de peso, engordar
gallbladder la vesícula biliar
gallstone el cálculo en la vejiga, el cálculo biliario
ganglion el ganglio
gangrene la gangrena
gash la cuchillada
gastritis la gastritis
gastroenterologist el (la) gastroenterólogo(a)
gastroenterology la gastroenterología
gastroscope el gastroscopio
gauze la gasa
general practitioner el (la) médico general
genetic genético(a)
genetics la genética
genital genital
  —genital herpes el herpes genital (simplex II)
genital organ el órgano genital

geriatrics la geriatría
geriatric specialist el (la) geriatra
germ el germen, el microbio, la bacteria
German measles el sarampión alemán
germicide el germicida
gerontologist el (la) gerontólogo(a)
gerontology la gerontología
get (as in a disease), to darle a uno
give, to dar
  —give an appointment, to darle hora a uno, citar
  —give an injection, to poner una inyección
  —give birth, to dar a luz, parir
  —give the order, to dar la orden
gland la glándula
glove el guante
glaucoma el glaucoma
glazed (eyes) sin brillo
go away (state, effects), to pasársele a uno
go down, to bajar, descender (ie)
goiter el bocio
gonorrhea la gonorrea
good bueno(a)
  —the bad thing (part) is lo malo es
  —the good thing (part) is lo bueno es
go up, to subir, ascender (ie)
go over, to revisar
gout la gota
graph el gráfico
gratis gratis, gratuito(a)
grave (serious) grave, serio(a)
green vegetables las verduras
groan la queja, el quejido
groin la ingle; el empeine
grow thin, to adelgazar, ponerse delgado(a)
gynecologist el (la) ginecólogo(a)
gynecology la ginecología

H

habit el hábito, la costumbre
hair (of head) el pelo, el cabello
hair (on body) el vello

halitosis la halitosis
hallucination la alucinación
hamburger la hamburguesa
hand la mano
  —on the other hand por otra parte
handbag la cartera, el bolso
handicap el impedimento
handicapped lisiado(a), incapacitado(a), impedido(a), inválido(a)
hard of hearing duro(a) de oído, no oír bien
hard spot la dureza
harelip (cleft palate) el labio leporino, el paladar hendido
harmful dañoso(a), perjudicial, nocivo(a)
hay fever la fiebre del heno
head la cabeza
headache el dolor de cabeza
health la salud
healthy saludable, sano(a)
hearing el oído
hearing aid el audífono, el aparato auditivo
heart el corazón
  —heart attack el ataque al corazón, el ataque cardíaco
  —heart disease la enfermedad del corazón, la enfermedad cardíaca
  —heart murmur el soplo cardíaco
  —heart trouble el problema cardíaco
heat el calor
  —heat prostration la postración del calor
  —heat therapy la termoterapia
heaviness el peso
heel el talón
help la ayuda; el socorro, el auxilio
help, to ayudar; socorrer, auxiliar
hematologist el (la) hematólogo(a)
hematology la hematología
hemophilia la hemofilia
hemorrhage la hemorragia
hemorrhoids las hemorroides, las almorranas
hepatitis la hepatitis
hernia la hernia
heroin la heroína

herpes el herpes
—***genital herpes (simplex II)*** el herpes genital
—***herpes sore*** la lesión herpética
—***labial herpes (simplex I)*** el herpes labial
hide el cuero
high blood pressure la presión alta, la hipertensión arterial
hip la cadera
histiologist el (la) histólogo(a)
history la historia
—***medical history*** la historia médica, el historial
hit (oneself), to golpear(se)
hives la urticaria
hoarseness la ronquera
hold, to guardar, tener, sostener
hold down, to sujetar
homeopathist el (la) homeópata
honorarium el honorario
hormone la hormona, el hormón
hospital el hospital; la enfermería
hour la hora
hunchback el (la) jorobado(a)
hurt, to doler (ue)
hygiene la higiene, el aseo
—***personal hygiene*** el aseo personal
hyperactive hiperactivo(a)
hypertension la hipertensión
hyperventilation la hiperventilación
hypochondria la hipocondría
hypochondriac el (la) hipocondríaco(a)
hypoglycemia la hipoglicemia
hysteria la histeria
hysterical histérico(a)

I

ice el hielo
ill enfermo(a)
immediate inmediato(a)
immediately de inmediato, inmediatamente
immunization la inmunización
immunize, to inmunizar
immunologist el (la) inmunólogo(a)
immunology la inmunología
impede, to impedir (i), estorbar

important importante
—***how important it is*** lo importante que es
impediment el impedimento, el obstáculo
impotence la impotencia
impotent impotente
in en
—***in agreement*** conforme, de acuerdo
—***in front of*** frente a, delante de
—***in excess*** en exceso
—***in no way*** de ninguna manera
—***in spite of*** a pesar de
—***in the name of*** a nombre de
incision la incisión, el corte
increase, to aumentar
incurable incurable
index el índice
index finger el índice
indigestion la indigestión
infarct el infarto
infected infectado(a)
infection la infección
infect, to infectar
infirmary la enfermería
inflamed inflamado(a), irritado(a)
influenza la gripe, la influenza
inform (oneself), to informar(se)
information la información, el informe; el dato
inform, to informar, poner al corriente, enterar(se)
informed, to be estar informado(a), estar sobre aviso
injection la inyección
injured herido(a), lesionado(a), lastimado(a)
injure (oneself), to dañar(se), lastimar(se)
injury la lesión, la herida, el daño
inner ear el oído interno
inoculation la inoculación
inoculate, to inocular
insane loco(a), demente
insert, to insertar
insolation la insolación
insomnia el insomnio
inspection la inspección
inspect, to inspeccionar

instep el empeine
insulin la insulina
insurance el seguro
—***insurance card*** la tarjeta del seguro
—***insurance company*** la compañía de seguros
—***insured person*** el (la) asegurado(a)
intense intenso(a), fuerte
intensive intensivo(a)
—***intensive care room*** la sala de cuidados intensivos
intern el (la) interno(a), el (la) médico practicante
internal interno(a), interior
—***internal medicine*** la medicina interna
internist el (la) internista
interrogate, to interrogar, preguntar
interrogation la interrogación
intestine el intestino
intoxication la intoxicación
intrauterine intrauterino(a)
—***intrauterine device*** el aparato intrauterino, el dispositivo intrauterino
—***intrauterine loop*** la espiral intrauterina
iodine el yodo
iron el hierro
irregular irregular
irregularity la irregularidad
irreversible irreversible
irritable irritable
irritated irritado(a); inflamado(a)
irritate, to irritar
irritation la irritación
itch la picazón, la comezón, la sarna
itch, to picar
IUD el aparato intrauterino, el dispositivo intrauterino
I.V. (intravenous saline) el suero

J

jaundice la ictericia, el derrame biliar
jaundiced ictericiado(a), ictérico(a)
jaw la mandíbula

jelly la jalea, gelatina
joined junto(a)
joint la coyuntura, la articulación
jolt el choque, la sacudida
jot (down), to anotar, apuntar
just as tal como, igual que

K

keep, to guardar
—**keep quiet, to** guardar
reposo
kidney el riñón
—**kidney failure** la insuficien-
cia renal
—**kidney stone** el cálculo en el
riñón, el cáculo renal
knee la rodilla
knock down, to atropellar
knocked down atropellado(a)
knowledge el conocimiento

L

labial labial
—**labial herpes (simplex I)** el
herpes labial
laboratory el laboratorio
laceration la laceración, la
desgarradura
lacking, to be hacer falta, faltar
lack, to faltar
ladder la escalera
lame cojo(a)
lameness la cojera
lantern la linterna
large room el salón
large, to grow agrandar(se)
laryngitis la laringitis
larynx la laringe
last (in a series) último(a)
late atrasado(a), tarde
lately últimamente, por último
latent latente
late, to be atrasar(se); llegar tarde
laxative el laxativo, el laxante, el
purgante
lean back, to recostar(se) (ue)
leather el cuero
leave behind, to dejar atrás
—**leave a great deal (to be
desired), to** dejar mucho que
(desear)

left izquierdo(a)
—**left side** el costado izquierdo
(anat.), el lado izquierdo
leg la pierna
lengthen, to alargar(se)
legume la legumbre
leprosy la lepra
lesion la lesión
less menos
—**at least** a lo menos, por lo
menos
let, to dejar, permitir
leukemia la leucemia
level el nivel
lie back, to recostar(se) (ue)
ligament el ligamento
light leve, liviano(a), ligero
limb el miembro, la extremidad
liniment el linimento
lip el labio
liquid el líquido, el fluido
list la lista, la tabla
liver el hígado
living room la sala de estar, el
living
loan el préstamo
loan, to prestar
—**to pay attention** prestar
atención
lockjaw el tétanos
loop (IUD) el lazo
lose, to perder (ie)
—**lose consciousness,
to** perder (ie) el conocimiento
—**lose equilibrium, to** perder
(ie) el equilibrio
—**lose weight, to** bajar de peso,
adelgazar
look (appearance), to parecer,
verse
loss la pérdida
—**loss of blood** la hemorragia
lotion la loción
louse el piojo
low blood pressure la presión
baja, la hipotensión arterial
LSD una droga alucinante, DAL
lubricant el lubricante
lumbago el lumbago
lump la dureza, la protuberancia;
la hinchazón
lung el pulmón
lupus el lupus

lymphatic linfático(a)
lymph glands las glándulas linfá-
ticas

M

machine la máquina
mad loco(a); enojado(a),
enfadado(a)
maintain, to mantener
make, to hacer
malaria la malaria
male el varón
malignancy la malignidad
malignant maligno(a)
malnutrition la desnutrición, la
malnutrición
mammograph la mamografía
mammography la mamografía
manner la manera, el modo, el
método
march, to marchar
marijuana la mariguana, la yerba
(slang)
mark la marca, la mancha
marrow la médula
marvelous maravilloso(a), estu-
pendo(a), admirable
mask la mascarilla
—**oxygen mask** la mascarilla
de oxígeno
massage el masaje
mastectomy la mastectomía
maternity la maternidad
—**Maternity Ward** la
maternidad
meaning el sentido, el significado
meanwhile mientras tanto
measles el sarampión
measure la medida
measured medido(a)
measurement la medición, la
medida
measure, to medir (i)
mechanism el dispositivo, el
aparato
medical médico(a)
—**medical chart** la hoja clínica
—**medical history** la historia
médica, el historial
medicine la medicina, el medicamento, el remedio, la droga
member el miembro; la
extremidad

membrane la membrana

meningitis la meningitis

menopause la menopausia, el cambio de vida

menstrual menstrual

menstruate, to menstruar

menstruation la menstruación, la regla, el período

menthol el mentol

metastasis la metástasis

methadone la metadona

method el método, la manera, el modo, el medio

—**contraceptive method** el medio (método) anticonceptivo

—**rhythm method** el método del ritmo

microbe el microbio, la bacteria

microbiologist el (la) microbiólogo(a)

microbiology la microbiología

middle el medio, el centro

migraine la migraña, la jaqueca

milk of magnesia la leche de magnesia

mineral el mineral

—**mineral oil** el aceite mineral

minute el minuto

—**after a few minutes** a los pocos minutos

minute (small) menudo(a), diminuto(a)

miopic miope, corto de vista

miscarriage el aborto, el aborto accidental

miscarry, to abortar, abortar accidentalmente

miss, to faltar, perder (ie); echar de menos, extrañar

missing, to be faltar; desaparecido (haber)

mite el ácaro

mix, to mezclar

mixture la mezcla

moan la queja, el quejido, el lamento

mode el modo, la manera, la forma

moderate módico(a), moderado(a)

moderation la moderación

mole el lunar

moment el momento

—**for the moment** por de pronto, por el momento

monitor el monitor

mononucleosis la mononucleosis

monthly mensualmente, mensual, al mes, por mes

more más

—**at most** a lo más, cuando más

—**more and more** cada vez más

morphine la morfina

mortal mortal

mortality la mortalidad

—**mortality rate** el índice de mortalidad

motionless quieto(a), inmóvil

mouth la boca

—**mouth-to-mouth resuscitation** la resucitación boca a boca

movement el movimiento

move, to mover(se) (ue)

mucus el moco

—**mucous membrane** la (membrana) mucosa

mumps las paperas

muscle el músculo

muscular dystrophy la distrofia muscular

mustard plaster la cataplasma de mostaza, el sinapismo

myopia la miopía

myositis la miositis

N

nail (on toe or finger) la uña

name el nombre

—**first name** el nombre de pila

—**last name** el apellido

—**maiden name** el apellido de soltera

—**nickname** el apodo, el sobrenombre

narcotic el narcótico

nature la naturaleza

nausea la náusea

nauseated, to feel tener náuseas

navel el ombligo

nearby cercano(a), próximo(a)

nearsighted miope

nearsightedness la miopía

neatness el aseo, la limpieza

neck el cuello

—**neck of the womb (cervix)** el cuello de la matriz

needed, to be hacer falta

needle la aguja

nerve el nervio

nervous nervioso(a)

—**nervous breakdown** la crisis nerviosa

nervousness el nerviosismo, la nerviosidad

neuralgia la neuralgia

neuralgic neurálgico(a)

neurasthenia la neurastenia

neuritis la neuritis

neurologist el (la) neurólogo(a)

neurology la neurología

neurosis la neurosis

neurotic neurótico(a)

nevertheless sin embargo, a pesar de todo

news, piece of la noticia

niacin la niacina

night blindness la nictalopía

nitroglycerine la nitroglicerina

node el nódulo

—**lymph node** el nódulo linfático

nodule el nódulo

normal normal

normally normalmente, de costumbre

note la nota, el apunte

note, to make a anotar, apuntar, señalar

not one (not any) ninguno(a)

—**not at all** de ninguna manera

nourishing alimenticio(a), nutritivo(a)

—**nourishing diet** la dieta alimenticia

nourish (oneself), to alimentar(se)

novocaine la novocaína

now ahora

—**from now on** de ahora en adelante

nose la nariz

nurse el (la) enfermero(a)

—**practical nurse** enfermero(a) práctico(a)

—**registered nurse** enfermero(a) diplomado(a)

nutrition la nutrición

nutritive   nutritivo(a), alimenti-
cio(a)

O

obesity   la obesidad
obstetrician   tocólogo(a);
partero(a)
obstetrics   la obstetricia, la
tocología
office   la oficina, el consultorio
often   a menudo, con frecuencia
ointment   el ungüento, la pomada,
la crema
old age   la vejez
oncologist   el (la) oncólogo(a)
oncology   la oncología
only   único(a); sólo, solamente
—only thing, the   lo único
operate (upon), to   operar
operation   la operación
opium   el opio
order   la orden; el orden
order, to   ordenar, dar la orden
order, to put in   ordenar, poner
en orden
organ   el órgano
organism   el organismo
osteomyelitis   la osteomielitis
otorhinolaryngologist   otorrino-
laringólogo(a)
outbreak   la erupción
outside   fuera
—outside of   fuera de
ovary   el ovario
overcome, to   superar, vencer
overcoming   la superación
over, to be almost   faltar poco
(tiempo)
overweight   el sobrepeso, el exceso de peso
overweight   gordo(a), demasiado
pesado(a), exceso de carnes
owner   el (la) dueño(a)
oxygen   el oxígeno
—oxygen mask   la mascarilla
de oxígeno

P

pacemaker   el marcapasos
pain   el dolor
pair   el par
—pair of, a   un par de

pamphlet   el folleto, el panfleto
pancreas   el páncreas
pancreatitis   la pancreatitis
Pap smear   el frotis de
Papanicolaou
paralysis   la parálisis
paralytic   paralítico(a)
paramedic   el (la) paramédico(a)
paramedical   paramédico(a)
paraplegia   la paraplejía
part   la parte
pass (state, effects), to   pasársele a uno
passageway   el pasaje, el canal
passing   pasajero(a)
pathologist   el (la) patólogo(a)
pathology   la patología
patient   el (la) paciente
pay (for), to   pagar
pay attention, to   prestar atención
payment   el pago
pectoral   pectoral
pediatrician   el (la) pedíatra
pediatrics   la pediatría
pelvis   la pelvis
penicillin   la penicilina
penis   el pene, el miembro viril
peptic ulcer   la úlcera péptica
perforated eardrum   el tímpano
perforado
pericarditis   la pericarditis
periodically   periódicamente, de
vez en cuando
period (menstruation)   la menstruación, la regla, el período
periodontist   el (la) periodontista
permission   el permiso, la
autorización
personal   personal, particular,
privado(a)
personnel   el personal
perspiration   el sudor, la
transpiración
perspire, to   sudar, transpirar
pertussis   la pertusis
pharmacologist   el (la)
farmacólogo(a)
pharmacology   la farmacología
pharmacy   la farmacia
pharynx   la faringe
phase   la etapa, la fase
phenobarbital   el fenobarbital
phlebitis   la flebitis

phlegm   la flema
phobia   la fobia
physical   físico(a)
—physical therapy   la
fisioterapia
physician   el médico, el (la)
doctor(a)
physiology   la fisiología
physiotherapist   el (la)
fisioterapeuta
pill   la pastilla, la píldora, la tableta
pimple   el grano, la espinilla
—small pimple   el granito
pituitary gland   la glándula
pituitaria
place, to   poner, colocar
placenta   la placenta
plan   el plan, el proyecto
planning   la planificación
plan, to   planear, planificar,
proyectar
plasma   el plasma
plaster   el yeso, la escayola
plastic   plástico(a)
—plastic surgeon   el (la) ciru-
jano(a) plástico(a)
—plastic surgery   la cirugía
estética, la cirugía plástica
pleurisy   la pleuresía
pneumonia   la pulmonía, la
(p)neumonía
pocketbook   la cartera, la bolsa
podiatrist   el (la) podiatra
podiatry   la podiatría
poison   el veneno
poisoning   el envenenamiento, la
intoxicación
poison, to   envenenar, intoxicar
poison ivy   la hiedra venenosa
policyholder   el (la) asegurado(a)
—policyholder's card   la tarjeta
del asegurado(a)
policy (insurance, etc.)   la
póliza
polio   la poliomielitis, la polio
poliomyelitis   la poliomielitis
pollute, to   contaminar
pollution   la contaminación, la
polución
polyp   el pólipo
pomade   la pomada
pore   el poro
possible   posible

—as little as possible lo menos posible

—as much as possible lo más posible

—as soon as possible cuanto antes, lo antes posible

postnatal posnatal

postpone, to posponer, aplazar

potato la papa

pound la libra

powder el polvo

practical práctico(a)

practical nurse el (la) enfermero(a) práctico(a)

precaution la precaución

precise, to make precisar

precision la precisión, la exactitud

pregnancy el embarazo

pregnant embarazada, encinta

pregnant, to be estar embarazada, estar en estado, estar encinta

pregnant, to become embarazar(se)

pregnant, to make embarazar

preliminary preliminar

prenatal prenatal

prescription la receta, la prescripción

present presente

pressure la presión

prevent, to prevenir, evitar

prevention la prevención, el obstáculo

private privado(a), particular, personal

probe la sonda

proctologist el (la) proctólogo(a)

proctology la proctología

produce, to producir, manifestar

professional profesional

—professional fee los honorarios

profound profundo(a)

progress el progreso

progress, to progresar

program el programa

promise la promesa

proper debido(a), justo

—proper precautions las debidas precauciones

prophylactic el profiláctico

prostate la próstata

protect, to proteger, guardar

protein la proteína

protracted prolongado(a)

prove, to probar (ue), demostrar (ue)

psoriasis la (p)soriasis

psychiatrist el (la) (p)siquiatra

psychiatry la (p)siquiatría

psychological (p)sicológico(a)

psychologist el (la) (p)sicólogo(a)

psychology la (p)sicología

psychopathic (p)sicopático(a)

psychosomatic (p)sicosomático(a)

psychosis la (p)sicosis

psychotic (p)sicótico(a)

pulse el pulso

pupil (of the eye) la pupila

pumping el lavado

purse la cartera, la bolsa

pus el pus

push (from within), to pujar

put, to poner, colocar

—put (oneself) in contact with, to poner(se) en contacto con, comunicar(se) con

—put up with, to soportar, aguantar

put on (oneself), to aplicar(se)

pyorrhea la piorrea

Q

quantity la cantidad

questioning la interrogación

question, to preguntar, cuestionar

question of, to be a tratarse de

quinine la quinina

R

rabies la rabia

radiation la radiación

—radiation shield el blindaje contra la radiación

—radiation therapy la radioterapia

radiologist el (la) radiólogo(a)

radiology la radiología

rapidly rápidamente, velozmente

rare raro(a), extraño(a)

rash el sarpullido, la erupción

rate el índice

—mortality rate el índice de mortalidad

ratio el índice

reaction la reacción

react, to reaccionar, resistir

recently recién, recientemente

receptionist el (la) recepcionista

recline, to recostar(se) (ue)

recognize, to reconocer (zc), admitir

recognition el reconocimiento

recommendable recomendable

recommendation la recomendación

recommend, to recomendar (ie)

reconstruction la reconstrucción

reconstruct, to reconstruir

record el registro

recover, to recuperar(se)

recovery la recuperación

rectum el recto

recuperate, to recuperar(se)

recuperation la recuperación

reddish rojizo(a)

refrain from, to abstenerse de

registered nurse el (la) enfermero(a) diplomado(a)

register, to inscribir(se), matricular(se)

regularity la regularidad

regulation el reglamento, la regla

relax (oneself), to relajar(se)

release (from a hospital, etc.), to dar de alta

relief el alivio

relieve, to aliviar

remain, to quedar(se), permanecer (zc)

remedy el remedio; la medicina

remove (surgically), to extirpar, sacar

repose el reposo

repose, to reposar

reproduce, to reproducir (zc)

reproduction la reproducción

reproductive reproductivo(a)

requirement la exigencia, el requisito

require, to exigir

resistant resistente

resolution la resolución

respiratory respiratorio(a)

rest el descanso, el reposo

restless   inquieto(a)

restrain, to   sujetar

rest, to   descansar, reposar, guardar reposo

retain, to   retener

retention   la retención

retina   la retina

return   la vuelta, el regreso

return, to   volver (ue), regresar

reversible   reversible

rheumatic   reumático(a)

  —**rheumatic fever**   la fiebre reumática

rheumatism   el reumatismo

rheumatoid arthritis   la artritis reumatoide

rhythm   el ritmo

  —**rhythm method**   el método del ritmo

rhythmic   rítmico(a)

rib   la costilla

rickets   el raquitismo

right   derecho(a)

right   el derecho

right side   el costado derecho (anat.), el lado derecho

ring   el anillo

ring (IUD)   el anillo

risk   el riesgo

risk, to   arriesgar

risk, to run a   correr un riesgo

road   el camino

  —**on the road (way) to**   camino de

robbery   el robo

rob, to   robar

room   el cuarto, la habitación, la sala

  —**private room**   el cuarto privado

routine   la rutina

routine   rutinario(a)

rub   la fricción, la frotación

rubber   la goma; el condón

  —**rubber gloves**   los guantes de goma

rubella   el sarampión alemán (de tres días), el sarampión común

rubeola   la rubéola

rubbing   la frotación

rule   la regla, el reglamento

run a risk, to   correr un riesgo

run down (weak)   decaído(a), débil

run, to   correr

  —**run the course, to**   seguir (i) el curso

run over   atropellado(a)

run over, to   atropellar

S

saccharine   la sacarina

sack   la bolsa, el costal

safe   seguro(a)

safety   la seguridad

saline solution   el agua con sal, la salmuera, el agua salina

salivary gland   la glándula salival

salve   la pomada, el ungüento

sample   la muestra

sane   de juicio sano, cuerdo(a)

sanitary napkin   la compresa, la almohadilla higiénica

satisfaction   la satisfacción

satisfied   satisfecho(a), conforme

satisfy, to   satisfacer

scab   la costra

scabies   la sarna

scalp   el cuero cabelludo

scapula   la escápula

scar   la cicatriz

scare   el susto, el espanto

scare, to   asustar, espantar

scarlet fever   la (fiebre) escarlatina

sciatica   la ciática

sclerosis   la esclerosis

scratch   el rasguño, el arañazo; la raya, la marca

scratch (oneself), to   rascar(se); rasguñar(se), arañar(se)

scraper   el raspador

scrape, to   raspar

scream   el grito

scream, to   gritar

scrotum   el escroto

scurvy   el escorbuto

seasickness   el mareo

seasoned   condimentado(a)

seasoning   el condimento

season, to   condimentar

secondary   secundario(a)

secretion   la secreción

secure   seguro(a)

security   la seguridad

sedative   el sedante, el sedativo, el calmante, el tranquilizante

seem, to   parecer (zc), verse

seizure   el ataque (epiléptico)

semen   el semen

seminal   seminal

  —**seminal duct**   el canal (pasaje) seminal

senile   senil, chocho(a)

senility   la senilidad, la chochez

sensation   la sensación

sense   el sentido

  —**common sense**   el sentido común

separate   separado(a)

separately   por separado, separadamente

series   la serie

serious   serio(a), grave

seriousness   la seriedad, la gravedad

serum   el suero

severe   severo(a), grave

sexual   sexual

  —**sexually transmitted disease**   la enfermedad transmitida sexualmente

  —**sexual organ**   el órgano sexual

shame   la vergüenza

shameful   vergonzoso(a)

sheet (of paper)   la hoja

shield (IUD)   el escudo, el protector

shine   el brillo

shock (nervous)   el ataque de nervios, el choque nervioso, el sobresalto, la conmoción nerviosa

shooting pain   la punzada

short time   el rato

shot   la inyección, la vacuna, la inoculación

shot, to give a   poner una inyección, inyectar

shoulder   el hombro

shoulder blade   el omóplato, la escápula, la paletilla

shout   el grito

shout, to   gritar

shower   la ducha

shower, to   duchar(se)

show, to mostrar (ue)

shy tímido(a), pudoroso(a), vergonzoso(a)

sick enfermo(a)

sickness la enfermedad

sick person el (la) enfermo(a)

sick, to become enfermar(se)

side el costado (anat.), el lado; el borde

   —side effect el efecto secundario

sight la visión; la vista

sign el signo; el letrero

signature la firma

sign, to firmar

signal el signo, la señal

similar semejante, parecido(a), similar

sinus el seno

sinus congestion la congestión nasal

sinusitis la sinusitis

siren (horn) la sirena

size el tamaño

skeleton el esqueleto

skin la piel, el cutis; el cuero

skin (of the face) el cutis

skull el cráneo

slap, little la palmadita

slice la rebanada, tajada, pedazo

slight leve, pequeño

sling el cabestrillo

slipped disc el disco desplazado

slowly detenidamente, lentamente, despacio

small pequeño(a), chico(a), menudo(a)

small bottle el frasco

smallpox la viruela

smelling salts las sales aromáticas

smoke, to fumar

soaked empapado(a)

soak (oneself), to empapar(se)

sober (oneself) up, to desintoxicar(se)

soda la soda

soda pop la soda, la gaseosa

sodium pentothal el pentotal de sodio

sole of the foot la planta del pie

sole (only one) único(a)

soluble soluble

solution la solución; la resolución

solve, to resolver (ue)

somnambulism el sonambulismo

soon pronto

sore la llaga, la úlcera, el granito

sore throat el dolor de garganta

sparkle el brillo

spasm el espasmo

spasmodic espasmódico(a)

spastic espástico(a), espasmódico(a)

spastic colon el colon espástico

specialist el (la) especialista

specialization la especialización

specialize, to especializar(se)

specimen la muestra

speculum el espéculo

spend, to gastar; pasar

spice el condimento

spicy condimentado(a)

spinal column la columna vertebral, la espina dorsal

spinal cord la médula espinal

spine la columna vertebral, el espinazo

spiral (IUD) la espiral

spleen el bazo

splint la tablilla

spoonful la cucharada

spot la mancha, la marca

spotlight la linterna

sprain la torcedura, la dislocación

stab la puñalada, la cuchillada

stage (phase) la etapa

stairway la escalera

stammering el tartamudeo

stammer, to tartamudear

state (condition) el estado, la condición

statistic la estadística

stay la permanencia

stay, to quedar(se), permanecer (zc)

stay in bed, to guardar cama

stay calm, to mantener la calma

sterile estéril; infértil

stethoscope el estetoscopio

stick out one's tongue, to sacar la lengua

still (motionless) quieto(a)

stimulant el estimulante

stimulate, to estimular

sting la picadura

sting, to picar

stirrup el estribo

stitch el punto, la sutura

stitch, to poner puntos, suturar

stomach el estómago

stomachache el dolor de estómago

stomach, relative to estomacal

stop (oneself), to detener(se)

stop (smoking), to dejar de (fumar)

straight derecho(a)

strain (from within), to pujar, hacer un esfuerzo

strange extraño(a), raro(a), curioso(a)

strength la fuerza

stretcher la camilla

stroke el derrame (cerebral)

strong fuerte

stupendous estupendo(a), maravilloso(a)

stuttering el tartamudeo

stutter, to tartamudear

such a tal

sudden súbito(a), brusco(a), repentino(a)

suddenly súbitamente, bruscamente, repentinamente

suffering el sufrimiento, el padecimiento

suffer, to sufrir, padecer (zc)

suffocation la sofocación, la asfixia

suicidal suicida

suicide el suicidio

suicide, to commit suicidarse

suitable conveniente

sulphur el azufre

sunburn el quemazón, la solanera

sunstroke la insolación

superficial superficial

supply, to proporcionar

support el apoyo; el soporte; el sostén

support (economically), to mantener

support, to apoyar

surgeon el (la) cirujano(a)

surgery la cirugía

surmounting la superación

surmount, to superar, vencer
suture la sutura, la puntada
suture, to suturar
sweat, to sudar, transpirar
sweat el sudor, la transpiración
swelling la hinchazón
swell up, to hinchar(se)
symptom el síntoma
syndrome el síndrome
syphilis la sífilis; la sangre mala (slang)
syphilitic sifilítico(a)
syringe la jeringa
system el sistema

T

tablet la tableta, la pastilla, el comprimido
table (chart, etc.) la tabla
table la mesa
    —**examination table** la mesa de examen
take care of, to cuidar (de)
take care of (wait on), to atender (ie)
take out, to sacar
tampon el tampón, el tapón
teaspoonful la cucharadita
temperature la temperatura; la fiebre
temple la sien
temptation la tentación
tendon el tendón
tendonitis la tendonitis
terrifying espantoso(a)
terror el terror, el espanto
testicle el testículo
tetanus el tétano
theft el robo
therapeutist el (la) terapeuta
therapist el (la) terapeuta
therapy la terapia
thermometer el termómetro
thick grueso(a)
thigh el muslo
thin delgado(a), flaco(a)
thin, to become adelgazar, enflaquecer
thorax el tórax
throat la garganta
thrombosis la trombosis
thus así
thyroid el tiroides

time el tiempo
    —**at the appropriate time** oportunamente
    —**at the same time** al mismo tiempo
    —**on time** a tiempo
tiny menudo(a)
tired cansado(a), fatigado(a)
tiredness el cansancio, la fatiga
tire (oneself), to cansar(se), fatigar(se)
tissue el tejido
together junto(a)
    —**together with** junto con
tolerance la tolerancia
tolerate, to tolerar
tonsillitis la amigdalitis, la tonsilitis
tonsils las amígdalas
tongue la lengua
    —**tongue depressor** el depresor (de la lengua)
tonic el tónico
tooth el diente, la muela
torso el torso
tourniquet el torniquete
toxemia la toxemia
traction la tracción
tranquil tranquilo(a), calmado(a)
tranquilizer el tranquilizante, el calmante
tranquil, to make (oneself) tranquilizar(se), calmar(se)
transfusion la transfusión
    —**blood transfusion** la transfusión de sangre
transmittable transmisible, contagioso(a)
transportation el transporte
transport, to transportar
traumatic traumático(a)
treatment el tratamiento
treat, to tratar
tremor la conmoción
tropical disease la enfermedad tropical
tube el tubo
tube (for drainage) la sonda
tuberculosis la tuberculosis
tumor el tumor
twisted torcido(a)
typhoid fever la fiebre tifoidea
typical típico(a)

U

ulcer la úlcera
ulcerate, to ulcerar
ulceration la ulceración
unconscious inconsciente, sin sentido
unconsciousness la inconsciencia
undernourished desnutrido(a), malnutrido(a)
undernourishment la desnutrición
undernourish (oneself), to desnutrir(se)
underweight de peso bajo, falto de peso
underweight la falta de peso
undress (oneself), to desvestir(se) (i)
uneasy inquieto(a), nervioso(a)
unfortunately desgraciadamente, por desgracia
united unido(a), junto(a)
unlike al contrario de
unusual raro(a), insólito
uremia la uremia
urgency la urgencia
urgent urgente
urinary urinario(a)
urinate, to orinar
urine la orina
urologist el (la) urólogo(a)
urology la urología
upset alterado(a), molesto(a)
uterus el útero, la matriz

V

vaccinate, to vacunar
vaccination la vacuna, la vacunación, la inoculación
vagina la vagina
vaginal vaginal
vaginitis la vaginitis
value el valor
valve la válvula
varicose veins las venas varicosas, las várices
vas deferens el canal seminal
vasectomy la vasectomía
vegetable la legumbre, el vegetal
vein la vena
venereal venéreo(a)

—venereal disease   la enfermedad venérea
—venereal sore   el chancro
venereologist   el (la) especialista en enfermedades venéreas
vertebra   la vértebra
veterinary medicine   la medicina veterinaria
vial   el frasco, la botella
virile   viril
virility   la virilidad
virus   el virus
vision   la visión
visit (to doctor)   la consulta
vitamin   la vitamina
vocal cord   la cuerda vocal
vomit   el vómito
vomitive   vomitivo(a)
vomit, to   vomitar

W

waist   la cintura
wait   la espera
   —waiting room   la sala de espera
wait, to   esperar, aguardar
wait on, to   atender (ie)
wake up in the morning, to   amanecer (zc), despertar(se)
warned, to be   estar sobre aviso, estar advertido(a)

warning   la advertencia; el aviso
warn, to   advertir (ie-i); avisar
wart   la verruga
wash   el lavado
wash (oneself), to   lavar(se)
waste   la pérdida, el derroche, la basura
wax   la cera
weak   débil, decaído(a)
   —weaker and weaker   cada vez más débil
weakness   la debilidad
weariness   el cansancio, la fatiga
weather   el tiempo; el clima
weeping   el llanto
weight   el peso
weigh, to   pesar
weight, to gain   subir de peso, engordar
weight, to lose   bajar de peso, adelgazar
wheelchair   la silla de ruedas
whim   el antojo, capricho
wholesome   sano(a)
whooping cough   la tos ferina, la tos convulsiva
willing   dispuesto(a)
willing, to be   estar dispuesto(a)
wind pipe   la tráquea
wing   el ala (f.)
without   sin

—without serious consequences   sin mayores consecuencias
with respect to   en cuanto a, con respecto a
womb   la matriz, el útero, el vientre
worry   la preocupación
worry, to   preocupar(se)
worse   peor
wound   la herida, la llaga
wound, to   herir (ie-i)
wrist   la muñeca

X

X-ray   la radiografía, los rayos equis, los rayos X
   —X-ray examination   el examen de rayos X
   —X-ray room   la sala de rayos X
   —X-ray therapy   la radioterapia
X-ray, to take an   sacar una radiografía, radiografiar

Y

yellow fever   la fiebre amarilla

Z

zinc   el cinc
zone   la zona

Photo credits

Text Credits